语文课堂教学的
缺陷美

语文悬念教学法之"待完满"课堂教学模式的探究与实践

何泗忠 / 著

东北师范大学出版社

长 春

图书在版编目（CIP）数据

语文课堂教学的缺陷美：语文悬念教学法之"待完满"课堂教学模式的探究与实践 / 何泗忠著. — 长春：东北师范大学出版社，2020.9
ISBN 978-7-5681-7135-9

Ⅰ.①语… Ⅱ.①何… Ⅲ.①语文教学—课堂教学—教学研究 Ⅳ.①H19

中国版本图书馆CIP数据核字（2020）第166946号

□责任编辑：李国中 □封面设计：言之凿

□责任校对：刘彦妮 张小娅 □责任印制：许 冰

东北师范大学出版社出版发行

长春净月经济开发区金宝街 118 号（邮政编码：130117）

电话：0431-84568115

网址：http：// www.nenup.com

北京言之凿文化发展有限公司设计部制版

北京政采印刷服务有限公司印装

北京市中关村科技园区通州园金桥科技产业基地环科中路 17 号（邮编：101102）

2022年6月第1版 2022年6月第1次印刷

幅面尺寸：170mm×240mm 印张：16.25 字数：262千

定价：45.00元

"待完满"是为了追求"完满"

　　一说到缺陷美，我们就会想到断臂的维纳斯。断臂的维纳斯，也称米洛斯的维纳斯，是希腊神话中代表爱与美的女神维纳斯的大理石雕塑，高204厘米，日本作家清冈卓行在他的《米洛斯的维纳斯》一文中是这样评价这尊举世闻名的雕像的："她为了如此秀丽迷人，必须失去双臂。那失去的双臂正浓浓地散发着一种难以准确描绘的神秘气氛，出乎意料地获得了一种不可思议的抽象的艺术效果，是向着无比神妙的整体美的奋然一跃。"由此可见，断臂的维纳斯，动人之处在于她那独有的"残缺美"。任何一个人面对维纳斯雕像，首先看到的就是她残缺的双臂。面对这残缺的双臂，人们扼腕叹息，甚至流泪。几百年来，不少艺术家对这双残臂做出种种的猜测和估计，他们提出许多修复方案，为她补上各种姿势：有的是一只手下垂，另一只手捧着"友爱之环"；或者左手托着金苹果，右手拽起下落的衣衫；有的甚至进一步展开想象，说她可能不是一座单身像，而是群像中的一个人物，她的左手搭放在恋人的肩头，等等，不一而足。断臂的维纳斯让无数人想象到她那双秀美的玉臂，给我们留下了无限想象的空间。这是断臂所带来的缺陷美的妙处。

　　由此，我得到启发，我们给学生上课，可不可以借鉴断臂的维纳斯雕像的缺陷美，制造种种这样或那样的"缺陷""不完满"，给学生留下思考、想象的空间呢？

　　接受美学认为，伟大的艺术作品都有一种"召唤结构"，原则上都是未完成的，含有许多"意义不确定性"和"意义空白"，有待于欣赏者通过创造性想象去填充、丰富，甚至重建。维纳斯雕像之所以秀丽迷人，一个重要的原因就是她的"残缺",就是她失去双臂而变得"意义不确定",就是失去双臂而给人留下思维的"空白"和无限想象的"空间"。"米洛斯的维纳斯正是丢失了她的双臂,才奏响了追求可能存在的无数双手的梦幻曲。"(清冈卓行语)作为一门艺术的语文教学也应该是一种"未完成"的形态,它需要学生的主动参与,而不是教师唱独角戏。教师如果在教学中能科学地留下一些"空白"和"未定点",又热烈地"召唤"接受者即学生的能动参与,语文课堂教学就会呈现一个人与人相遇、灵魂与灵魂相撞、输出信息与反馈信息相融的美妙境界。正是基于这样的认识,我的课堂教学中就有了一种"断臂的维纳斯"情结。从此,我的课堂也追求一种"断臂的维纳斯"的艺术效应。于是,就产生了要构建一种具有缺陷美的"待完满"的语文课堂教学模式的冲动。

所谓"待完满",就是有欠缺、不圆满,但不断趋向完满。格式塔心理学派的完形压强理论认为:任何一个事物均可视为一个格式塔(完形),即由各个要素重新编码构成一个全新整体,当人们面对这一整体中某些不完全或有缺陷的格式塔刺激物时,就会产生一种内在的紧张力和进取的内驱力,从而迫使大脑皮层紧张活动以填补缺陷,达到完形,最后使内心得到平衡。所谓"待完满"的语文课堂教学模式,就是指教师在教学过程中,在教出"语文味"的前提下,摒弃从头到尾滔滔不绝地讲的习惯;教学目标不求面面俱到,教学内容不必说尽,要"说半句,留半句,或说一句,留一句",知识点不必讲死讲实,而是通过破坏课文法、利用空白法、故意错误法、图文对照法等悬念教学法手段,在适当的地方有意留下一些暂时性空白,设置一些"缺陷"地带,给学生造成一种有待"完满"、急于"完满"的感觉,促使学生产生一种急于"填补""充实"的心理,把学生引导到最有利于他们的认识和发展的情境中去,以此调动学生的想象力,激发学生的求知欲,提高学生主动探究语言之美、文章之美、文学之美、文化之美、人生之美的兴趣,培养学生解决问题的能力。课堂关注的不仅仅是语文知识的摄取,更偏重于体验语文知识的探索过程,关注每名学生的进步和发展,尊重每名学生的个性差异和个性特长,始终关注学生在课堂上的心理需求,努力追求教学过程的心理学化。

高效的课堂教学,"不在于全盘授予,而在于相机诱导",不是教师将知识嚼烂、嚼细,拼命地硬灌给学生,硬塞进学生的头脑,而是教会学生学习,激活学生学习的欲望,让学生通过教师教给的学习方法,自我主动地去发现、去探索、去认知、去创造。学生只有经历了自主学习的过程，头脑中的知识才是鲜活的、生动的、印象深刻的、具有生命力的。教师要善于给学生营造探究的氛围，让学生主动去想，主动去思考，竭尽全力去想明白、弄清楚，在关键时刻才给予学生必要的点拨与指导，如此方能让学生恍然大悟，学生得来的学习体验与知识经验才真正属于他自己，学习才可能持久与深入。

然而，环视当今语文教育，教师们上课，过于追求完满，他们习惯了"不说不放心"，习惯了所谓"务求详细"，习惯了讲深讲透。其实，学生并不喜欢这种太实、太直接、太烦琐的不留给他们一点想象余地的教学。教学既是一门科学，也是一门艺术。好的课堂教学，应该让学生感到"知识饥渴"。

曾在一本书上看过一则这样的故事：美国天堂动物园里新来了一个喂河马的饲养员。老饲养员告诉他："不要把食物放在离河马过近的地方，不要怕它饿着，以免它长不大。"新饲养员听了这话十分纳闷，心想，世上怎么会有这种道理。他没有听老饲养员的话，每次喂食时，总是把食物放到河马面前。两个月后，新饲养员发现自己饲养的这只河马真的没有长多大，而老饲养员不怎么喂的那只河马却长得飞快。他不服气，认为是两只河马自身的素质有差别。老饲养员没说什么，只是跟新饲养员换着喂。不久，老饲养员喂的这只"不怎么长"的河马，成长速度又超过了他喂的河马。新饲养员大惑不解。老饲养员说，你喂的那只河马食物太多了，而且太容易吃到，反而拿食物不当回事，根本不好好吃食，自然长不大。我的这只，食物总是在它够不到的地方，需要做一番努力才能够到食物，因此它十分懂得珍惜，每天拼命地去够着吃，反而长得快。让河马每天够着吃，自己去获取食物，从而激起食欲和寻求食物的本能，激活其生存与成长的潜质，这就是老饲养员的经验，这番经验与道理很值得玩味，也颇具哲理。其实，对学生的教育又何尝不是如此呢？

从某方面来说，教师就是饲养员，学生就如河马。有缺陷的、充满悬念的、"待完满"的语文课堂教学就像老饲养员喂河马一样。教师要做老饲养员，让像河马一样的学生每天够着吃，自己去获取知识的食物，从而激起学生的求知欲和探究欲，这样的课堂才是高效的课堂。教师的真正本领，不在于他是否会讲述知识，而在于是否能激发学生的学习动机，唤起学生的求知欲望，让他们手舞足蹈地（身体自由）、浮想联翩地（精神自由）、兴趣盎然地（生命自由）参与到教学过程中来；在于能否最大限度地让学生在"活动"中学习，在"主动"中发展，在"合作"中进步，在"探究"中创新，在"享受"中达成语言建构与运用、思维发展与提升、审美鉴赏与创造、文化传承与理解的目标。

有一篇散文，题为"我交给你们一个孩子"，其中有这样一段话：

纵横的道路啊，我把我的至爱交给你，容许我看见她平平安安地回来。

学校啊，我以我的儿女做赌注来信任你。今天我交给你一个纯洁的孩子，多年以后，你将还我一个怎样的青年？

知识传递者啊，我的孩子会因你得到什么？你将饮之以琼浆，灌之以醍醐，还是哺之以糟粕？她会因之变得正直还是奸猾？

世界啊，我把我的孩子交给你。当她向这世界求知若渴，你给她的会是什么？

文章中，一个母亲恐惧、焦虑而又无可奈何的神情跃然纸上。一个母亲、数个母亲、整个社会把孩子交给了学校、交给了教师。

教师们啊，我们要好好地喂养这些"小河马"，让他们迅速长大，让母亲们放心。

有缺陷的充满悬念的"待完满"语文课堂教学模式，能让学生迅速成长，能让学生真正长大。

是为序。

何泗忠

2019年10月28日于深圳市桃源村可人书屋

目录

第 一 章

『待完满』语文课堂教学模式的内涵解读

"待完满"语文课堂教学模式是一种"多声部"对话,在课堂教学中,既有教师的声音,也有学生的声音;既有学生与文本、与作者之间产生的碰撞声,也有学生与学生、学生与教师之间的情感交流与思想对话。

教学不在于全盘授予,而在于相机诱导,"待完满"语文课堂教学模式是一种注重诱导的语文课堂教学模式。

"待完满"语文课堂教学模式是拥有教学理论素养的教师与学生进行沟通交往的文化,是一门沟通交往的艺术,不是教师单方面的表演,它更多的是学生思考、质疑、批判、发现、求证的过程,是师生之间交流各自的学习心得、交流彼此的看法、交流思想感情体验的过程,是师生之间进行自由、开放、富有诗意地让思想得以交融、让心灵实现共鸣的"磁场"。

我们知道，世界上任何一种艺术流派都有各自独特的艺术语言，即所谓征象或标志。例如，每一个舞蹈流派都有自己独特的舞蹈语言，每一个建筑学派都有自己独特的建筑语言，每一个绘画流派也都有自己独特的绘画语言，等等。这些独特的语言，就是区别于其他事物的独特的征象或标志。同样，"待完满"的语文课堂教学模式，也有着与其他教学模式不同的特定的内涵、特征及标志。

一、"待完满"语文课堂教学模式的概念界定

"待完满"的语文课堂教学模式，就是指教师在教学过程中，在教出"语文味"的前提下，摒弃从头到尾滔滔不绝地讲的习惯。教学目标不求面面俱到，教学内容不必说尽，要"说半句，留半句，或说一句，留一句"，知识点不必讲死讲实，而是通过破坏课文法、利用空白法、故意错误法、图文对照法等悬念教学法手段，在适当的地方有意留下一些暂时性空白，设置一些"缺陷"地带，让学生产生一种有待"完满"、急于"完满"的感觉，促使学生产生一种急于"填补""充实"的心理，把学生引导到最有利于他们的认识和发展的情境中去，以此调动学生的想象力，激发学生的求知欲，提高学生主动探究语言之美、文章之美、文学之美、文化之美、人生之美的兴趣，培养学生解决问题的能力。课堂关注的不仅仅是语文知识的摄取，更偏重于体验语文知识的探索过程，关注每名学生的进步和发展，尊重每名学生的个性差异和个性特长，始终关注学生在课堂上的心理需求，努力追求教学过程的心理学化。

"待完满"语文课堂教学模式，就像断臂的维纳斯一样，能够给学生留下探究的空间，激起学生无穷无尽的想象，让他们兴趣盎然地参与到教学过程中来。"待完满"语文课堂教学模式，是一种"多声部"对话，在课堂教学中，既有教师的声音，也有学生的声音；既有学生与文本、与作者之间产生的碰撞声，也有学生与学生、学生与教师之间的情感交流与思想对话。

2016年4月12日，何泗忠老师（前排左3）给新疆名师传授语文悬念教学法之"待完满"语文课堂教学模式

　　我们必须正确认识完整与缺陷的辩证统一，完整是基础目标的教学，缺陷是拓展延伸的构造、求知欲望的激活。缺陷设置的好处在于让学生有回味的余地，给学生思维的自由空间，留下渗透创新的切入点，超越授之以渔的技能培养目标。

二、"待完满"语文课堂教学模式的模式结构

　　传统课堂教学的基本模式是"灌输—接受"。其特点是教师灌输知识，学生被动机械地接受知识，书中文字与教师的讲解几乎完全一致，学生对答与书本或教师的讲解一致，学生靠机械地重复进行学习。"待完满"语文课堂教学运用语文悬念教学法，让学生在"听中学""读中学""闻中学""思中学""说中学""写中学""演中学"。这就突出了"以学生为中心"，学生真正成了课堂的主人，在交流中实现了"生生互动，师生互动"，使学生处于主动状态。教师在课堂上关注的是每一名学生，关注的是学生的一切，是课堂的组织者、引导者、学生学习的合作者。"待完满"语文课堂教学模式能切实提高学生的知识水平，培养学生听、说、读、写、思的能力。其课堂结构模式如下图所示：

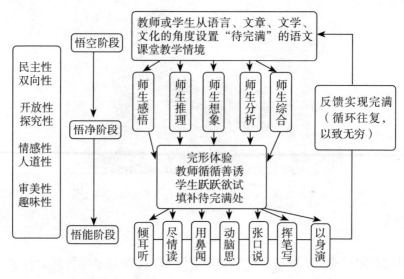

培养学生听、说、读、写、思的能力的课堂结构模式

第一阶段：悟空阶段，设计"待完满"的课堂教学情境

唐朝诗人常建有一首诗——《题破山寺后禅院》：清晨入古寺，初日照高林。曲径通幽处，禅房花木深。山光悦鸟性，潭影空人心。万籁此俱寂，但余钟磬音。我们读到此诗，仿佛置身于清静幽深、鸟语花香的情境中，产生一种怡情悦性、忘尽人世间一切烦恼的宁静心境。这是诗人所创设的情境所致。

教学活动也需要创设教学情境。教学活动总是在由师生的主观心理因素（兴趣、情感、意志等）和客观环境因素（由教学手段所形成的自然现象、自然过程、社会现象等）构成的一定的教学情境中进行的。简而言之，情境是"情"与"境"的有机融合。"情"（主观心理因素）是由"境"（客观环境因素）激发出来的，即所谓"触景生情"。可见，情境是无形（情）与有形（境）的水乳交融，是精神（情）与物质（境）的和谐一致，我们不妨把它称为"教学情意场"。恰似无形却有情，和我们平时所说的班风、学风、校风一样，教学情意场是一种气氛、一种风气、一种能够作用于学生精神世界的情境氛围。教学情意场一经形成，将触及学生的精神需要，开启心灵的窗户，激发学习的兴趣，点燃思考的火花，从而使学生产生良好的心理体验，以积极的心态投入到教学活动中去。一位优秀的语文教师应该善于创设一种最佳的教学情境。实施"待完满"语文课堂教学，语文教师要做的第一步就是创设"待完满"的语文课堂教学情境，与学生组成有形、无形的"教学情意场"，让学生进入文本情境，进而体会到文本的语言之美、文章之美、文学之美、文化之美、人生之美。教学情境有多种形式，如以下几种。

自然情境：让学生亲临其境，处于一种纯自然环境，从亲身感受中激发出对学习对象的浓厚兴趣。现场教学、参观游览、深入农村工厂等，就是如此。

形象情境：利用课件、录像、电影、PPT、模型、挂图等手段，充分发挥形象思维的功能，把学生引入知识殿堂。

实验情境：一个教学实验就是一个完整的情境，要善于设置鲜明有趣的演示实验，特别是探索性学生实验，以便把学生的好奇心引向求知的欲望，开始对新知识的探求。学生在这种可见的实验情境中，满怀激情地展开形象思维和逻辑思维，进而达到对语言和文学的本质认识。

愤悱情境：或称问题情境。思维总是从疑问开始的。一个成功的教学过程，教师总是要有目的、有计划、有层次地步步激疑、导疑、释疑。正如一篇优秀的文艺作品，往往一开始就把尖锐的矛盾冲突呈现在读者面前，扣人心弦，使人欲罢不能。艺人说书，紧要关头，惊堂木一拍："欲知后事如何，且听下回分解。"使人产生一种悬念。教学也应如此，这样才能使学生产强烈的求知欲望。

尝试情境：或称体验情境。你要知道梨子的滋味，就得亲口尝一尝。教学也是如此。我们要充分调动学生的感官，让学生在尝试中、在体验中，有滋有味地进入学习过程。

迁移情境：利用学生已有的知识、经验，从一个崭新的角度激发学生的学习动机。迁移情境在某种意义上可以说是愤悱情境的一种特殊情况。

激励情境：在教育领域要始终树立"成功是成功之母"的理念，善于"汇小溪成大河"，激励学生满怀雄心壮志，一步步地攀上一个个高峰。当然，也要辩证地发挥"失败是成功之母"的功能，激励学生以坚强的意志、卓绝的努力，从暂时的错误中，甚至失败中奋起。

成功的"待完满"课堂情境设置，可以诱导学生充满热情地参与课堂学习，主动探究问题，引发学生与作品的情感共鸣。例如，我在讲汉乐府诗《孔雀东南飞》时，先播放《梁祝》的经典旋律，让学生沉浸于审美体验中。于是，当我让学生说"这首曲子是根据我国哪个民间传说创作的"时，学生很自然地回答出《梁山伯与祝英台》。我给学生们讲："从古到今，有无数人被梁山伯与祝英台的凄美爱情所感染。《梁山伯与祝英台》也有着'东方的《罗密欧与朱丽叶》'之称。今天，我们再来学习一首记录中国古代让人心碎的爱情故事的乐府诗——《孔雀东南飞》。这个荡气回肠的爱情故事丝毫不比'梁祝传说'逊色。"这样，学生立刻就被吸引到这个故事的情节当中，尤其显示出急切了解作品中男女主人公的求知欲。然后，我趁热打铁，让学生走进对文诗的探究和鉴赏中，让他们对当时封建社会家庭制度有深刻认识，思考刘兰芝、焦仲卿对爱情的坚贞不屈。学生们也不由得对男女主人公产生了敬佩之情。

第二阶段：悟净阶段，师生探索研究

教学不在于全盘授予，而在于相机诱导。著名教育家叶圣陶先生也说："语文老师不是只给学生讲书的。语文老师是引导学生看书的。一篇文章，学生也能粗略地看懂，可是深奥些的地方，隐藏在字面背后的意义，他们就未必能够领会。老师必须在这些场合给学生指点一下，只要三言两语，不要啰哩啰唆，能使他们开窍就行。老师经常这么做，学生看书读书的能力自然会提高。"因此，在这一阶段，教师要利用学生的好奇心、好胜心、竞争欲、赞许欲等情意因素，积极引导学生对教师提供的教学情境加以感悟、推理、想象、分析、综合，使学生在情趣中进行学习，在愉悦中克服困难，在满怀热望中不断取得成功。

第三阶段：悟能阶段，学生跃跃欲试，填补"待完满"处

陶行知先生提出："在现状下，尤须进行六大解放，把学生学习的基本自由还给学生：一、解放他的头脑，使他能思；二、解放他的双手，使他能干；三、解放他的眼睛，使他能看；四、解放他的嘴，使他能说；五、解放他的空间，使他能到大自然、大社会里取得更丰富的学问；六、解放他的时间，不把他的功课表填满，不逼迫他们赶考，不和家长联合起来在功课上夹攻，要给他一些空间消化所学，并且学一点他自己渴望要学的学问，干一点他自己高兴干的事情……""待完满"语文课堂教学模式正是落实陶先生的"六大解放"。在悟能阶段，学生倾耳听、尽情读、用鼻闻、动脑思、张口说、挥笔写、以身演，最大限度地让学生在"活动"中学习，在"主动"中发展，在"合作"中进步，在"探究"中创新，在"享受"中达成语言建构与运用、思维发展与提升、审美鉴赏与创造、文化传承与理解的目标。

2018年3月29日，何泗忠老师赴佛山太平中学讲授语文悬念教学法之"待完满"语文课堂教学模式并上观摩课《登幽州台歌》

三、"待完满"语文课堂教学模式的模式特征

不同的教学法也有不同的象征或标志，如讲授式教学侧重教师的"讲"，谈话式教学侧重师生间的"问答"，讨论式教学侧重师生间、学生间的"讨论"，等等。同样，"待完满"语文课堂教学模式侧重于"残缺美"。残缺美，也叫缺陷美。从美学角度看，缺陷也是一种美丽，断臂的维纳斯便是明证。缺陷美也可以说是期待的美，期待实现完形的美。在美学上，经常把缺陷当作一种美。有了缺陷才更真实一些，有了缺陷才能让人有所思、有所悟，有了缺陷才能感觉到人类追求完美和进步的最深层的呼唤与力量，所以缺陷美在美学上的实质是：它能唤起人某种特殊的感受，能激发人其他联想，在与完美的对比中，缺陷使人感觉到追求进步、追求美的需要，从而具有了积极的意义。"残缺美"是"待完满"语文课堂教学模式的总特征。然而，"待完满"语文课堂教学模式有什么具体特征呢？

1. 一种民主性、平等性的教学模式

民主、平等是当今世界人与人之间的一个十分重要的行为准则。世界没有民主、平等就不安宁；国家没有民主、平等就不太平；家庭没有民主、平等就

不和睦；师生没有民主、平等就建立不起良好的师生关系，就难以形成充满创新精神、充满探究精神的"待完满"的语文课堂教学氛围。可以说，民主平等是"待完满"语文课堂教学模式的重要特点。传统的满堂灌教学模式，教师是权威，师生之间是知识的"授—受"与"管理、控制—被管理、被控制"的关系，教师被简化为知识的拥有者、占有者、管理者、传授者，而学生则被视为"无知者"。在教学过程中，教师支配、控制着学生，学生则唯唯诺诺，亦步亦趋，俯首帖耳，盲从依附。

2018年5月21日，何泗忠老师赴深圳鹤围学校讲授语文悬念教学法之"待完满"语文课堂教学模式

"待完满"语文课堂教学模式则不同，在教育教学过程中，教师是学生学习的组织者、引导者、合作者，是学生平等的对话者，学生则是与教师完全平等、具有独立人格的学习的主人。师生双方各自向对方敞开精神和彼此接纳，师生之间，你不限制我，我不控制你；你尊重我，我信任你。师生之间不是命令与服从的关系，而是平等友善的"你—我"关系，都可以有自己的见解，也可以接受或反对别人的见解。在这样的课堂中，学生不再小心翼翼地"伺候"教师，也不用胆战心惊地看着教师的脸色说话行事，而是能够在教师的引领下大胆表达自己的真实思想，发表自己独立的见解，能对传统的看法和权威的定论进行挑战，体现出思想的飞翔和生命力的舒张，课堂中师生间流淌着脉脉的温情。

2. 一种互动性、交往性的教学模式

我们经常会看到这样一种课堂现象：在课堂上，教师抛出一个问题，然后鼓励学生或小组讨论，或个体充分自由地发言。而实际上，课前教师已对教学环节、教学思路甚至教学细节做了严密的预设，对于问题的答案，教师心中的指向已非常明确，学生的思路如果沿着教师的预设思路展开，那就被视为合乎逻辑设计的有用信息；反之，如果学生"不走寻常路"或向相反方向运行，则被定格为异类怪论，会马上引起教师的警觉并想方设法把它引回自己的思维轨道。所以，即使有极个别学生发表了不同于预设的看法，教师最后也总能"巧妙"地把学生的意见网罗到自己预设的答案上，教师一个人的话语分量远远大于几十名、几百名学生的话语分量。这样的教学只是教师的一厢情愿，师生之间不存在真正的沟通交往。"待完满"语文课堂教学模式则是拥有教学理论素养的教师与学生进行沟通交往的文化，是一门沟通交往的艺术，不是教师单方面的表演，更多的是学生思考、质疑、批判、发现、求证的过程，是师生之间交流各自的学习心得、交流彼此的看法、交流思想感情体验的过程，是师生之间进行自由、开放、富有诗意地让思想得以交融、让心灵实现共鸣的"磁场"。

3. 一种创造性、建设性的教学模式

传统的语文满堂灌课堂教学模式是教师主宰课堂，大多是单向传递教学信息，使学生失去了自主学习和独立学习的时间与空间，抑制了学生的思维活动，教师用自己的思维代替学生丰富多元的思维，并千方百计地把学生引到自己设定好的标准答案上来，不达目的绝不罢休。"待完满"语文课堂教学模式则是一种创造性、建设性的教学模式，这种课堂模式不是单纯意义上的知识传递，在教学过程中，随时会有创造性的火花闪现，课程的展开充斥着不可预期的、模糊的、复杂的、奇异的和不易理解的因素。在合作精神的作用下，教师与学生平等交流，真诚沟通，互相借鉴，取长补短。教师不仅是知识的发射器，同时是知识的接收器；同样，学生也不仅是知识的接收器，还是知识的发射器。这种教学能促进师生双方创造心理的形成，这种教学实际上是知识再生产的过程。

4. 一种开放性、流动性的教学模式

传统的满堂灌教学模式，教师教教科书，学生学教科书，在规定的时间内教完教科书，一切顺着事先设计好的路线推进，教学环节衔接得天衣无缝，知识是预定的，结论是固定的，教学表现出一种封闭性、静止性的特点。"待完满"语文课堂教学模式则不同，师生在沟通对话中生成新知识，这种生成不可预料，始终充满着悬念，充满着无穷的可能性。"待完满"语文课堂是师生浮想联翩、精神焕发、创意生成的智慧沃土。在"待完满"的课堂上师生会有"蓦然回首，那人却在灯火阑珊处"的发现和"山重水复疑无路，柳暗花明又一村"的意外收获，会有"心有灵犀一点通"的和谐共鸣和"栽下梧桐树，引来金凤凰"的抛砖引玉式的独特境地，拥有"此时无声胜有声"的心灵释放和"精骛八极，心游万仞"的思想流淌。在教学中，师生双方都需要有高度的机智和应变能力，表现出开放性、流动性的特点。

5. 一种个性化、人性化的教学模式

世间万事万物都有它的个性与独特性，只有个性与独特性才能构成绚丽多彩的世界。我们的教育对象——学生，更是具有丰富多彩个性的人。一位外国教育家指出："儿童每天来到学校，并不是以纯粹的学生的面貌出现的。他们是以形形色色的个性展现在我们面前的，每一名学生来到学校的时候，除了怀有获得知识的愿望外，还带来了他的情感世界。"然而，我们传统的满堂灌的教学模式却忽略人的个性与独特性。传统课程观认为，课程是一纸毫无趣味的计划，充满着技术性的、抽象的、单调的、线性的语言；它是为千千万万没有特征的"看不见面目的人"设计的，每一位教师和每一名学生都是一样的，他们"没有个别的名字，没有斑点，没有缺齿，没有私人的希望和梦想"。传统的满堂灌教学模式在高效率传递知识的同时，牺牲了师生双方的智慧、个性的发挥和主体性的培育，教师是传授知识的工具，学生则是接受知识的工具，师生沦为知识的奴隶，课堂没有生命活力，没有情感交流，教学把不同的学生教成了相同的学生，是一种克隆教学。"待完满"语文课堂教学模式则尊重师生双方个性，以人的发展为目的，教师和学生不再是抽象的名词，而都有自己的名字和人格。这种模式的教学对教师而言，意味着上课不是传授知识，而是与学生一起分享理解；上课不是无谓的牺牲和时光的耗费，而是生命活动、专业成长和自我实现的过程。对学生而言，意味着心态的开放，主体性的凸显，个性的张扬，创造性的解放。"待完满"语文课堂教学模式，使师生双方的知识活、经验活、智力活、能力活、情感活、精神活、生命活，使师生双方都成了教学过程中的主体，都成了具有独立人格的人，师生双方都成了不可重复的"这一个"。

2018年10月15日，何泗忠老师赴韶关学院传授语文悬念教学法之文本阅读与课堂设计

6. 一种真实性、诗意化的教学模式

我国传统语文教学受传统观念的束缚，长期以来存在着"伪圣化"的倾向。即用一套"政治性的术语"和"公共思维模式"来钳制师生多元的精神与言行方式，使帅生的教学语言远离真实的人生和现实生活，使课堂教学缺乏真情实感的流露。与此同时，又用"技术化"从另一个极端反击"伪圣化"。即在语文教学中无视人的精神存在，无视人文涵养、人文积淀的重要性，把语文教学当成纯粹的语言文字的技术训练，割裂了"工具性"与"人文性"的辩证统一，使课堂教学缺乏诗意。这样的语文课堂，如同美国教师雷夫·艾斯奎所形容的："大多数教室都被一种东西控制着，那就是'害怕'……教师怕丢脸，怕不受爱戴，怕说话没人听，怕场面失控……学生更害怕，怕挨骂，怕被羞辱，怕在同学面前出丑，怕成绩不好面对父母的盛怒。"这样的教学，显然没有生命力，显然对学生缺乏吸引力。

"待完满"语文课堂教学模式则不是这样，它是一种真实性、诗意化的教学模式，课堂教学是师与生、生与生之间的灵肉交流活动。教师教得神采飞扬，学生学得兴致高涨，课堂上出现一种"庄周梦蝶"现象：学生没有意识到自己是学生，教师没有意识到自己是教师，不知道是学生变成了教师，还是教师变成了学生，课堂教学进入自由王国状态。

7. 一种少传授、多学习的教学模式

传统满堂灌课堂教学中存在的突出问题之一往往是教师总体讲得太多，教师始终占垄断地位，垄断教学进度，垄断课堂提问，垄断批评与表扬，垄断课堂教学的一切，课堂实质上异化为"教"堂。美国的兰·本达说："课堂上如果一半时间是学生在活动，那你就是个及格的教师；如果是以教师活动为主，那你是个不及格的教师；如果三分之二的时间让学生活动，那这样的教师是好教师；如果四分之三的时间都给学生，那你是个优秀教师；要是把时间全部给学生，教师只是几句点到而已，最多十分之一，那你就是特级教师了。"兰·本达的话意在阐明优秀的教师往往讲得少，而是留给学生更多的时间去学习、去探究。"待完满"语文课堂教学模式正是要求教师少讲，要求教师彻底放弃一节课从头讲到尾的"满堂灌""填鸭式"的传统教学方法，彻底克服教者"包办代替"，学者"生吞活剥"的现象，将尽可能多的时间交给学生。

2018年10月22日，何泗忠老师在佛山华英学校上公开课《愚公移山》

8. 一种娱乐性、趣味性的教学模式

德国一位学者有过一个精辟的比喻：将15克盐放在你的面前，无论如何你难以下咽，但将15克盐放入一碗美味可口的汤中，你早就在享用佳肴时，将

15克盐全部吸收了。趣味之于知识，犹如汤之于盐，盐需溶入汤中，才能被吸收；知识需要溶入趣味之中，才能显示出活力和美感。

心理学研究表明，学生是有个性的，他们的活动受需要和兴趣的支配。一切有效的活动须以某种兴趣作为先决条件。语文教学活动，要让学生喜欢，就必须充满娱乐性与趣味性。著名语文特级教师于漪就主张"努力把课上得情趣横溢"；魏书生老师则明确向自己提出"每堂课都要让学生有笑声"，他在课堂上不仅使优秀的学生因成功而发出笑声，也能使后进生在愉快和谐的气氛中受到触动。

"待完满"语文课堂与传统满堂灌课堂教学相比，就充满娱乐性与趣味性。传统教学强调苦学苦读，推重"学海无涯苦作舟"式的苦才，而"待完满"语文课堂则强调"乐学"，教学过程对学生具有明显的吸引力、启迪力，能引起心灵共鸣，使学生感到学习的每一分钟都是一种享受，获得满足求知欲的快乐，学生如沐春风，益智愉心，健康成长。

为了进一步突显"待完满"语文课堂教学模式的特征，现从十二个方面与传统"满堂灌"课堂教学模式加以比较：

（1）"满堂灌"语文课堂教学模式，教师上课时总让学生没事而自己瞎忙；"待完满"语文课堂教学模式，教师上课时是自己悠闲而让学生去忙。

（2）"满堂灌"语文课堂教学模式，教师上课时希望学生回答预想的答案；"待完满"语文课堂教学模式，教师上课时是希望学生有独立的见解。

（3）"满堂灌"语文课堂教学模式，教师上课时只把问题的答案展示给学生；"待完满"语文课堂教学模式，教师上课时总是让学生自己去发现答案。

（4）"满堂灌"语文课堂教学模式，教师上课时心里想着的只有呆板的教案；"待完满"语文课堂教学模式，教师上课时心里始终装着鲜活的学生。

（5）"满堂灌"语文课堂教学模式，教师上课时总陶醉于自己的滔滔不绝；"待完满"语文课堂教学模式，教师上课时毅然把时间尽量留给学生。

（6）"满堂灌"语文课堂教学模式，教师上课时总担心课堂教学节外生枝；"待完满"语文课堂教学模式，教师上课时敢于让学生去质疑问难。

（7）"满堂灌"语文课堂教学模式，教师上课时总是认为学生什么都不懂；"待完满"语文课堂教学模式，教师上课时尊重学生已有的知识水平。

（8）"满堂灌"语文课堂教学模式，教师上课时满足于让学生找现成答案；"待完满"语文课堂教学模式，教师上课时引导学生表达自己的思想。

（9）"满堂灌"语文课堂教学模式，教师上课时千方百计让学生配合自己；"待完满"语文课堂教学模式，教师上课时会为学生搭建展示的舞台。

（10）"满堂灌"语文课堂教学模式，教师上课时总喜欢面面俱到，漫天刷糨；"待完满"语文课堂教学模式，教师上课时会抓重点、抓关键，举一反三。

（11）"满堂灌"语文课堂教学模式，教师上课时只教知识、教答案，注重分数；"待完满"语文课堂教学模式，教师上课时则教方法、教习惯，提高素养。

（12）"满堂灌"语文课堂教学模式，教师上课满足于学生摘取文本的现成答案；"待完满"语文课堂教学模式，教师上课注重点燃学生创新的火花。

苏霍姆林斯基指出："在人的心灵深处，都有一种根深蒂固的需要，就是希望自己是一个发现者、研究者、探索者。"我们的语文教学，就是要让学生走上自主学习之路，就是要在教学中重视学生探究能力的培养。

第二章

『待完满』语文课堂教学模式的构建背景

环视当今中学教育，我们不得不承认，传统的权威思想仍在教师心中根深蒂固，教师总是高高在上地俯视学生，充当着教学活动的主宰者，课堂的话语权始终掌控在教师手中，学生处于受支配的地位。课堂教学常常是一种灌输式的知识传授，教师习惯了"满堂灌"，习惯了"不说不放心"，习惯了所谓"务求详细"。教师更多地关注自己"如何讲"，陶醉于自己的课堂，却没有关注和研究自己"如何不讲""少讲"，而让学生"多讲"。

在传统的课堂教学中，教师最擅长的就是把课前备好的教案内容一一予以展示，主宰着课堂的一切；而学生也总是老老实实地按照教师预设好的程序，跟着教师走，跟着书本走。这是一种极其被动、压抑、低效的课堂教学模式，"教师教得辛苦，学生学得痛苦"。

在教学活动中，若教师能有意识地为学生开拓出一些空白，给学生留下一些"欠缺"和"待完满"，必将激发学生积极探求、踊跃补白的欲望和压强，使其在内在的紧张力和进取的内驱力作用下，思维空间被全方位激活，旧的"完形"被瓦解，新的"完形"重建。

一、传统课堂教学模式的弊端

小时候我曾住在丰原东边的山里，父亲常常带着我进城。这条路很长，走起来总要两三个小时。每次父亲走在前边，我跟在后边，他的步伐大而且快，我必须两脚不停地划，眼睛紧盯住他那双破旧的布鞋，一路不停地赶。

有一次，天色向晚，路过一道铁路桥，一根根枕木的间隔比我的步子还宽。平常父亲总会歇下来等着我爬过去或索性抱着我过去，但那天他心里不知牵挂些什么，等我爬过桥，抬头一看，他已经"失踪"了。

突然，我涌起一阵恐惧："这条路跟着父亲来回走过二三十趟了，怎么一下子变得如此陌生？"

我哭着在桥端的田埂上等了几个小时，在黑夜里又饿又怕，我甚至分不清家的方向。我苦苦思忆，但呈现的总是父亲那双不停晃动的布鞋。午夜时分，总算由远而近传来了母亲斥责父亲的声音。后来我才知道父亲回到家竟还不知我早在半途就已"丢失"。

我深深相信，当时父亲如果像赶牛一样让我走在前头，出城的时候便用手指明家的方向，然后问我："吴厝的大榕树，旧厝的土地庙，阿公溪上的铁桥，南坑阿婆家后的小径……你认不认得？"而在我点头之后，叫我逐一带路走过，我必定在走过一趟后会十分熟悉整条路径。

这是我在一本杂志上看到过的一则故事。故事中的"我"虽然在家与县城之间往返二三十趟，但都是在父亲的带领下走完的，一旦失去父亲的带领，竟然陌生得分不清家的方向。这不就像我们"满堂灌"式的以知识传授为起点的传统课堂吗？传统课堂上，教师掌握着"话语权"，学生是在教师的带领下被动地接受知识，他们只看到了"布鞋不停地晃动"，一旦没有"布鞋"在前面带领，便找不到道路了。学生在学习的过程中没有经过自己的体验、探究，对知识的理解也就不深刻，这样的课堂，学生的主体地位得不到体现，学生的个性思想、创造性思维得不到认可和尊重；这样的课堂，学生会迷失自我，是沉闷的，缺乏生命光彩的课堂。父亲不可能带着孩子走一辈子，孩子迟早要离开父亲去独立走路；教师不可能带着学生去学习一辈子，学生迟早要离开教师去独立学习。如果故事中的父亲是个智慧的教育家，也许他在指明家的方向后，便让孩子在前面走，自己在后面宁可随孩子多走一点冤枉路，也要放手让孩子自己观察、实践、探索，这样孩子走过一趟后对这条路便了如指掌，再不愁会迷路了。这与放手让学生自己去学习、自己去解决问题是一样的道理。故事中的"我"或许还该庆幸，毕竟父亲不是抱着或背着"我"走，使得"我"尚有一丝镇定，能在漫长的四五个小时里守着一个地方等着父亲回来。在传统的"满堂灌"、以知识传授为主的课堂上，学生不能自主探究，有的教师甚至代替学生理解或分析鉴赏，这等于是将学生"背着走"，学生甚至都不知道走向哪里，迷路后一脸茫然、手足无措就不足为怪了。

为了能培养独立思考、独立学习的有创新精神的学生，"满堂灌"课堂教学模式必须停止。然而，仔细观察一下今天中国教育的教学模式、观念和氛围，我觉得和我40多年前读书时相比，并无什么实质的变化，甚至和我们从前读书时一样。记得叶圣陶先生说过，"1923年到如今，55年了，编选教材的办法屡次变更，可是有一点没有变，就是中学里白话文和文言文掺和着教。教法也有所变更，从逐句讲解发展到讲主题思想，讲时代背景，讲段落大意，讲词法句法篇法，等等，大概有30来年了。可是也可以说有一点没有变，就是离不了教师的'讲'，而且要求讲'深'，讲'透'，那才好。教师果真是只管'讲'的吗？学生果真是只管'听'的吗？一'讲'一'听'之间，语文教学就能收到效果吗？我怀疑好久了，得不到明确的答案。"这是叶先生1978年3月在《大力研究语文教学，尽快改进语文教学》一文中的话，但仿佛说的就是我们现今的语文教学状况。语文教学几十年来一直在发生着变化，但是，中学语文"满堂灌"的课堂教学模式长久以来一直存在着，没有发生根本性的变化。

环视当今中学教育，我们不得不承认，传统的权威思想仍在教师心中根深蒂固，教师总是高高在上地俯视学生，充当着教学活动的主宰者，课堂的话语权始终掌控在教师手中，学生处于受支配的地位。课堂教学常常是一种灌输式的知识传授，教师习惯了"满堂灌"，习惯了"不说不放心"，习惯了所谓"务求详细"。教师更多地关注自己"如何讲"，陶醉于自己的课堂，却没有关注和研究自己"如何不讲""少讲"，而让学生"多讲"。

多年来，主导和控制我国中小学语文课堂的传统教学模式，可以大致描述为：

以教师为中心，以言语、板书或PPT为手段，向学生灌输式地传授语文知识；学生则只能统一地、单向地、被动地接受教师灌输的语文知识。传播的路径是单向的，传播的内容是同一的。

这种教学模式，丝毫不差地与工厂批量制造"标准件"的工艺流程相吻合。有人把现在的语文课堂教学戏称为生产板鸭的四道工序：

第一道工序是"赶鸭子"，把鸭子统统赶进课堂，约束其精神和思想的自由；第二道工序是"填鸭子"，强行把语文知识填入学生口中；第三道工序是"烤（考）鸭子"，用考试和分数对付学生；第四道工序便是做成"板鸭"，把活泼泼、鲜灵灵的生命硬压成一只只定型统一的"板鸭"。

这种传统的语文课堂教学模式给我们的语文教学带来了不少缺失，这种缺失主要表现在以下三个方面。

缺失一：语文教师以过于严谨的科学态度抑制了美丽的人文精神

著名语文特级教师于漪说，当下的语文存在一种令人担忧的现象，就是不少教师以科学的名义违背教学的规律，搞形式主义，片面强调语文工具，用解剖刀对文章进行肢解，以至于留在学生脑海中的只是鸡零狗碎的符号而已。

科学主义总试图寻找一套纯逻辑的语文教学秩序，而语文教师也似乎在找这样一种秩序。这种秩序主要表现在：过度追求教材体系的逻辑化、教学点的细密化；教学过程的程式化、序列化；教学方法上对语言和内容的透析化、准确理解化；语文知识完全量化；语文能力的训练层次化；语文考核测试的标准化；等等。可是我们仔细审视这些"秩序"就会发现，当这些"秩序"越精密、越清晰，就越觉得不像语文教学，而更像数学教学、物理教学。我们的语文教学在"唯理性""纯工具"的单行道上越走越窄，导致学生联想力、想象力的干瘪枯萎，同时也衰竭学生对生活的美感和人生的诗性。《义务教育语文课程标准》将语文课程的性质定义为"语文是最重要的交际工具，是人类文化的重要组成部分。工具性与人文性的统一，是语文课程的基本特点"。这一定义在确定语文学科的工具性的同时，也强调了语文的人文性。因此，我们的语文课绝不能只重工具性而忽视人文性。程少堂老师认为，"语文课堂不仅是学生获得知识的场所，也是学生体验人生的地方。好的语文课，应该有人的体温，有灵魂的冒险，有对语言独特的敏感，它既是对文本世界的阐释和发现，也是对自我、对存在的反复追问和深刻印证"。如果语文课上没有思想的碰撞、心灵的触动、情感的陶冶、审美的熏陶，这样的语文课就不能称为真正的语文课。

缺失二：语文教师滔滔不绝地讲解压抑了学生学习的主动性

教师讲，学生听；教师示范讲解，学生亦步亦趋，紧随其后，这是当今语文课堂教学的普遍现象。

我校曾对学生做了一项"我最喜爱的教师"调查，其中有这样一题："你希望或期待××老师在哪些方面加以改进？"部分学生写道："希望××老师在上课时不要喋喋不休讲个没完，期待××老师在上课时能设置一些悬念，让我们去思考……"

在学校开展的随堂听课活动中，我们发现许多教师"真会讲"，虽然不是"满堂灌"，但是教师讲授大概占据了70%的时间，以至于学生在课堂中学习积极性不高。

在校内某公开课上，一位语文教师执教《游褒禅山记》一课，采用串讲法，平铺直叙，按"作者介绍、时代背景、生字生词、段落大意、中心思想、写作特点"的模式一路讲下去，40分钟的课堂时间，教师和学生讲话的比例是：教师讲了35分钟，学生只讲了5分钟。许多本来应该由学生做的工作却由教师自己做了，许多应该由学生思考的问题与回答都由教师代替他们说出来了。

德国教育家布列钦卡指出，教育不只是一种"产品概念"，更是一种"过程概念"，是反映活动过程属性的概念。教育"是一种影响；是一种传递人类文化财富的过程；是一种引导的经过或过程；是一种形成的过程"。课堂上没有学生的自我的张扬、自主的探索和自由的言说，学生的思维被强制性地纳入教师规划的轨道上，绝不允许旁逸斜出，否则就会被修枝剪叶。于是，课堂不再出现意外和惊奇，一切尽在教师掌控之下，一切都按照教师预设的计划呈现，一切都按部就班地进行着。结果课堂达成一些所谓的目标，学生题做得熟练了，考试成绩提高了，但是他们的独立精神和自由思想却失去了。在我们的教室里制造了一批又一批听话、本分的孩子，但失去的是童年的好奇、少年的幻梦，还有对不可知的空间漫无边际的想象力……

缺失三：教师以一元阐释取代多元解读，扼杀了学生的生命体验

每一个文本，都是一件玲珑剔透的艺术品，无论从哪个角度上欣赏都能发现它的美，所谓"横看成岭侧成峰，远近高低各不同""有一千个读者就有一千个哈姆雷特"。每个读者有着独特的阅历和情感，自然也会各有感触。学生完全可以从自己的经历经验出发，展开纵横驰骋的想象，创造性地理解作品。《普通高中语文课程标准》中关于"阅读与鉴赏"，就明确提出课程目标为"对文本能做出自己的分析判断，努力从不同的角度和层面进行阐发、评价和质疑""注重个性化的阅读，充分调动自己的生活经验和知识积累，在主动积极的思维和情感活动中，获得独特的感受和体验"。

反观我们的语文课堂教学，一些教师往往以参考书为依据，向学生灌输标准答案式的结论，以教师的独断专行代替学生的多元理解。学生按照教师的要求理解了作品，掌握了知识，却错过了一次创造性的审美经历。这种呆板、僵硬的教学模式严重扼杀了学生的生命体验，让最富空灵性、最能培养学生创造性的语文教学失去了它的特有魅力，这不能不说是我们教学的失败。记得在一所普通高中听一位教师给学生讲李商隐的《锦瑟》，在学生通读一遍之后，教师提出一个问题："你认为作者在这首诗中表达了什么？"学生可能课前预习比较充分，于是一个个踊跃发言。有的学生认为这首诗表达了一种爱情，说李商隐曾经像庄周梦蝶一样沉迷在美好的爱情中，最终只能像望帝那样，把自己的爱恋托付给杜鹃；有的学生认为这首诗是感叹人生，"庄周晓梦"说人生如梦（美），"望帝春心"说人生如寄（短），"沧海月明"说人生如泪（悲），"蓝田日暖"说人生如烟（幻）；有的学生认为这首诗是隐喻仕途，"庄周晓梦"是说在党争中无所适从，"望帝春心"是说在仕途上也曾努力，但没有人帮助自己，用"沧海遗珠"比喻怀才不遇并为之哭泣，用"美玉生烟"暗喻自己不得志但文采声名闻于世。教师在听完学生的回答之后，就肯定了"爱情说"，接下去的半节课，教师就大谈李商隐晚年与一位姓宋的宫女的隐秘爱情。教师忽视了学生对此诗的多元理解，忽视了学生阅读主体的感受，也忽视了对语言这样精美的诗歌文本的品读。实际上对这首诗歌的解读是众说纷纭的。一首《锦瑟》，一道千古谜。作家王蒙认为，像《锦瑟》这类诗"没有定解也就是可以有多种解"。他认为："情种从《锦瑟》中痛感情爱，诗家从《锦瑟》中深得诗心，不平者从《锦瑟》中共鸣牢骚，久旅不归者吟《锦瑟》而思乡垂泪。"优秀的诗词本来就是一块多棱多角的水晶石，在不同的光线下，在不同人的眼光中应闪耀着不同的光芒。教师在教学中应引导学生设身处地地去感受体验,应重视对作品中形象和情感的整体感知与把握,应注意作品内涵的多义性和模糊性,应鼓励学生积极地、富有创意地构建文本意义。可是,现实情况是,我们的教师往往以一元阐释取代多元解读,这样的语文课堂教学严重扼杀了学生的生命个性、生命体验。

华东师范大学叶澜教授在《时代精神与新教育理想的构建》一文中指出:"从教育对象观的角度看,最重要的是确认生命的整体性和人的发展能动性。所谓'生命整体性'是指人的生命是多层次、多方面的合体;生命有各方面的需要:生理的、心理的、社会的,物质的、精神的、行为的、认知的、价值的、信仰的;任何一种活动,人都是以一个完整的生命体的方式参与和投入,而不是局部的、孤立的、某一方面的参与和投入。"因此,在一定的意义上,教育是直面人的生命、通过人的生命、为了人的生命质量的提高而进行的社会活动,是以人为本的社会中最体现生命关怀的一种事业。作为教育重要组成部分的语文教学,应该是学生、文本、教师乃至编者之间真诚、自由、民主、平等的对话交往活动。这种对话是动态生成的,是确定性和不确定性、一致性和不一致性、线性和非线性的统一。

像以上这种有严重"缺失"的语文课堂教学,学生不喜欢。"语文课真没劲,枯燥无味,老师比《大话西游》里的唐僧还烦。"这是一些学生对语文课的评价。

在一次语文教学的问卷调查中,有一个学生说过一段这样的话:我们自看一遍课文,有想法;再看一遍课文,有收获;进一步参看课外同文,有渗透。语文老师讲课,不过是把教参的观点照本宣科地灌输给我们,全无创见,老师讲第一节课,我们有想法变得没想法;老师讲第二节课,我们浪费了两节课;有的语文老师把一篇课文讲到第四节课,我们就和他有深仇。

我们应该改变这种重结果,轻过程;重接受,轻体验;重竞争,轻合作;重教师主导,轻学生主动的传统教学模式。

二、改变传统课堂教学模式势在必行

语文课堂教学的本质是什么？语文课堂教学从根本上说就是对话教学。既是对话教学，必有话语交往，问题是在课堂对话过程中，谁真正掌握着课堂话语权？"语霸"的背后又透射着怎样的教学主体关系？不能不令人深思。

所谓课堂话语权，是指课堂教学主体通过话语对课堂教学过程进行调控的权利。作为课堂教学活动的主体，教师与学生都具有课堂话语权，但在长期的师道尊严的教学理念下，课堂的话语支配权一直牢牢地控制在教师的手里，学生的话语权近乎被剥夺，本应是课堂主人的他们演变成了课堂的附庸，反思我们的课堂，充斥着太多"教"的语言，又有多少"学"的语言？那些意图明显、指向明确的问题，又真正给了学生多少说真话的权利和质疑的机会？"满堂灌"的课堂话语权严重失衡。这种话语失衡主要表现在：

（1）教师占据课堂话语的绝对时空，扮演课堂话语的绝对权威，学生的作用更多地体现在配合教学任务的完成，以及为达成统一的教学目标而服务。

时至今日，即便是在语文公开课上，我们也经常会听到教师这样评价学生："感谢这节课同学们对我的配合！"在课后的评课环节中，也经常有教师把上课成功与否归因为学生有没有"好好配合"，师生间形成一种话语权的上下等级观念，学生的大脑成了必须由教师的话语来填充的空白地带。在传统的课堂教学中，教师最擅长的就是把课前备好的教案内容一一予以展示，主宰着课堂的一切；而学生也总是老老实实地按照教师预设好的程序跟着教师走，跟着书本走。这是一种极其被动、压抑、低效的课堂教学模式，"教师教得辛苦，学生学得痛苦"。

（2）设问质疑把教材内容演化成问题，单向拷问学生，教师成为教材话语的代言人。

著名语文特级教师韩军先生曾把"说真实的个性的话"作为自己的语文教学价值取向，这是针对"公共话语极度膨胀、私人话语极度萎缩"的现象提出来的。然而，我们的语文课堂，已很少有学生真实的、个性的思想暴露，由于长期公式化的解读，养成了学生的条件反射，对一些问题富有个性的解读全部被这种居于霸权地位的教材、教参、标准答案给"格式化"和"标准化"了，由此造成了学生千人一书、千人一面、千人一词，课堂上思维、说话、解题惊人相似的局面。任何时代只有一种声音都是十分可怕的，我们的语文课堂，如果也只能听到一种声音，当然也是可怕的。这样的课堂培养不出个性化的学生。

（3）学生间个体话语权分配不公，课堂上往往个别优秀生操纵了有限的学生话语权。

为了落实新课标关于培养学生探究精神和合作学习能力的要求，很多教师在语文课堂教学过程中都会千篇一律地设计学生讨论的环节，并且大都为小组讨论的形式，给学生的话语空间就是集中几分钟时间搞这种讨论。不可否认，讨论给予了学生一定的话语权，但我们也看到，更多时候这种课堂讨论不过是换一种形式的形式主义。表面上看，课堂讨论轰轰烈烈、热火朝天，细细观察，这种讨论大部分是由优等生操控话语权，优等生成了全体学生的话语代言人，而那些不善表达、内向、不自信、反应较慢的学生只能充当听众，再一次与有限的话语权失之交臂。

其实，学生很不喜欢"满堂灌"教学模式。2008年3月，我对我校高中学生进行了一项题为"基础教育语文科教学现状"的问卷调查，采用的是抽样形式，共发出问卷220份，回收210份，有效问卷200份。在"你喜欢哪种教授方式"这一问题上，选"教师引导学生思考讨论"一项的人数最多，共120人，占样本的60%；选"学生自学、相互交流、教师参与"一项的人数次之，共65人，占样本的32.5%；选"老师串讲"的位居第三，共15人，占样本的7.5%。这一结果表明，学生更愿意接受师生能够相互交流的课堂教学模式。在"有关作家背景知识材料，你喜欢的教授方式"这一问题上，选"自己收集查找后，师生讨论交流"这一项的人数最多，共115人，占样本的57.5%；选"自己查找收集后，不足的地方直接由教师补充"的人数次之，共55人，占样本的27.5%；选"完全由教师提供讲授"的位居第三，共30人，占样本的15%。这一结果表明学生更愿意采取自主学习的方式。学生讨厌的是"满堂灌"教学模式。在问卷调查中，有学生对"满堂灌"教学模式发泄不满，有学生这样写道：

讲台上教师津津乐道，

讲台下学生要么嘻嘻闹闹，

要么掩耳睡觉，

课上教师讲得字字重要，

课下学生将习题抄抄，

效率如何？

哈哈，这不重要。

课堂是教师讲话的地方；

课堂是教师表演的舞台；

课堂是等级森严的地方；

课堂是令人拘谨、令人窒息的地方；

课堂是配合教师说话的地方；

课堂是使我们昏昏欲睡，但又得强打精神的地方；

课堂是坐得端端正正，两眼垂直，抄写笔记的地方；

课堂是使我胆战心惊的地方。

调查结果显示，学生希望自己或者说渴望自己成为课堂学习的主体，成为课堂的重要角色。学生主动学习、自主学习、积极发现问题和探讨问题的愿望很大。这说明，在如今的语文教学中，教师和学生的地位正悄悄地发生着变化，学生渴望教师把课堂的主角让位于自己，渴望教师用引导和帮助的方式来指导自己思考问题，探讨问题，解决问题，充分发挥自己的主体作用。传统的教师主宰课堂、肢解课文一讲到底的"满堂灌"教学模式逐渐被学生摒弃。

因此，在语文教学活动中，我们必须采取必要的手段和措施来实现教育者、受教育者和教学手段之间的交互活动，从而完成具体的教学任务。

语文教学中的三个要素是教师或教育者、学生和教材。实际教学中，这三个要素的关系往往被看作教师通过研究教材来实施对学生的教育，学生通过教师讲解、分析教材来接受教育。语文学科的教学，过去总被叫作"语文教材教法"，从中可以反映出对学生这一要素缺乏足够的重视。另一个表现是在课堂上，教师只注重讲，忽视了学生作为一个有着丰富情感和各种需求的完整的生命体在参与课堂教学活动，而把学生当作一个装知识的容器。教师在课堂上把教材中的知识点，以自己课前准备好的惯有方式"讲"给学生，很少从学生的语文能力形成和个性化方面下功夫。这就充分说明，在语文教学中实行一种互动式教学模式既是必要的，也是紧迫的。

教学既是一门科学，也是一门艺术。在教学中，学生并不喜欢那种太实、太直接、太烦琐的不留给他们一点想象余地的教学。"满堂灌"表面上严谨实在，实质上效果不佳。这样不但不会取得好的教学效果，而且会阻碍学生思维能力的发展与学生自身探究的乐趣。近几年来，许多教育家、学者和一线教师渐渐觉得这种以教代学的教学模式很不适应现今的教学实际。

因而，许多教学专家呼吁："把课堂还给学生！""学生是学习的主体，教师是课堂的主导。""达标课，教师讲最多不超过二十分钟！"等等！为适应教育改革发展的形势，为改变传统的语文"满堂灌"教学模式，我着手构建语文"待完满"课堂教学模式。

所谓"完满"，就是圆满，没有欠缺。"待完满"，就是不圆满，有欠缺。格式塔心理学派的完形压强理论认为：任何一个事物均可视为一个格式塔（完形），即由各个要素重新编码构成一个全新整体，当人们面对这一整体中某些不完全或有缺陷的格式塔刺激物时，就会产生一种内在的紧张力和进取的内驱力，从而迫使大脑皮层紧张活动以填补缺陷，达到完形，最后使内心得到平衡。或许正因为这样，画家画花时，便独绘一枝，任凭欣赏者自由遐想；音乐家演奏时，也往往营造出一种"无声"情境，由着听众自己去体味。而这遐想和体味的基础便在于：画家与音乐家都创设了他人赖以开掘的空间——"空白""残缺""待完满"。这也正是宋代画家郭熙说的"山欲高，尽出之则不高，烟霞锁其腰则高矣。水欲远，尽出之则不远，掩映断其脉则远矣"。断臂维纳斯女神雕像之所以成为举世公认的稀有之宝，是与她那断臂的"缺陷"造成的"待完满"分不开的，因为它给人们留下了无尽的遐想。不仅绘画、演奏与雕塑如此，教学活动亦该如此。在教学活动中，若教师能有意识地为学生开拓出一些空白，给学生留下一些"欠缺"和"待完满"，必将激发学生积极探求、踊跃补白的欲望和压强，使其在内在的紧张力和进取的内驱力作用下，思维空间被全方位激活，旧的"完形"被瓦解，新的"完形"重建。这样一来，学生不但在理解上更趋深广，而且会充分地体验到自我探求的成功喜悦。

地址：深圳市南山区　　网址：www.szu.edu.cn

传真：0755-26534462　总机：0755-26536114　邮政编码：518060

邀 请 函

何泗忠老师 敬启：

深圳大学承担的"2017 年广东省教育厅"强师工程"中小学教

师省级培训项目"即将开始，特邀请您开设专题讲座。

讲题：古代诗文高效趣味教学法

时间：2018 年 11 月 6 日

地点：深圳大学师范学院 A103

感谢您对学院工作的支持！

二〇一八年十月二十日

2018年11月6日，何泗忠老师应邀赴深圳大学给广东名师传授语文悬念教学法之"待完满"语文课堂教学模式

第三章

『待完满』语文课堂教学模式的构建依据

教育发展的历史表明，人类的教育活动是从"神化"教育走向"物化"教育，进而走向"人化"教育的过程。"待完满"语文课堂教学模式，正是一种"面向未来"的教育模式。它尊重学生，以学生为本，留下"空白"和"不完满"，让学生去填补、去探究。

"待完满"语文课堂教学模式，是一种提倡交往和体验的教学模式，追求的是一种思想上的沟通与理解，体现的是师生与生生之间的视界融合、精神相遇、理性碰撞和情感交流。"待完满"语文课堂教学模式，呼应了对学生要进行核心素养培养的时代要求，是落实发展学生核心素养的有效途径。

没有理论指导的教学是盲目的、随意的教学。教育学是科学，那么，语文"待完满"课堂教学模式的科学性在哪里呢？语文"待完满"课堂教学模式的理论基础，或者说其理论依据是什么呢？

一、人类的教育发展史依据

教育，随着人类社会的产生而产生，原始社会的教育，还没有从生产劳动中独立出来，没有专门进行教育、组织教育的主要场所——学校，也没有专门从事教育的教师，教育与生产劳动紧密结合，教育方式也主要是口传身授。到了农业社会，确立了比较完整的"向后看"的教育模式。这种教育模式的形成，是与农业社会的生产特征息息相关的。农业生产的重复性，以及由于生产力水平低下而造成的社会发展的平稳缓慢，使人们很容易形成"今天与昨天没有什么不同，明天和以后的日子也是一样"的观念，似乎明天不过是昨天的重复。所以，任何一种知识，都是从过去汲取经验，因此，教育的内容，主要是上一代的经验、习俗、价值观以及文化，教育的功能就是传递传统文化。先生"闻道于先"获取理性认识，"游学四方"获取人生的感悟，是知识经验的集大成者，弟子只能崇拜这些知识经验的集大成者，只能规规矩矩听先生传授这些知识，丝毫不能怀疑先生的权威，也不允许弟子有什么怀疑，否则，轻则受到先生责骂，重则受到先生的体罚。这是一种"向后看"的教育，是一种"崇拜式"的教育模式。这种教育模式随着工业社会的发展被打破。工业社会建立了"面对现实"的教育模式。工业革命以来，由于科学技术的进步和大机器生产的发展，社会生产力水平有了极大提高，社会的变迁日益明显。因而，今天不再是明天的重复，过去的经验虽然不乏参考价值，但已远不能满足现在的需求了。教育的中心不是复古，不是面向过去，而是面向现实的需求，教育就是帮助现在的青年一代适应现实生活。由于工业社会采用大机器大规模生产，社会需要大批人才，传统的私塾式的小班化教学显然不适应生产的需要，人才需要大批量的生产，因此，班集体授课制度产生，统一地点、统一教学计划、统一教学大纲、统一教材授课，最后统一测试。这种教学方式，高速度地培养了大批生产者，但造就了千人一面的教育效果。教育把学生当成一件可以批量生产的产品，这是一种物化的教育，有人戏称为"克隆"教学。然而，现在是信息时代、信息社会，今天学的知识，明天就可能落后，人们应面向未来，一种新的"面向未来"的教育模式正在形成。这种新的教育模式，以学生为本，以时间的拓展和空间、内容、手段的多样化来培养学生的创造性和预测性，尊重每个人的机会和权利，欣赏每个个体的自身发展，保护学生的个性。教育教学不再单是教师讲，学生听的授课方式，在整个教学过程中，有时学生变老师、老师变学生，教学相长，师生互动，共同提高，这是一种"人化"的教育。教育发展的历史表明，人类的教育活动是从"神化"教育走向"物化"教育，进而走向"人化"教育的过程。"待完满"语文课堂教学模式，正是一种"面向未来"的教育模式。它尊重学生，以学生为本，留下"空白"和"不完满"，让学生去填补、去探究，"待完满"课堂教学模式所倡导的理念顺应了教育发展的潮流。

二、学生发展核心素养依据

2014年教育部印发的《关于全面深化课程改革落实立德树人根本任务的意见》中，首次提出"核心素养体系"概念。

2014年9月13日，教育部委托北京师范大学联合国内高校近百位专家成立课题组，历时3年完成的《中国学生发展核心素养》研究成果在京发布。

核心素养以培养"全面发展的人"为核心，分为文化基础、自主发展、社会参与三个方面。其中，文化基础包含人文底蕴、科学精神，重在强调能习得人文、科学等各领域的知识和技能，掌握和运用人类优秀智慧成果，涵养内在精神，追求真善美的统一，发展为有宽厚文化基础、有更高精神追求的人；自主发展包含学会学习、健康生活，重在强调能有效管理自己的学习和生活，认识和发现自我价值，发掘自身潜力，有效应对复杂多变的环境，成就出彩人生，发展成为有明确人生方向、有生活品质的人；社会参与包含责任担当、实践创新，重在强调能处理好自我与社会的关系，养成现代公民所必须遵守和履行的道德准则和行为规范，增强社会责任感，提升创新精神和实践能力，促进个人价值实现，推动社会发展进步，发展为有理想、有信念、敢于担当的人。

《中国学生发展核心素养》研究成果

六大素养又具体细化为国家认同、理性思维等十八个基本要点。十八个基本要点则从更细微的角度对核心素养予以阐释，其中不少要点直指当前教育改革过程中的难点与痛点，让人眼前一亮。如提出"批判质疑"，要求学生具有问题意识；能独立思考、独立判断；思维缜密，能多角度、辩证地分析问题，做出选择和决定。提出"审美情趣"，要求学生具有艺术知识、技能与方法的积累；能理解和尊重文化艺术的多样性，具有发现、感知、欣赏、评价美的意识和基本能力。

我们过去的传统教学是重视"双基"，即基础知识与基本技能，后来又提出三维目标——知识与技能，过程与方法，情感、态度与价值观。从"双基"到三维目标，再到核心素养，是从"教书"走向"育人"这一过程的不同阶段，是"知识本位"的教学站位到"人的本位"的教育站位的转变。核心素养的提出让教师在厚重的书本和习题背后、在分数背后看到了明确的让人成为人、以教育来成人的目标。核心素养研制的根本目的是促使每名学生全面而有个性的发展，最终培养出有正气、有志气、有勇气、有骨气、有底气、有灵气、有才气、有人气的能适应现代社会需求的新型人才。那么，我们在教育教学过程中，要怎样落实核心素养呢？核心素养的落实，显然不仅仅是对教学内容的选择和变更，要使核心素养真正能够"可学、可教、可评"，关键是教师教学方式的转变。传统课程教学模式不能适应培养学生核心素养的需要。传统教学在培养目标上，只重视传授知识，不注重发展能力，按一个模式培养学生，不利于具有创新思维和创新能力的创造型人才的成长；在教学内容上，教材是学生的唯一学习内容，是学生知识的主要来源；在教学方法上，是注入式、满堂灌，只研究教师如何"教"，不重视学生如何"学"，考试主要靠死记硬背，不利于调动学生的学习积极性；在教学形式上，只有课堂一个渠道，单一化、模式化，忽视因材施教和课堂外渠道；在师生关系上，重教师作用，教师是主动的施教者，忽视学生的主动性，学生是知识传授对象，是外部刺激的被动接受者。这种教学目标、教学方法、师生关系，显然不利于学生文化基础、自主发展、社会参与等核心素养的形成。我们说，任何知识和能力，情感、态度和价值观，必须在一定的交往情境和学生的真实体验中孕育、生成、发展。核心素养呼唤一种新的教学方模式，"待完满"语文课堂教学模式，正是一种提倡交往和体验的教学模式，追求的是一种思想上的沟通与理解，体现的是师生与生生之间的视界融合、精神相遇、理性碰撞和情感交流。"待完满"语文课堂教学模式，呼应了对学生要进行核心素养培养的时代要求，是落实发展学生核心素养的有效途径。

三、罗杰斯人本主义心理学

人本主义心理学之父罗杰斯提出了"以人为中心"的教育主张，他反对任何把学生放在次要地位的教育方式，如以知识为中心、以管理为中心、以教师为中心、以意识形态为中心等。所谓"以人为中心"，就是以学生的自由发展、自主发展为中心，尊重学生的成长权利，相信学生的成长潜能。成长是学生自己的事情，教师不能替代学生学习，教师只是学生学习的促进者，是方便学生学习的人。教师的职能是为学生的成长提供促进与保障的条件。按照罗杰斯的"以人为中心"的教育主张，教师的职责主要体现在以下几个方面：

（1）帮助学生确定探究课题，并形成探究方案。教师的职业水平更多体现在对学生潜能的认识和对学生探究过程的倾向性行为的把握上。这种把握，一定不能局限于教材中的内容，或局限于教材中章节的编排。

（2）帮助学生制定合理的探究程序和活动程序。未来学校中程序的意义类似于今天学校中课程的意义。程序的特色、丰富性、可行性体现着一个学校的办学水平。

（3）帮助学生完成探究活动。在这个过程中，教师的职业水平表现为恰到好处的帮助与指点。在专业知识、专业技能方面，不一定所有教师或教师在所有方面都能超越学生。学生超越教师是极其正常的事情。这种现象既不影响学生的学习，也不影响教师的形象，因为教师的任务是指导学生获取知识，而不是为学生传授知识。

"待完满"语文课堂教学模式，正是将"以教师为中心"的"满堂灌"教学模式转变到"以学生为中心"的探究式教学模式上来。在"待完满"的语文课堂教学模式中，教师的角色也"只是学生学习的促进者，是方便学生学习的人"。"待完满"语文课堂教学模式所倡导的理念，与罗杰斯的"以人为中心"的教育主张相符。

2018年11月17日，何泗忠老师（左4）应邀赴广西百色传授语文悬念教学法之"待完满"语文课堂教学模式

四、德国姚斯接受美学理论

"接受美学"这一概念是由德国康茨坦斯大学文艺学教授姚斯在1967年提出的。接受美学的核心是从受众出发，从接受出发。接受美学认为，一个作

品，即使印成书，读者没有阅读之前，也只是半成品。文学作品不是由作家独创的，而是由作者和读者共同创造的。伟大的艺术作品都有一种"召唤结构"，它原则上都是未完成的，含有许多"意义不确定性"和"意义空白"，有待于欣赏者通过创造性想象去填充、丰富甚至重建。作为一门艺术的语文教学也应该是一种"未完成"的形态，它需要学生的主动参与，而不是教师唱独角戏。教师如果在教学中能科学地留下一些"空白"和"未定点"，留下一些"待完满"的地方，又热烈地"召唤"接受者即学生的能动参与，语文课堂教学就会呈现一个人与人相遇、灵魂与灵魂相撞、输出信息与反馈信息相融的美妙境界。接受美学认为，文学作品必须被读者接受，才能实现它的美学价值和社会功能，艺术作品的生命，开始于它被读者接受，在读者的心灵中唤起审美的感应。同样，教师的教案必须被学生接受、消化，必须与学生的兴趣、爱好相吻合，才能实现它出色的教学功能，"待完满"语文课堂教学模式，正是给学生留下"空白"和"未定点"，留下一些"缺陷"，让学生去填补、去探究，"待完满"语文课堂教学模式与接受美学理论有相通之处。

五、格式塔完形心理学依据

格式塔心理学或译为完形心理学，是德文"Gestalt"一词的音译，诞生于1912年，是现代西方心理学的主要流派之一。"格式塔"一词最早是奥地利心理学家埃伦菲尔斯提出来的。后来由德国人韦特墨、考夫卡和柯勒接受继承并发展形成完形心理学。鲁道夫·阿恩海姆是柯勒的追随者，同时也是将格式塔心理学的相关理论真正具体地运用到艺术领域中的一位研究者。格式塔心理学在研究过程中将视角集中在"形"上，格式塔心理学可以说是"形"的心理学。这里所说的"形"并不是客体本身就有的，而是一个相对独立的整体。人们在知觉的作用下，本能地会对某些"完美"的格式塔进行自我填补，这也就是某些格式塔心理学家所提到的"完形压强"。这个极其生动的类比，形象地展示出当人们在看到一个不甚完美的图形时产生的一种自我填补的心理过程。

而这一过程恰恰就是艺术家在艺术创造过程中渗入联想、想象的过程。

　　艺术领域中的"空白""不完整""不对称""失衡"等形式可以说是"缺陷美"的具体表现形式。观众在心理作用的驱使下自发地"完形"，同时在欣赏过程中获得审美快感。艺术如此，教学活动亦该如此。在教学活动中，若教师能有意识地为学生开拓出一些"空白"，给学生留下一些"不完整"和"不对称"，必将给学生带来猜测未知的冲动力，师生互动、生生互动也就因此而产生。

　　人们在面对一种"不完美"，即有"缺陷"或有"空白"的格式塔刺激物时，会在知觉中情不自禁地产生一种急于改变它们，并使之完满的趋向，从而倾向于知觉到、经验到完美的格式塔整体，即完形整体。在这个改造、补充为完形的知觉过程中，实际上激起了人脑的冲动力，提高了知觉的兴奋程度，从而引起一种进取追求的充满紧张感的"内驱力"。在这种内驱力的驱动下，人们会积极主动地去"填补"和"完善"所知觉到的"不完美"刺激。这种对"完形"结构的追求一旦实现，便给人极为愉悦的感受。

　　2018年12月5日，何泗忠老师应邀赴清华大学附属小学讲授语文悬念教学法之"待完满"语文课堂教学模式

　　语文教学中如果利用"空白"及空掉的知识，制造一种"待完满"的课堂教学情境，易激起学生的思考和探索，使教学完善、完满为一个整体，这一过程与格式塔心理学的完形理论相吻合，所以"无语"比"有语"更令人感叹。

朱光潜先生早年就曾对此做过深刻的概括："无穷之意达之以有尽之言，所以有许多意，尽在不言中。文学之所以美，不仅在有尽之言，而尤在无穷之意。推广地说，美术作品之所以美，不是只美在已表现的一小部分，尤其是美在未表现而含蓄无穷的一大部分，这就是所谓无言之美。"表面上"不言"而感情的激流却在默默无语中奔涌。正是这表面上的"不"的否定，激发了艺术想象空间的拓展。

因此，"待完满"语文教学模式中按照格式塔心理学的完形理论为依据，正确而巧妙地运用"空白艺术"是很有必要，也是很重要的。

中学生风华正茂，感情充沛，想象力丰富，语文教师应该在课堂上努力创造一些"空白""缺陷"，让学在"空白""缺陷"的情境中尽情释放个体情感。教师应该善于在讲的过程中适时、适当停顿，设置"空白"。"空白"只是教师语言的停顿，并不是思维过程的中断。设置"空白"就是给学生提供思维的材料和动力，燃起探求的火花，牵引主动求知的心理。例如，教师讲到重点难点处，有意识地短暂中断讲课的声音，以引起学生的凝神静听，达到"此时无声胜有声"的艺术效果。讲到新旧知识的联结处也要适当停顿，留下"空白"，给学生思考的时间，等学生完成"过渡"之后，再进一步向新知识讲解延伸。学生在学习过程中能不能发现"真相"并不重要，重要的是这种不确定的"完形"所蕴含的丰富意味，通过这个追求完美的过程，每名学生都会通过积极主动的质疑、探索、联想、创造等一系列思维活动，把教学过程"完满"成一个有机的整体。

六、德国哲学家尼采的思想

德国哲学家尼采，一生由读书、教书、写书构成，他的大半生是在学校度过的，所以，他对教育十分了解，对教育感触很深。在他的著作中，随处可见对守旧的教育制度的无情批判和对创新人才培养模式的新颖构想。尼采的思想充满无限的激情和活力，他写过一本书——《查拉图斯特如是说》，借书中主人公查拉图斯特之口，向世人宣布："上帝死了！"上帝是两千年来西方世界最神圣的偶像，他捆绑着人们的思维，把人们的创新意识压制到最低限度，使人们的联想思维能力简单化、庸俗化，使人们的联想思维方向都指归于上帝，认为世界是上帝创造的，人也是上帝创造的，上帝无所不能，人在上帝面前无所作为，连颇富想象力的伟大科学家牛顿也不得不将第一动力归功于上帝。尼采却勇敢地宣布"上帝死了"，他的这种勇于打破偶像、破除迷信、挣脱教条的思想，为"待完满"语文课堂教学模式提供了哲学依据。"待完满"语文课堂教学模式，要求师生首先在思想观念上破除偶像崇拜和权威禁锢，敢于质疑，勇于突破，善于超越。如若"偶像"一直被供奉，教材上的话不能怀疑，教师的话绝对正确，那么，师生之间在教学过程中就没有思想的碰撞，实施"待完满"语文课堂教学模式就是一句空话。

尼采打破偶像，是为了超越传统而达到更高境界，创造新人，创造新世界。这就是尼采所倡导的"超人"精神。"超人"并非另一个上帝，也不是一个新偶像，它在本质上是一个动态的趋向，"超人"是一种完全发挥潜能、不断超越自我的精神状态，是人的创造力的凝聚和爆发。"待完满"语文课堂教学模式，正是要培养具有"超人"那种创新精神和创造能力的人才。什么样的人是我们的时代和社会所需要的呢？尼采把学者分为几个类型：秘书型的学者只知整理各种材料，使之系统化；律师型的学者全力辩护他所研究的问题和权利；牧师型的学者一心让人们信仰他的信仰；犹太学者运用逻辑迫使人们赞同他的意见。所有这些人不思创造性地解决问题，只图以各自的方式证明自己从事着正当的工作。显然，这几种类型的人才只是守成型的，缺乏创新精神和创造能力。尼采愤世嫉俗地描述道："我漫步在人中间，如同漫步在人的碎片和断肢中间！……我的目光从今天望到过去，发现比比皆是：碎片、断肢和可怕的偶然——可是没有人！"尼采的话，真可谓振聋发聩，他的"学者"分类，使我们不得不对学校人才培养模式进行认真的反思。我们的教育应培养完整的、具有活力和创造力的人，而不是人的"碎片"。"待完满"语文课堂教学模式，正符合尼采的教育思想，意在培养完全的"超人"。过去，我们的教育由于强调"师道尊严"，在课堂教学中实施"满堂灌"，学生只是被动地接受知识，学生的个性发展受到很大影响和限制，培养出来的人千人一面，无个性可言。尼采认为，"每个人都有一个独特的自我"，这个独特的自我要"创造出一轮自己的太阳"。因此,他一再要求人们"成为你自己""成为我们之为我们者,成为新人,独一无二的人。""待完满"语文课堂教学模式,正是要打破偶像,要培养具有创造精神和鲜明个性的人。

2018年12月18日,何泗忠老师应邀赴广州郑中钧中学传授语文悬念教学法之"待完满"语文课堂教学模式

七、老子的"无为清静"的思想

《老子》是一部写给"圣人"(管理别人的人)的书,其中"无为""清静"是《老子》中最重要的管理思想。"无为"是指不要违背"自然"做那些不必要的作为甚至强作妄为,简单地说就是"顺其自然,不妄为"。通过"无为"的方式可令所有的人发挥自己的能力,从而达到目的。所以《老子》第五十七章中说:"我无为,而民自化;我好静,而民自正;我无事,而民自富;我无欲,而民自朴。"这样最终可以达到"无为而无不为……天下将自正"的境界。老子提倡"无为",作为其逻辑发展,老子主张管理者在管理过程中要遵循"清静"的原则。所谓"清静"就是说管理者在管理过程中不要不停地搅扰、变动。因为事物都有其本来的状态,遵循其本身的规律就能够成功,反之就会失败。《老子》第十六章中说:"夫物芸芸,各复归其根。归根

曰静，静曰复命。复命曰常，知常曰明。不常知，妄作凶。"（万物纷纷芸芸，各自返回到它的本根。返回本根叫作"静"，"静"叫作"复命"。"复命"叫作"常"，了解"常"叫作"明"。不了解"常"，轻举妄动就会出乱子。）过分的搅扰、变动将不利于事物的发展。老子反复强调"清静"的重要性。他说："重为轻根，静为躁君。""静胜躁，寒胜热。清静为天下正。"因为"轻则失根，躁则失灵"，所以管理者要"守静笃"。

老子的"无为""清静"思想对语文课堂教学具有十分重要的指导意义。老子认为，善于行道的人（对教学而言即好的课堂组织者）应该小心谨慎，因为轻举妄动无法持久。所以"无为""清静"作为组织课堂教学的第一层意思是教师不能轻动妄作，在施教过程中不要不停地搅扰、变动，而是尽量给学生留有自我发展、自我反省的空间，激发学生主动思考，自觉行动，深刻领会，从中受到启迪。因为事物都有其本来的状态，遵循其本身的规律就可能成功，反之就可能失败。所谓"治大国，若烹小鲜"（《老子》第六十章），如果用刀铲频频翻搅就会将鱼弄碎。课堂教学也如此，如果整天唠唠叨叨，喋喋不休，为作而作，不但扰民（对教学而言即学生），而且会失去民的信任（容易使学生产生厌烦情绪，不仅达不到课堂教学效果，甚至可能走向反面）。"待完满"语文课堂教学模式，注重引导学生，注重激发学生学习主动性，教师少说，把课堂时间更多地还给学生，这正体现了老子的"无为""清静"思想。

八、孔子的启发式教育思想

孔子是我国古代伟大的教育家，万世师表。他一生的大部分时间和主要精力是"施教"，培养了一大批有才干的学生，积累了丰富的教学经验，形成了比较系统的教育思想。其教育思想，主要体现在《论语》中。启发式教育，是孔子最重要的教育思想。他在长期的教育实践中，总结出了"不愤不启，不悱不发。举一隅不以三隅反，则不复也"。意思是说："教导学生，不到他想弄明白而弄不明白的时候，不去开导他；不到他想说出来而说不出来的时候，不去启发他。教给他东方，却不能由此推知西、南、北三方，便不再教他了。"东汉经学大师郑玄解释说："孔子与人言，必待其人心愤愤，口悱悱，乃后启发为说之。"关于"愤""悱""启""发"，宋代朱熹是这样解释的："愤者，心求通而未得之意；悱者，口欲言而未能之貌；启，谓开其意；发，谓达其辞。"就是说，"愤"是学生对于某一问题正在积极思考，急于解决而没有搞通的心理状态。这时教师要指导学生怎样思考问题，帮助学生打开思路，即"启"。"悱"是学生对某一问题已经有所思考，尚未成熟，处于欲言而又无法表达的心理状态。这时教师要帮助学生明确认识，弄清概念，用准确的语言表达出来，即"发"。这就是孔子启发式教育思想的核心内容，成语"举一反三"也由此而来。孔子的这段话实际上包含三层意思：

（1）"愤""悱"之境，是"启""发"的时机，是"启""发"的前提。如果不到"心求通而未得""口欲言而未能"之时，"如此启发之"就有可能落空或者达不到预期的效果。孔子认为，只有在学生"心求通而未得"，即"愤"之时，教师在关键的地方给学生指点一下，学生才能有很大收获，才能取得较好的教学效果。如果学生还没有经过自己的思考，没有急切的求知欲望，教师就先不必给学生讲课。"悱"是学生"口欲言而未能之貌"，学生经过思考想把自己的思想表达出来，可是又找不到恰当的语言，说不清楚，十分着急，教师只有在这时候给学生指点一下，才能对学生有较大的帮助；如果学生不是处于这种状态，教师是不必告诉学生应怎样表达自己的思想的。

（2）"不启""不发""不复"中的"不"，强调了"愤""悱"的必要性，同时也告诫执教者在没有抓住启发的时机时，可以暂时放下，腾出精力去创设新的启发时机。孔子的"启发"是一个逐层推进的过程。首先执教者提出适当的问题，向学生"发难"，使其产生求知的强烈动机。在学生"愤""悱"之时，教师就要抓住时机发挥主导作用去诱导、启发他们，达到"举一隅"能以"三隅反"的教学目的，既解决了问题又开启了思维，还培养了学生的能力，收到理想的教学效果。

（3）启发必须能做到举一反三，达到触类旁通的目的，即"举一隅不以三隅反，则不复也"。在教师所讲的知识学生理解不了时，就不要再教了。它强调的是培养学生独立分析和解决问题的能力。通过启发诱导，使学生能够"举一反三""闻一知二""闻一知十"、触类旁通。整个《论语》，就是一部启发式教学的教材。孔子的启发式教育思想对当今教育教学改革有启示借鉴作用。长期以来我们的教师认为课堂讲学就是要讲，不讲似乎对不起学生，不讲就是没有尽到教师的责任，不讲就是没有水平。于是课堂上一讲到底，"满堂灌"的情况屡见不鲜。学生没有思考的余地，没有自己学习、消化的时间。课堂上，"主体"变成了"客体"，学生成了被动接受知识的容器；"主导"变成了"主宰"，教师完全成了教学活动的中心。"待完满"语文课堂教学模式，正是对"满堂灌"教学模式的一种反驳，注重从学生的实际出发，采取各种有效的形式，调动学生学习的主动性和积极性，通过引导来促进学生的学习，这与孔子的启发式教学思想一脉相承。

第四章

『待完满』语文课堂教学呼唤高素质教师

　　"台上一分钟，台下千遍功。"课堂上的精彩，源于教师丰厚的积累；课堂上的游刃有余、挥洒自如，根植于教师深厚的文化积淀。几十年如一日锲而不舍地学习，我们才能厚积薄发，课堂才能因充满灵性而精彩纷呈。"待完满"语文课堂模式是复杂多变、富有灵活性、充满挑战的，需要我们用一生的时间去准备。

　　"待完满"语文课堂，是生命力勃发的课堂，它要求教师具备更高的情商。生命在于活力，活力在于创造，创造需要激情。

　　"待完满"语文课堂，是一种动态生成的课堂，这样的课堂为教师提供了许许多多稍纵即逝的教育时机，可以充分展现教师的教育机智，检验教师的教学能力和教育智慧。缺少智慧，绝佳的教育时机就会从我们身边白白溜走；拥有智慧，就能抓住机遇，创造精彩。

　　课堂是我们所熟悉的，也是我们所陌生的。"待完满"语文课堂是什么？"待完满"语文课堂是师生交往的场所，是引导学生发展的场所，是教师的教育智慧充分展现的场所。华东师大叶澜教授指出："要从生命的高度，用动态生成的观点看课堂教学。课堂教学应被看作是师生人生中一段重要的生命经历，是他们生命的有意义的构成部分。"综上所述，所谓"待完满"语文课堂是指教师与学生、学生与学生合作、对话、碰撞的课堂，师生在课堂上能够充分展示自己的生命形态、情感世界和人文思想，课堂成为一个富含诗意和创造的理想天堂，教学过程变成一场富有独特生机和鲜活张力的美妙旅程。要真正实现"待完满"语文课堂教学模式，并不是一件容易的事情，它需要高素质的教师。

一、拥有丰厚的文化底蕴

　　"待完满"语文课堂教学是一个开放的、变化的、动态生成的过程，其间会有很多意想不到的事情发生。这不是教师可以主观决定的，也不是都能预料到的。哪怕预设再充分，由于学生的不同，教学环境的变化，总是会出现这样那样的"意外"，教师必须要有丰厚的文化知识底蕴。"台上一分钟，台下千遍功。"课堂上的精彩，源于教师丰厚的知识积累；课堂上的游刃有余、挥洒自如，根植于教师深厚的文化积淀。几十年如一日锲而不舍地学习，我们才能厚积薄发，课堂才能因充满灵性而精彩纷呈。"待完满"语文课堂模式是复杂多变、富有灵活性、充满挑战的，需要我们用一生的时间去准备。胸有沧海，才能品味出水滴的丰富多彩；站在高山之巅，才能指点江山；飞升于人类文化的上空，才能高屋建瓴。

　　曾在《中学语文教学》2007年第2期上看到一篇文章《老师，你读书了吗？》（作者石修银）。文中有一个《陋室铭》的教学案例：

　　生1：老师，"谈笑有鸿儒，往来无白丁"中的"白丁"为什么译为"没有文化的人"？

生2：对应译释吧。

师：是的，对应推断。还记得这么一句话吗？"贤俊者自可赏爱，玩鲁者亦当矜怜。""玩鲁"与"贤俊"对应，不就译为"愚笨、丑陋"吗？

生1：可我想，为什么不用其他词来写，就偏要用"白丁"？

师（微笑颔首）：这位同学有点穷追不放，不饶我呀！（众笑）是呀，为什么就要用"白丁"呢？这要从古代的服饰说起。古代皇帝穿的衣服，是黄色的；公卿王侯穿的衣服，是红色的；大夫伶臣穿的衣服，是蓝色的；小卒穿的衣服，是褐色的。而那衣服，是白色的，可以说没有一点颜色，那是谁穿的呢？

众生：是平民百姓。

师：是的。在文中，"白丁"对应的是"鸿儒"，"鸿"是"大"的意思，"儒"是有学问的人，因此"白丁"就译为"没一点文化的人"了。

以上案例是典型的"待完满"语文课堂教学模式，这是一堂对话的、开放的、变化的、动态生成的课。案例中的教师如果没有丰厚的文化知识底蕴，平时没有读书，他能应对学生的挑战吗？正因为教师有丰厚的文化底蕴，才能形成师生对话，才能成就课堂的动态生成，否则，就只有教师的封杀声音，独霸课堂，实施"满堂灌"教学。可见，要实施"待完满"语文课堂教学模式，教师必须要有丰厚的文化底蕴。

二、永葆教育的生命激情

苏联教育家苏霍姆林斯基说："如果教师不去设法在学生身上形成这种情绪高涨、智力振奋的内部状态，那么，知识只能引起一种冷漠的态度，而不动感情的脑力劳动只会带来疲劳。"教师情感的缺失，导致课堂枯燥乏味；教师情感的平淡，导致课堂波澜不惊。夏丏尊先生说："教育没有情感，没有爱，如同池塘没有水一样。没有水，就不能称其为池塘。没有情感，没有爱，也就没有教育。"所以，教师要做充满爱心的人、情感丰富的人。教师的感情是学生学习兴趣的催化剂，是学生思维的激活剂，教师要用饱满的情感去撞击学生的情感，用飞扬的激情去点燃学生的激情，这样课堂才会生机勃勃，精彩纷呈。"待完满"语文课堂，是生命力勃发的课堂，它要求教师具备更高的情商，生命在于活力，活力在于创造，创造需要激情。"待完满"语文课堂是课堂教学的最佳境界，教师只有永远保持不甘平庸、追求卓越的激情，才能体验到臻于佳境的喜悦，享受到成功的快乐。美国学者威伍在《激情，成就一位教师》一文中指出："想要教好的教师可能在大多数情况下都是志向更高和激情奔放的。伟大至少一部分出自天赋，这是无法传播的。然而伟大的教师一定是激情的教师。"让我们满怀着浓浓的语文情思，引领学生感受自然之美，聆听生命之歌，吹起思想的芦笛，使我们的"待完满"语文课堂神采飞扬，激情澎湃，魅力四射。

著名特级教师王崧舟老师上课充满激情。他在教学《我的战友邱少云》一课时，为了拉近时空距离，先利用多媒体播放了一段音乐：在低沉哀壮的乐曲声中，一座高高耸立、庄严肃穆的抗美援朝纪念碑出现在屏幕上。

几分钟后，乐曲结束，王老师动情地指着这座纪念碑说道："同学们，你们知道这是什么吗？这是一座为纪念伟大的抗美援朝战争而修建的纪念碑。这座纪念碑是为千千万万个为祖国和朝鲜人民，为世界和平而壮烈牺牲的烈士修建的！在这些烈士当中，就有这样一位年轻而伟大的战士——"

略微停顿后，王老师以更为深情的语言，激发学生的情感："同学们，他是谁呢？来，让我们一起深情地呼唤他的名字！"

情感已被激发起来的学生和王老师一起深情地呼唤道："邱——少——云！"

紧接着，王老师以更为饱满的感情，再次激发学生的情感："同学们，让我们一起自豪地呼唤他的名字！"

学生们以更为洪亮和更为深情的声音呼唤道："邱——少——云！"

"对，他就是邱少云！今天我们就来学习《我的战友邱少云》。"王老师转身在黑板上写下了课文题目，开始讲课。

"感人心者，莫先乎情。"上课一开始，王老师就用音乐与自己的激情问道"他是谁"，制造了一种"待完满"的语文课堂教学情境，让学生受到极大的感染，同时激发了学生学习探究课文的强烈欲望。随着王老师情绪激昂的讲解，学生们都被感染了，很快就进入最佳学习状态。

三、具备高超的教学智慧

我们常常说教学机智，那么，机智是什么？机智就是当机遇来临的时候，有能力、有智慧抓住它。"待完满"语文课堂，是一种动态生成的课堂，这样的课堂为教师提供了许许多多稍纵即逝的教育时机，可以充分展现教师的教育机智，检验教师的教学能力和教育智慧。缺少智慧，绝佳的教育时机就会从我们身边白白溜走；拥有智慧，就能抓住机遇，创造精彩。教育应该是传授智慧的艺术，教育要为社会培养富有智慧创造力的卓越人才，那么教师首先要做智慧型教师，丰富自己的思想，提高自己的创造力，用思想碰撞思想，用智慧激活智慧。苏霍姆林斯基说："教育的技巧并不在于能预见到课的所有细节，在于根据当时的具体情况，巧妙地在学生不知不觉中做出相应变动。""在学生不知不觉中做出相应变动"，这就是教师智慧的表现：因时而化，相机而动。教师智慧的另一种表现就是幽默。幽默是智慧的集中体现，是拉近师生距离的纽带。用幽默的方式说出严肃的真理，比直截了当地提出更易让人接受。幽默使语言增光添彩，幽默使课堂充满活力。

著名特级教师于永正老师上《惊弓之鸟》一课，讲到"孤单失群"这个词语时，学生的理解遇到了困难，于老师引导学生联系上下文来解决问题。这时，一名男生突然推门而入。面对这突如其来的情况，于老师放下手中的课本，走到他跟前，摸了摸他的头，笑眯眯地问他为什么迟到了，刚才到什么地方去了。

生（胆怯地）：我刚才坐在楼梯口休息，没有听到上课铃声。

师：你当时是什么心情？

生：有些紧张，我发现周围没有人了，想到可能上课了，所以赶紧跑了过来。

师：当你发现只剩下自己一个人时，你有什么感受呢？

生：既孤单又害怕，还有儿点紧张。

生（略加思索）：孤单失群。

师：很好。你一个人离开同伴能不孤单、紧张吗？当然，这紧张还有怕迟到挨批评的成分，对不对？请你读读课文中描写受伤的大雁"孤单失群"的句子，然后演一演受伤的大雁在空中飞行，好吗？

（这位迟到的学生边读课文边表演，富有创意的表演赢得了同学们热烈的掌声）

师（再次摸着他的头，微笑着）：这是你起初的感受，只有艺术家才能表演得这样好。虽然你一时失群，迟到了，但你帮助大家理解了"孤单失群"，你也是功臣啊！

（听了于老师幽默的评价，该生有点难为情，但却乐滋滋地跑回了座位）

在学生难以理解"孤单失群"这个词语时，一名男生突然推门而入。面对这突如其来的情况，于老师迅速抓住契机，把学生迟到当作宝贵的教学资源来加以智慧地利用，教学效果不言而喻。试想，于老师如果抓不住这个"意外"，不知要费多少口舌、多少时间去解释"孤单失群"这个词语。于老师的教学智慧，实现了教师尽量少讲，多留出时间让学生去探究的"待完满"语文课堂教学境界。

四、能营造良好对话氛围

《普通高中语文课程标准（2017年版）》指出："语文教学应在师生平等对话的过程中进行。""阅读教学是学生、教师、文本之间的对话过程。""待完满"语文课堂教学，正是一种对话教学活动，对话首先表现为师生与文本之间的交流，其次才表现为师生、生生之间的语言交流。

营造对话氛围，要创设民主平等的互动情境。在动态生成的课堂中，师生都是课堂的主人，师生关系是平等的，教师只是平等关系中的首席。在民主、平等、和谐、友好的教学氛围中，师生才能敞开心扉交流体会，切磋论辩，共同提升思想，共享课堂精神之旅。正如老一辈教育家陶行知所说："只有民主才能解放最大多数人的创造力，而且使最大多数人之创造力发挥到最高峰。"

2019年3月19日，何泗忠老师应邀赴深圳市崛起实验学校运用"待完满"语文课堂教学模式给师生讲授高三作文

营造对话氛围，要创设循循善诱的问题情境。课堂是学生的舞台，也是培养和激发学生创造力的天地。问题的激发可以使学生迸发出创新思维的火花。教师要会问、巧问，并且培养学生的问题意识，使学生有问、能问、善问。问题是学习的动力和起点，学习的过程就是发现、研究、解决问题的过程。没有问题，就不能激发学生的好奇心和求知欲；没有问题，学生就不会深入思考。头脑中不断生成问题的学生，才能更好地融入课堂参与互动；能提出高质量问题的学生，才可能拥有超凡的创造力。

营造对话氛围，要创设激励成功的期待情境。对话过程中必然伴随着教师对学生的评价，这评价要在肯定中期待，在期待中激励。让学生在课堂上不断获得成就感，经常体验巅峰时刻，让学生由一个成功走向另一个成功。

语文教育专家、深圳市语文教研员葛福安老师，在教授《苏武传》一文时，创设对话情境来展开文言文教学。他教学的第一个环节就是"面对苏武，采访苏武"。葛福安老师首先创设了一段充满激情甚至有些煽情的引导词：

"同学们，你正置身于两千多年前的大汉帝国的都城长安，在始元六年（公元前81年），你一定如现今'追星'般地关注于本年度的一件大事：苏武的荣归。一去匈奴19年而杳无音信的苏武，今天终于作为大汉外交功臣的身份回到了久违的故国。在如潮的欢迎人群之中，你们这些对苏武19年异域不死的神话充满好奇的年轻人，一定不会错过这个'面对苏武'的采访机会，那么，你会提出一些怎样的问题呢？"

一番语言的铺垫让学生进入了一个模拟"苏武归国记者招待会"的情境之中：须发尽白的苏武先生手持汉节，一脸凝重的表情，时间在他脸上书写着沧桑。周围是一群年轻热情的面孔，他们向苏武先生提出了各种各样的问题。

有的学生问：苏武先生，您归来后最想见的人是谁？您想对他说的第一句话是什么？

有的学生问：在这19年漫长的岁月中，在空寂无人的北海，是什么支撑您活下来，让您终于回到大汉？

有的学生问：对您来说，在北海牧羊19年，哪些方面的困难是您最难克服的？

有的学生问：在匈奴时，您最怀念故乡的什么？

有的学生问：如果命运让您重来一次，您是否还会做出同样的选择？

有的学生问：如果您的忠诚，您的执着，永远不能被人知道，您也许会在北海牧羊终生，您还会这样一直坚持下去吗？

有的学生问：您如何看待自己在匈奴的这19年生活？如果给您一个可以改变过去的机会，您最想改变什么？

有的学生问：如果您的家里也遭遇像李陵那样的不幸，您是否仍然效忠于大汉？

有的学生问：19年后您回到大汉，还能融入大汉吗？如今的您，兄弟已死，母亲亡故，妻子改嫁，子女走失，面对如此多的不幸，您还会对您的选择无怨无悔吗？

葛老师营造的向"苏武先生"提问题这样一种对话氛围，构成一种"待完满"课堂教学模式的"召唤结构"，它召唤学生深层次学习《苏武传》，学生提出的这些问题几乎涵盖了课文的每个知识点，学生要提出这些问题，不仅要掌握词义、用法和文言句式等，更要注重对苏武内心世界的探询。这种跨越时空的对话氛围的营造，燃起了学生提出问题的热情，引发了学生浓厚的学习兴趣。葛老师的课堂，变文言文教学"以教师串讲为主"为"以学生探究学习为主"，很好地构建了一种"待完满"语文的课堂教学模式。

五、掌握现代多媒体技术

随着信息技术日新月异的发展，以多媒体计算机技术和网络通信技术为主要标志的信息技术已经成为现代科技革命的基础和核心。它不仅渗透到社会生活的各个领域，引起了社会生产方式、生活方式的深刻变革，促进了人类社会的文明和进步，而且已经迅速地被运用到学校教育的各个方面。例如，CAI课件在课堂教学中的运用，对促进教学过程的优化，激发学生的学习兴趣，激活右脑的形象思维，提供更多的知识信息和形式多样的学习方式；对推动教师教学观念的转变，教学方法的改革，对形成创新性、探究性的课堂教学氛围和提高课堂教学的效率，都起到了推动作用，显示出独特的价值。具体表现在以下几个方面：

第一，它一改传统媒体单调、僵硬的面孔，使教学信息表现为图形、文字和声音的有机融合。

第二，它化理性为感性，化静止为运动，化抽象为具象，对解决教学中的重点、难点起到十分有利的作用。

第三，它对动人情节的感染，精彩场面的再现，诗情画意的欣赏，起到了传统媒体无法相比的作用。

第四，它有利于交互反馈功能的发挥，打破了传统教学中以教师为中心单向交流的弊端，为形成创新性、探究性教学课堂氛围起着推动作用。

因此，作为以学生为本，激发学生探究性、创造性为特征的"待完满"语文课堂教学模式，必须要充分利用现代多媒体。据国外研究资料证明：

用语言介绍一种物品，人的识别时间为2.8秒；

用线条图表介绍物品，人的识别时间为1.5秒；

用黑白照片介绍物品，人的识别时间为1.2秒；

用彩色照片介绍物品，人的识别时间为0.9秒；

如果是展示实物物品，人的识别时间为0.4秒。

　　从以上对比中可以看出，具体的形象对人的感知具有神奇的作用。著名语文教育专家韦志成教授曾经说过："形象愈是鲜明、愈是具体、愈是活泼、愈是新颖，就愈能缩短感知的时间，引起人们的联想，调动人们的想象，激起人们认知的兴趣，愈能提高效率。"多媒体正是能提供鲜明、具体、活泼、新颖的形象，能激起学生的探究欲望，因此，要实施"待完满"语文课堂教学模式，教师就必须充分掌握并能利用现代媒体教学。

　　当然，多媒体是一种"待完满"语文课堂教学模式的辅助手段，不能完全替代教师的所有教学功能；多媒体的运用要恰到好处，不是用得越多越好。一般适用于介绍背景，引入情境，再现场景，揭示重点、难点和交互反馈等教学环节。

第五章 『待完满』语文课堂教学模式的实施策略

教学艺术高超的教师在教学过程中大多不会一泻无余或包办一切，而总是在教学中巧妙地利用"空白"，构成教学的"阴晴圆缺"，以达到言有限而意无穷的效果。

作品中的艺术"空白"和"不完满"，不是没有话说，而是有话含蓄不直露。我们应善于利用作品中的"空白"和"不完满"，构建一种"待完满"课堂教学模式，引导学生去挖掘作品中丰富的潜台词，去探索作品的真谛，使我们的课堂教学做到歌德所说的"一只眼睛看到纸面上的话，另一只眼睛看到纸的背面"。

高效的课堂教学，教学语言不应从头到尾像机关枪一样讲个不停，而应讲究变化和节奏。必须有动有静、有张有弛、开合有度，富于节奏感，必须给学生留下几段空白，成为一种"召唤结构"，构建一种"待完满"课堂教学模式，才能吸引学生主动参与。

　　课堂上的"太实""太满"，只有预设，没有生成，没有给学生留下思考与想象的空间，往往造成课堂的沉闷和学生思维的僵化。一堂课只有存在足够的"未定点"和"不确定性"，存在一定的"残缺"和"不完满"，才会激发学生填补的冲动和欲望，因而，教学艺术高超的教师在教学过程中大多不会一泻无余或包办一切，而总是在教学中巧妙地利用"空白"，构成教学的"阴晴圆缺"，以达到言有限而意无穷的效果。

　　记得1911年，法国巴黎卢浮宫珍藏的达·芬奇的油画《蒙娜丽莎》被盗，挂这幅画的那面墙成了空墙，但就从这时起，这面空墙前却观者如潮，人们在这面墙前想象着，感叹着，猜测着，遗憾着，愤怒着，两年时间在此驻足流连的人，竟超过了过去十二年来观赏名画的人数的总和。油画的被盗，犹如断臂的维纳斯雕像留下的"残缺"，更引起人们的关注，在这里，"残缺"比"完满"更"完满"。作为教师，在课堂教学艺术上是否也可留下"残缺美"呢？怎样构建一种"残缺美"呢？下面谈谈"待完满"语文课堂教学模式的实施策略。

一、破坏课文法

　　维纳斯的雕像，因为失去双臂而更具吸引力，召唤着人们去欣赏，去想象。在教学中，我们何不采用此种手法，将"完美"的课文"破坏"一下，使它变得"残缺""不完满"，给学生留下联想和再创造的空间呢？我教《守财奴》一文，就采用了"破坏课文法"，将一篇完美的课文拦腰截断，使之残缺、"不完满"。那是2010年的一堂公开课。上课伊始，我一反给学生布置课前预习的习惯，只用PPT向学生展示了《守财奴》一文前半部分的大体内容：

　　葛朗台，法国资产阶级暴发户，现年78岁。他有一个妻子，体弱多病，还有一个独生女儿，名叫欧也妮。他是一个大贪财鬼，对金钱具有强烈的占有欲，他的一生就是为钱而来的。为了占有金钱，他可以不要妻子，不要女儿，甚至不要自己的性命。

有一天，葛朗台的女儿欧也妮捧着一个金子做的梳妆匣，来到了母亲的房里。那金梳妆匣是欧也妮的堂弟兼情人查理送给她的，上面有一尊查理母亲的肖像。正当欧也妮与她的母亲捧着金梳妆匣在查理母亲的肖像上哑摸查理的面貌时，葛朗台走进房里看见了金梳妆匣。

接下来，我向学生抛出了一个问题："葛朗台见到这个金子做的梳妆匣以后会有什么样的表情，什么样的行动，什么样的语言呢？请同学们猜一猜。"

问题一提出，学生们积极响应我的"召唤"，课堂气氛顿时活跃起来，他们纷纷发言，展开合理的想象。有位学生说，葛朗台面对金梳妆匣，眼睛会瞪得大大的，像灯泡一样，同时会发出惊喜的声音，然后会走过去，抱住匣子。另一位学生对此却提出了修正，他说，葛朗台十分狡猾，见到金梳妆匣后尽管吃惊，但不会出声，如果出声，就会使欧也妮母女警觉，他就不可能顺利抢到金梳妆匣；另外，要把"走"字换成"跑"字，把"抱住"换成"夺走"，这样就更体现了葛朗台贪婪的性格。

学生们你一言，我一语，见仁见智。讨论约6分钟后，我正式宣布：今天上《守财奴》一文，关于葛朗台面对金梳妆匣的表情、行动、语言，书上有精彩的描绘。于是，学生纷纷打开教材，带着好奇心，贪婪地阅读课文。学生终于读到了如下原文：

老头儿身子一纵，扑上梳妆匣，好似一头老虎扑向一个睡着的婴儿。

"什么东西？"他拿着宝匣往窗前走去。"噢，是真金！金子！"他连声叫嚷，"这么多的金子！有两斤重。啊！啊！查理把这个跟你换了美丽的金洋，是不是？为什么不早告诉我？这交易划得来，小乖乖！你真是我的女儿，我明白了。"

学生对作者用词的准确拍案叫绝。在一片惊叹声中，学生轻松自如地初步把握住了葛朗台要钱不要命的性格特征。这是我在这堂课中制造的第一个"残缺""不完满"，给学生留下的第一个"空白"，让学生去填补，去想象，去"完形"。整堂课中，我紧紧抓住学生"好奇"的心理特点，不断"破坏"课文，给他们制造一个接一个的"残缺""空白"，学生纷纷响应我的"召唤"，积极参与，根据自己的理解和解释，亲手将这些"待完满的地方"填充好，使学生对作品的意义达到了个性鲜明的深刻理解。制造空白法，将"完美"的课文"破坏"一下，留下"残缺"与"空白"，像断臂的维纳斯一样，成为一种"召唤结构"，形成对学生"期待视野"的强烈呼应，构建出一种"待完满"课堂教学模式，从而使语文课堂教学呈现出一种"百花齐放，百家争鸣"的精彩生态。

二、利用空白法

伟大的作品犹如断臂的维纳斯，其间匿藏着许许多多的"不确定性"和"空白"，有待于读者去发现、填补和阐发。著名评论家王冶秋先生就曾这样评说《阿Q正传》的欣赏过程：

第一遍，我们会笑得肚子痛；

第二遍，才咂出一点不是笑的成分；

第三遍，鄙弃阿Q的为人；

第四遍，鄙弃化为同情；

第五遍，同情化为深思的眼泪；

第六遍，阿Q还是阿Q；

第七遍，阿Q向自己身上扑来；

第八遍，合而为一；

第九遍，又一次化为你的亲戚故旧；

第十遍，扩大到你的左邻右舍；

第十一遍，扩大到全国；

第十二遍，甚至洋人的国土；

第十三遍，你觉得它是一面镜子；

第十四遍，也许是警报器……

十四遍以后读者欣赏到什么，评论家没有说，我想只要你继续读下去，新的体会和想法肯定还会产生。同一个人，能读出这么多阿Q，更不用说不同的人能读出更多的阿Q，正所谓"一千个读者就有一千个哈姆莱特"。为什么会产生这样的效果？因为作者在阿Q身上，给我们留下了许多"不确定性"和"空白"，留下了许多的"欠缺"和"不完满"。语文教材中的大部分课文都是古今中外名家的名篇，内容含蓄，语言凝练，可以说，绝大部分课文为读者留下了耐人寻味的艺术"空白"和"欠缺"。因此，在语文教学中，只要我们精心寻找，就会发现课文中的不少"空白"和"欠缺"。如果我们能充分利用教材提供的这些"空白"和"欠缺"，引导学生去思考、联想、理解，填补这些"空白"，促成"完形"，就会构成一种"待完满"课堂教学模式，将会起到开发学生智力，发展学生思维能力，提高教学效果的积极作用。那么，课文中，哪些地方容易形成"空白"和"欠缺"呢？

1. 有省略号的地方

如在《变色龙》中，当奥楚蔑洛夫听说疯狗的主人是将军时，作者是这样描写奥楚蔑洛夫的语言的："席加洛夫将军？哦！……叶尔德林，帮我把大衣脱下来……真要命，天这么热……"我在教这个地方时，充分利用奥楚蔑洛夫说话的"残缺""不完满"，构建一种"待完满"课堂教学模式，指导学生发挥想象，把省略的内容补充出来。通过分析讨论，学生们终于明白，这些省略号的"空白"凸显了奥楚蔑洛夫见风使舵、阿谀奉承、惴惴不安和出尔反尔的"变色龙"的性格特征。

再如鲁迅先生的《为了忘却的记念》一文中有这样一段话：

"天气愈冷了，我不知道柔石在那里有被褥否？我们是有的。洋铁碗可曾收到了没有？……但忽然得到一个可靠的消息，说柔石和其他二十三人，已于二月七日夜或八日晨，在龙华警备司令部被枪毙了，他的身上中了十弹。

原来如此！……"

鲁迅在极度怀念时，突然传来他们遇害的消息，心中之情可谓复杂，作者却只写了四个字"原来如此"，然后，用了一个省略号，留下一个艺术空白，让读者去想象、去理解作者当时的复杂感情。我在教这篇课文时，充分利用这里的"残缺""不完满"，构建一种"待完满"课堂教学模式，指导学生把省略的内容补充出来。学生纷纷响应我的"召唤"，说出了自己的答案：原来国民党反动派干了这么一些见不得人的勾当；原来我的牵挂，我的操心，我的担忧都是多余的；原来反动派竟然如此卑劣凶残；柔石这样的好青年竟会遭到如此残酷的杀害；等等。就这样，我利用这个"空白""不完满"，构建了一种

"待完满"课堂教学模式，引导学生在想象、推理中对文章的情感和主旨进行深度的理解和把握。

2. 课文的结尾

例如，莫泊桑《项链》的结尾，玛蒂尔德和她的丈夫苦苦奋斗了十年，好不容易偿还了因丢失的一挂钻石项链而欠下的十万法郎。有一天，玛蒂尔德与佛莱思节夫人偶尔相遇，当玛蒂尔德述说完了自己的遭遇，并为自己终于偿还了欠债而"带着天真的神情笑了"的时候，佛莱思节夫人却说出了这样一句话："唉！我可怜的玛蒂尔德，可是我那一挂是假的，至多值五百法郎！……"小说写到这里戛然而止，这样的结尾言有尽而意无穷，给读者留下了广阔的想象空间。在教授《项链》一文时，我抓住这个"空白"这样启发学生：玛蒂尔德知道自己以青春和美丽为代价偿还债务，而丢失的项链原来只不过值几百法郎时，会怎么想，怎样做呢？我启发学生根据小说情节发展和人物性格来设计一个尾声，填补这一"空白"。学生们纷纷响应我的"召唤"，写出了几十种不一样的结尾：有的设想玛蒂尔德听到真相，顿觉天昏地暗，思想一片空白，无力地倒在公园的草地上，醒来后，疯了，边哭边笑，跌跌撞撞地奔出公园，公园门口，一辆汽车飞驰而过，玛蒂尔德像一片树叶一样被撞出去；有的设想玛蒂尔德和好朋友为了争真项链的所有权而对簿公堂，最终因败诉郁郁寡欢、贫病交加而死；还有的学生写玛蒂尔德在经历了这样一次惨痛教

2019年3月31日，何泗忠老师在湖南省资兴市立中学讲《离骚》

训以后已经改变了原来的性格，因此在得知丢失的项链是假的之后，尽管惊讶万分，泪流满面，但随之又平静下来，她擦干眼泪，对朋友说："假的就假的吧，其实，经历了十年的艰辛与磨难，我倒也觉得，真正的生活不在于享受与挥霍，而在于创造。"然后摸了摸佛莱思节夫人本想还给她的那挂项链，依然递给她的朋友，笑得很灿烂。……这节课，我抓住小说结尾留下的"空白"和"残缺"，构建了一种"待完满"课堂教学模式，给了学生充分发挥创造性才能的机会，收到了很好的教学效果。

3. 侧面描写的地方

例如，汉乐府诗《陌上桑》写秦罗敷的美，不像宋玉写东邻之女那样说她"增之一分则太长，减之一分则太短；著粉则太白，施朱则太赤"，而是采用了侧面描写的手法："行者见罗敷，下担捋髭须。少年见罗敷，脱帽著绡头。耕者忘其犁，锄者忘其锄。来归相怨怒，但坐观罗敷。"行文没有直接描写罗敷的美貌，罗敷究竟有多美，是不确定的、模糊的，我在讲授这课书时，利用作者侧面描写形成的"空白"与"欠缺"，构建了一种"待完满"课堂教学模式，让学生根据自己的想象和审美标准来体会罗敷的美，然后让学生说出这种美，结果每名学生都说出了自己心目中的罗敷美。

司空图说："不著一字，尽得风流。"总之，作品中的艺术"空白"和"不完满"，不是没有话说，而是有话含蓄不直露。我们应善于利用作品中的"空白"和"不完满"，构建一种"待完满"课堂教学模式，引导学生去挖掘作品中丰富的潜台词，去探索作品的真谛，使我们的课堂教学做到歌德所说的"一只眼睛看到纸面上的话，另一只眼睛看到纸的背面"。

三、教师示弱法

中国科学院院士、著名的热自动化专家、东南大学名誉校长钱钟韩教授在谈及治学经验时说："我总结一下自己的经验，觉得还是某些公认的'蹩脚教师'对我帮助最大。他们每次讲课，只能提出问题，不能解决问题。由于他讲不清楚，就会引起我的注意，把脑筋集中到真正的难点上。听课之后总觉得不满足，就只能自己去学。"

钱教授的话当然不是鼓励教师都去做不能解决问题、讲不清楚的"蹩脚教师"。但此事启迪我们，教师在学生面前"有意识"地做"蹩脚教师"，适当地示弱，给学生以"欠缺"感，反而能够促使学生去主动体验、探究、实践，这对开发学生智力，培养学生能力，不无益处。

做一个"蹩脚教师"，在学生面前适当示弱，给学生以"欠缺感"，学生就会产生一种自己去发现问题、解决问题的内驱力，就会有一种要去填补教师不足的愿望，这与人们要去修复维纳斯的断臂的愿望是一样的。

我在讲授南北朝民歌《木兰辞》时，就采用了示弱艺术。我对学生说，爱因斯坦说过，提出一个问题往往比解决一个问题更重要。我按照惯例，请学生提出问题。这时，一名女生站起来提出了自己的疑问："诗中说'同行十二年，不知木兰是女郎'，我想这不真实！行军打仗肯定要洗脚，而中国古代妇女裹脚，不就暴露了吗？"一石激起千层浪，有名学生说："木兰为了掩饰自己的女儿身份，应该不会当众洗脚。"话音一落，提问的女生马上反驳："就算木兰为了掩饰自己的女儿身份不当众洗脚甚至不洗脚，但诗中说'万里赴戎机，关山度若飞'里的'赴'和'飞'，表明速度极快，一双小脚，三寸金莲，走起路来都摇摇晃晃，能适应这样的行军速度吗？"女生刚说完，又有学生反驳："诗中的木兰不用走路，'东市买骏马，西市买鞍鞯，南市买辔头，北市买长鞭'，她是骑马行军打仗的啊。"话音未落，女生大声说道："十二年时间，木兰不可能一直骑马，诗歌最后说'双兔傍地走，安能辨我是雄雌？''傍地走'，就是下马走，'走'在古代可是'跑'的意思啊！"学生一阵争论而不得其解，几十双眼睛全注视着我，他们期待着我的解答。说实在话，这个问题可难不倒我，因为我在备课时也考虑了这个问题要给学生解答这个问题，可以说是胸有成竹，但我转念一想，何不在这个问题上给学生示弱，促使学生自己去探究这个问题呢？想到这里，我微笑着说："同学们，我也无法解答你们提出的问题，下课后，咱们都去查查资料，来个比赛，看谁能最先弄清这个问题，好吗？"学生一听我也"无法"解答这个问题，乐了，他们提出的问题，我终于回答不出来了。他们觉得我并非无所不知、无所不晓，觉得老师也有"不足"，也有"缺陷"，现在还要与他们一起比赛查资料，弄清问题，这恰好激起了他们的好胜心理，激起了他们要弥补老师"缺陷"的欲望，于是，下课后，学生争先恐后地跑到图书室去查资料，他们终于从浩如烟海的史料中找到了答案："裹足，始于五代。"这说明中国女子裹足要晚于《木兰辞》问世的年代。学生得到这个结论后，欣喜若狂，跑到办公室，把他们的发现告诉我。我说，你们查得真快，你们不说，我现在还不知道。学生听后，在我面前露出了骄傲和自豪的神情。这节课，我通过示弱，把自己弄得"残缺不全"，构建一种"待完满"课堂教学模式，恰好满足了学生的好胜心理，激起了学生探究的欲望，使他们获得了一种"众里寻他千百度，蓦然回首，那人却在灯火阑珊处"的审美享受。教师示弱法，很好地实现了语文"待完满"教学模式的课堂理念。

四、模糊语言法

我国传统美学认为，事物往往因模糊迷离而显得更美，越朦胧神秘越会激起人们神往而欲要穷其究竟的心理。黄山之所以美不胜收，令人神往，是因为笼罩在烟雨云雾中；白居易笔下的琵琶女之所以迷人，是因为她"犹抱琵琶半遮面"，给人留下巨大的可供模糊猜测的空白。语言因模糊而留白，同样会引人深思不已，令人回味无穷。美国第二十二、二十四任总统克里夫兰是运用模糊语言的高手。他在竞选第二十四任总统时，华盛顿州要给西北的一座大山命名，是命名为雷尼尔山还是塔科马山的问题成为当时的热点，但这是一个说不清、道不明的问题。有一次，克里夫兰乘专列去做竞选宣传，暂停大山附近，当地选民要他对大山命名问题表明态度，但克里夫兰知道，这里的选民对大山命名的态度不一，如果自己的态度明确，就会得罪一部分选民。于是，他决定采用模糊语言，避开这个矛盾。他首先用大量的篇幅、华丽的辞藻来形容这座美丽的大山，最后在表明立场时说："我要让人们都知道，我是坚决支持将这座大山命名为……"关键时刻，列车"呜……"的一声出站了，汽笛声把克里夫兰后面的话给淹没了。这里，克里夫兰巧妙地运用了语言的模糊艺术，避开了得罪任何一方，赢得了选票，同时，也给选民们留下了一个想象的空白：总统候选人对大山的命名到底是什么态度呢？克里夫兰当选总统后，还有不少好奇的人写信专门问他对这座山命名的态度。教师在教学中如能像克里夫兰一样使用一些模糊语言留下空白，也会激起学生的探究欲望。我在讲授《孔雀东南飞》时，就采用了模糊语言留白法。当师生共同欣赏解读完诗歌的第一、二自然段时，有名学生提出了这样一个问题：既然刘兰芝是一个"十三能织素，十四学裁衣。十五弹箜篌，十六诵诗书"的既工于女红，又知书达理，还勤劳善良美丽的完美女性，为什么会被焦母看不惯而"自请归家"呢？我要学生就这个问题展开讨论。有的学生说，书上不是已经给出焦母的理由了吗？就是"此妇无礼节，举动自专由"；但马上就有学生反驳，说刘兰芝临走时还"上堂拜阿母"，由此可知刘兰芝并非"无礼节"之人。有的学生说，焦母要赶走刘兰芝是因为刘兰芝没生孩子，古代讲不孝有三，无后为大；但马上又有学生反对，说刘兰芝既然不能生育，那为什么她被休后，县令的儿子、太守的儿子纷纷上门求婚呢？难道他们就不怕没有后代？有的学生还说，焦母要赶走刘兰芝是因为焦母喜新厌旧，看上了比刘兰芝更好的东家之女。有的学生甚至从心理学的角度分析，说焦母要赶走刘兰芝是因为焦母心理变态，见他们俩感情那么好就生气。学生表现得异常活跃，他们对同一个问题做出了几个、十几个不同的解答，但谁也说服不了谁。这时，有学生向我投来求助的目光，他们希望我对他们的看法做出评价，想看看我的态度。针对学生的期盼心理，我先是赞扬了他们善于思考、勤于探究的学习品质，接着大谈特谈"孔雀东南飞"故事所发生的时代背景，最后在表明立场时，我说："在你们众多的看法之中，谁最有道理呢？结合故事所发生的时代背景，我同意……"这个节骨眼上，刚好下课铃声响起，学生眼睁睁地看着我走出教室。我像克里夫兰一样，给学生留下这个"模糊的空白"就走了，问题像磁石一样吸引着学生，"风乍起，吹皱一池春水"。课后，学生忍不住反复研读课文，看书，思考，再看书，再思考，有的学生意犹未尽，课后还专门找我探讨这个问题，他们甚至"纠缠"着我，问我到底同意谁的观点。这堂课，我巧妙运用模糊语言，给学生留下"空白"，构建了一种"待完满"课堂教学模式，激起了学生打破砂锅问到底的欲望，激发了学生将完形想象尽力完美的冲动，引导学生进入了追索的、探求的境界，收到了意想不到的教学效果，可以说，模糊语言法的运用，很好地实现了"待完满"语文教学模式的课堂理念。

五、语言节奏法

语言节奏留白，就是借助语言的高、低、快、慢、断、续等技巧创造"空白"的一种教学方法。白居易的著名诗歌《琵琶行》中琵琶女奏出的乐声十分迷人、感人，人们听得如痴如醉，"东船西舫悄无言，唯见江心秋月白"，诗人更是感动得泪如雨下，"座中泣下谁最多，江州司马青衫湿"。琵琶女弹奏的乐声为什么能如此迷人、感人呢？原因众多，但琵琶女善于利用音乐抑扬顿挫的节奏制造艺术"空白"引发听众沉思、联想、回味是一个重要原因。琵琶女"轻拢慢捻抹复挑"，使琵琶声时而如黄莺婉转流利，时而如冰下泉流阻塞，时而低声沉咽，时而高亢激越，这种张弛有度、疏密有致、新颖多变、起伏跌宕的音乐节奏，构成一种虚虚实实的艺术空白，吸引了诗人，感动了诗人。弹奏音乐如此，语言表达亦是如此。清代戏曲理论家李渔就认为，念白应有缓、急、顿、挫，有当断处，有不当断处，都要恰到好处，有些台词不必说尽，要"说半句，留半句，或说一句，留一句，令人自思"，这是为了给观众留下一个理解、消化的空当。好的课堂教学，教学语言也不应从头到尾像机关枪一样讲个不停，而应讲究变化和节奏。必须有动有静、有张有弛、开合有度，富于节奏感，必须给学生留下几段空白，成为一种"召唤结构"，构建一种"待完满"课堂教学模式，这样才能吸引学生主动参与。

北京师范大学第二附属中学的历史教师、《百家讲坛》栏目里的中学教师纪连海就十分善于运用"语言节奏"来制造"空白"，构建一种"待完满"课堂教学模式，以增强课堂吸引力。纪老师讲课，声音总体来说是十分洪亮的，他多半用的是大音量，但当他讲到精要之处时，有时用极小的声音讲，学生纷纷伸颈侧目，甚至站着前倾，聚精会神地听，因为学生听惯了大音量，小音量就形成的"空白"，取得了很好的教学效果。纪老师还善于运用"语言停顿"艺术形成"空白"，吸引学生参与教学，如他这样讲《火烧圆明园》：

圆明园英法联军找得着吗？从英国、从法国那么老远来，他们知道中国有个圆明园？肯定不知道！那么问题在于，是谁告诉他们中国有个圆明园的呢？肯定不是你。我知道！那么告诉英法联军中国有个圆明园，你们可以到那儿去抢、去烧的这个人是谁呢？这个人便是……

讲到这里，纪老师"停"住了，这一停，真是吊足了学生的胃口，形成了一种"期待视野"，学生伸首引颈，睁大眼睛，期待着纪老师往下讲。纪老师的课，不由得学生不听，听了还想听，这就是纪连海充分利用"语言节奏"制造出来的"空白"效应。我在教欧阳修的《伶官传序》一文时，也采用了这样的方法，当讲到"忧劳可以兴国，逸豫可以亡身"一句时，我感叹道："庄宗由弱变强，又由盛转衰，直到身死国灭的过程，充分说明了这样一个道理。"究竟什么道理呢，我打住不说了，布下空白，此时，"于无声处听惊雷"，整个课堂表面上处于静态，而实质上是动态，是暗流涌动，强烈的好奇心使学生的思维处在积极的活动中。果然，过了一会儿，有学生开始接茬了。一个说，成事在天，谋事在人；一个讲，创业难，守业更难；一个道，居安思危很重要；又有一个喊，民犹水也，可以载舟，也可覆舟；更有一个叫了起来，得道多助，失道寡助……你一言，我一语，热闹非凡。在这里，我巧妙使用语言节奏制造"空白"，构建了一种"待完满"课堂教学模式，使学生处于一种情绪高涨、欲罢不能的亢奋状态，使课堂教学呈现出一种"百花齐放，百家争鸣"的精彩生态，很好地实现了"待完满"语文课堂教学的模式理念。

六、体态语言法

体态语言是一种重要的交际语言，是以身体动作表示意义的信息系统，包括身体各部分无声的动作，如眼神、面部表情、点头或摇头、手势等。人际交往都离不开体态语言。美国心理学家艾伯特·梅拉比安曾经提出一个公式：信息的全部表达=7%的言语+38%的声音+55%的表情、动作、举止。也就是说，在人际交往中，55%的信息传递是通过体态语言进行的。白居易的《琵琶行》中的琵琶女就十分懂得运用体态语言来表情达意，给我们留下了十分深刻的印象。"千呼万唤始出来，犹抱琵琶半遮面"，那"半遮面"的出场式，千般风韵，万般情思，东方女性的羞怯，流落天涯的苦楚，尽在这遮与不遮、露与不露之间；接下来，时而低头，时而蹙眉，时而起立，时而坐下，就这样，琵琶女内心的情感通过这有声的音乐和无声的体态语言充分地表现出来了，感动得白居易和读者泪湿青衫。《扬州画舫录》记载了这么一件事：清朝扬州一个说书艺人，说到张飞一声怒吼，喝断长坂桥时，只是张口怒目，以手佐势，不出一声，听众便觉得满室中如雷霆于耳。如果这个说书艺人真的喊出声来，我想，不管他声音如何洪亮，听众都不会觉得这喊声能喝断长坂桥。这种"以手佐势，不出一声"的"空白"，正是寓有喝断长坂桥之声，给听书人留下了无限联想与想象的空间。艺人表演与教书育人有相同之处，要使我们的教育教学活动取得感人的效果，给学生留下思考的空间，也要运用体态语言制造"空白"。

法国作家都德写的《最后一课》，有这样一个令人难忘的情节：

韩麦尔先生站起来，脸色惨白，我觉得他从来没有这么高大。"我的朋友们啊！"他说，"我——我——"但是他哽住了，他说不下去了。他转身朝着黑板，拿起一支粉笔，使出全身的力量，写了几个大字："法兰西万岁！"然后他待在那儿，头靠着墙壁，话也不说，只向我们做了一个手势："放学了，——你们走吧。"

2019年4月16日，何泗忠老师应邀赴惠州实验学校讲授语文悬念教学法之"待完满"语文课堂教学模式在《红楼梦》整本书导读中的应用，温和校长主持会议

这段文字中，人物话语很少，但韩麦尔先生那眼神、表情、动作和手势所表达的信息及产生的感染力、穿透力，远远超过了暴风骤雨、激昂慷慨的语言，真正是"此时无声胜有声"。

体态语言是一种重要的教学语言，在教学中为使学生理解教师难以充分表达的意境，不妨以体态语言来代替，构建一种"待完满"课堂教学模式，便于学生充分地展开想象，用想象填补"空白"。

七、扩展延伸法

也许有人会问，"待完满"语文课堂教学模式是一种少教多学，要教师少说，留有余地让学生思考的教学模式，你又要扩展、延伸，这岂非自相矛盾吗？其实，"扩"不等于教师多说，而是教师通过向学生提供新的资料，在学生的头脑中引起新的"空白"与"不完满"。例如，《鸿门宴》一课以刘邦脱身独逃而结束，这时学生并无多少疑问，如果我们把楚汉相争的故事讲给学生听，学生的头脑中就会产生空白：为什么实力远胜过刘邦的项羽最终会"自刎乌江"呢？由此，教师就可启发学生去阅读有关的材料，自己去寻找答案。同样是这篇课文，我们还可向学生提供司马迁在《史记·项羽本纪》中对项羽的评价："然羽非有尺寸，乘势起陇亩之中，三年，遂将五诸侯灭秦，分裂天下，而封王侯，政由羽出，号为'霸王'。"李清照的《绝句》："生当作人杰，死亦为鬼雄。至今思项羽，不肯过江东。"杜牧的《题乌江亭》："胜败兵家事不期，包羞忍耻是男儿。江东子弟多才俊，卷土重来未可知。"王安石的《乌江亭》："百战疲劳壮士哀，中原一败势难回。江东子弟今虽在，肯与君王卷土来。"这一扩展的延伸，可以造成许多"空白""不完满"，包括究竟该如何评价项羽，项羽失败的真正原因是什么，又该如何看待他的失败，项羽的所为对我们有些什么启发，等等，学生知道了这些充满疑问的"空白"和"不完满"，就会带着强烈的兴趣去探究。扩展延伸法能够很好地实践"待完满"语文课堂教学模式理念。

八、猜测推理法

大诗人歌德小的时候，母亲给他讲故事只讲一半，另一半由小歌德去编，去猜，去推测，猜测推理完后母亲就给他讲哪些地方编得好，推理合理；哪些地方编得不好，推理不合理。教学犹如讲故事，作为教师，我们要变教师讲为学生猜，适时地布出空白，构建一种"待完满"课堂教学模式，把猜读的权利还给学生，鼓励和引导学生凭借各自的智慧去猜读，去消化解悟新知识。苏霍姆林斯基说过："在人的心灵深处，都有一种根深蒂固的需要，这就是希望自己是发现者、研究者、探索者。而儿童的精神世界里，这种需要特别强烈。"引导学生自己猜读，不仅有利于调动学生的学习积极性，而且有利于培养学生观察、比较、判断、推理、猜测和调控的能力。深圳名师、北京师范大学南山附属中学宋如郊老师在教学《烛之武退秦师》这篇传统文言文时，就采用了猜测推理法，构建了一种"待完满"课堂教学模式，收到了良好的效果。宋老师在讲解这篇课文时，抓住"夜缒而出"这句话，以"缒"字为核心，围绕课文内容设计了一系列问题，引导学生从情境、事理等方面由浅入深地展开推想。宋老师首先发问："缒"是什么意思？学生结合课文注解（"缒"，用绳子拴着人或物从上往下送）轻松完成。这属于文言知识层面的问题，是展开推想的起点。接下来，宋老师提出第二个问题："缒"的具体过程是什么？学生结合"缒"的意思开始推想，很快推想出一个工作流程：准备结实的绳索—把人拴牢—专人在高处抓紧绳索往下放，把人安全送达地面。这属于低难度的问题，但是学生通过推想使"缒"具体化、形象化，为下面思维的深化打下基础。于是，宋老师又提出第三个问题：从都城的哪个方向"缒"的？这个问题原文中没有一字提及，属于难度稍大的推想。该问题马上引发了学生的争论，大家思考的积极性被调动起来。不久，学生推想出了一致的结论：只能是在秦军而非晋军围城处"缒"。宋老师趁机又提出第四个问题：为什么要"夜缒"？大部分学生从事理上推想，立即回答为避人耳目，但这是简单的推想。宋老师在此时引领学生的思维走向深入，使他们学会根据原文已知信息和隐含信息对事物进行符合逻辑的判断和推理。学生结合原文中的"国危矣"解读当时郑国局势千钧一发的严峻性，结合"今急而求子"体会郑国国君的极度无奈、无助和惶急的心情，推断出"夜缒"具有现实的紧迫性和必然性。以上这四个问题基本解决了文章主要内容的理解问题。但是核心人物烛之武的形象还未深度涉及，于是，宋老师继续发问，提出第五个问题："夜缒"的风险是什么？学生经简单推想得出结论：会出现各种意外，包括生命危险。宋老师继续引向深入，提出第六个问题：烛之武显然不适合"缒"，可他为什么还要冒生命危险"夜缒"？宋老师借此引导学生通过补充资料和原文推想烛之武的人生经历，分析主人公的性格和形象，得出结论：烛之武虽然受过国君的不公正对待，但是在郑国危急存亡的历史关头，能够舍身奋智，临危纾难，挽狂澜于既倒，扶大厦于将倾，充分彰显了他的宽恕情怀、大智大勇和忠君爱国。最后一问："缒"所蕴含的文化内涵是什么？这是最具挑战性的问题，需要学生结合历史背景、中国的传统文化等进行推想，难度较大。经过师生共同努力，得出结论：体现了中国古代的战争智慧、外交智慧，这是中华民族生存发展智慧的重要组成部分。在这节课中，宋老师采用猜测推理法构建了一种"待完满"课堂教学模式，给学生留下了大量想象与思维的空间，极大地调动了学生学习的主动性和积极性，让学生深度地融入课堂教学。

九、故意错误法

唐朝李端有一首诗《鸣筝》："鸣筝金粟柱，素手玉房前。欲得周郎顾，时时误拂弦。"其中，"欲得周郎顾，时时误拂弦"一句用了一个典故。周瑜24岁为将，时称"周郎"。《三国志·吴志·周瑜传》载，"瑜少精意于音乐，虽三爵之后，其有阙误，瑜必知之，知之必顾，故时人谣曰：曲有误，周郎顾"。就是说，周瑜虽然酒过三巡，但只要你曲子弹错了，他必定知道，知道了必定过来帮你纠正。周瑜不仅是位军事家，而且精通音乐。弹筝的女艺人为了博得他的青睐，故意把筝弹错，以逗引周瑜注意。对《鸣筝》这首诗，清人徐增分析说："妇人卖弄身份，巧于撩拨，往往以有心为无心。手在弦上，意属听者。在赏音人之前，不欲见长，偏欲见短。见长则人审其音，见短则人见其意。"（《而庵说唐诗》）的确，弹筝的艺人这种反常悖理、"偏欲见短"、故意弹错以引人注意的妙法，用心良苦，高人一筹。弹筝要引人注意，于是故意弹错，在教学上要引起学生注意，同样可以采用这种故错法。李镇西老师教学《在烈日和暴雨下》一课，板书课题时故意把"在烈日和暴雨下"写成"在暴雨和烈日下"。刚一写完，学生就嚷起来："错了！错了！应该是'在烈日和暴雨下'，老师，您刚好写反了！"听到学生们激动的声音，李老师真是高兴，但是，他故意不认错："我没有错！是的，我写的课题是和书上不一样，但意思都是一样的。你们看，'烈日和暴雨'是什么短语？"他有意引学生"上钩"。学生异口同声地回答："并列短语。""对了！既然是并列短语，那么连词前后的部分并没有主次之分，当然可以颠倒一下！"他很得意地说。"不对！"一名女生似乎有些激动，说着便站了起来，"题目名为'在烈日和暴雨下'而不是'在暴雨和烈日下'是有道理的！因为课文是先写烈日，后写暴雨，这既是天气变化的顺序，也是课文的大体结构，怎么能够随便颠倒呢？"当学生的智慧灵光被点燃后，李老师故作恍然大悟状："嗯，同学们言之有理。看来，'烈日和暴雨'还真不能颠倒。好，我接受你们的意见。谢谢同学们！"就这样，李老师利用一个巧妙的"错误"引导学生轻松悟出这篇文章的内容顺序和结构。运用这种故错法，教师并没有多讲，主要是由学生思考、辩论，最后得出结论。我们在实施"待完满"语文课堂教学时，可以借鉴李老师的故错法，构建一种"待完满"课堂教学模式。

十、巧用假设法

曾在《语文教学之友》上看过一个叫孙启明老师的教学案例《用假说的方法教小说》。孙老师在讲授《我的叔叔于勒》一课时，一反过去教师讲得多、讲得累，学生听得烦、听得累的"满堂灌"的教学模式，采用"情节假说法"

来教学，课堂初始环节，孙老师提出了两个话题，"假如菲利普夫妇在船上发现一位百万富翁像于勒，或者菲利普夫妇果真被于勒——那位老水手认了出来，情节会怎样发展呢？"问题刚提出来，课堂立刻活跃了，学生们开始自发投入了讨论，有的眉飞色舞，边说边演；有的凝眉沉思，时而写些什么……教室里立刻弥漫了浓厚的学习气息。接着学生开始主动发表见解，丝毫没有了往日的羞涩。有名学生这样想象："没过多久就传来了爸爸妈妈的声音：'若瑟夫，快来啊，快来拜见你叔叔！'我吃了一惊，'我的叔叔？发了财的于勒叔叔就在船上？'我大踏步地跑了过去，爸爸紧握着一位穿着华丽的人的手，激动得声音都有些颤抖……"想象丰富，富有新意。孙老师接着引导："你觉得为什么应该这样发展？"学生们个个发言积极，对主要人物——菲利普夫妇的性格特点自然理解了。孙老师继续启发："菲利普夫妇对于勒态度变化的'圆心'是什么？"经过讨论，学生对文章主题的理解加深了，他们普遍认识到：资本主义社会人与人的关系是一种赤裸裸的金钱关系。最后，课堂在生动的分角色朗读中结束。

孙老师这堂课最大的成功就在于没被传统思想束缚住手脚，而是以全新的教育理念思考教学问题，找到了一条既能激发学生兴趣又利于培养学生创新精神的捷径。课堂上少了教师滔滔不绝地讲评，把活动舞台真正还给了学生，同时，解决了小说难教、难学的问题。

用假设的方法教小说，改变了传统的教学套路，关注了学生语文素养的形成过程，把学生的发展落到了实处；抓住了小说教学的切入点，唤醒了学生的主体意识，培养了学生的创新精神和创新能力。在我们实施"待完满"语文课堂教学模式时，完全可以借鉴这种假设法来实施教学，以最大限度地调动学生学习的主动性与积极性。

十一、图文对照法

叶圣陶先生说过："图画不单是文字的说明，且可开拓读者的想象。"现行语文教材图文并茂，配有大量插图，这些插图具有形象性、直观性、趣味性、启迪性等特点。我们在教学中，可以采用图文对照法，即依据课文插图，巧妙地设置留白，引领学生领悟教材内容所蕴藏的内涵。可以说，这种方法是实施"待完满"语文课堂教学模式的重要途径。

肇 庆 学 院

肇庆学院省级中小学教师发展中心
邀请函

深圳市第二高级中学：

　　肇庆学院省级中小学教师发展中心承担 2019 年广东省强师工程："中小学骨干校长高级研修培训"项目与"普通高中校长任职资格培训"项目。为了较高质量完成培训任务，特邀请贵单位何泗忠老师为培训班授课。

　　授课时间：2019 年 5 月 11 日

　　授课地点：肇庆学院省级中小学教师发展中心

　　联 系 人：肖晓玛 13189376597

　　感谢对我们工作的大力支持！

肇庆学院省级中小学教师发展中心

2019 年 4 月 29 日

2019年5月11日，何泗忠老师应邀赴肇庆学院讲授语文悬念教学法之"待完满"语文课堂教学模式

　　浙江绍兴鲁迅中学林忠港老师在讲授《沂水春风》（以前人教版选录此文时的标题为《子路、曾皙、冉有、公西华侍坐》，《沂水春风》为语文版教材

标题）时，就采用了图文对照法构建"待完满"课堂教学模式来实施教学。上课伊始，林老师巧妙借助课文左上角程宗元先生的画——《侍坐》，让学生根据画中人物的神态和文本内容分别推断出孔子、子路、曾皙、冉有、公西华，程宗元先生这幅形神兼备的《侍坐》图变成了林老师引导学生整体把握文意、深入感知人物形象的载体。"你能从人物形态和文本内容分别推断出孔子、子路、曾皙、冉有和公西华吗？"这一问题巧妙地把赏画与品文两个活动融合在一起，既引起了学生的学习兴趣，又引导学生"亲密接触"文本，在画作的牵引下，学生以画解文，以文赏画，兴致盎然，极大地优化了教学内容的呈现方式，极大地调动了学生学习这篇古文的兴趣，且让我们来欣赏一下林老师的教学片段吧。

师：现在，我们把目光聚焦在课文左上角程宗元先生的画——《侍坐》。这幅画形神兼备，那么你能从人物神态和文本内容分别推断出孔子、子路、曾皙、冉有和公西华吗？（稍停）哪一位是孔子？

生：中间的那位。

师：同学们听清楚了吗？（生摇头）我相信这名同学的眼力，但怎样表述才能让别人听明白？

生：画中左起第二位。

师：嗯，这个表述很严谨，也很专业。那么判断此人是孔子的依据是什么？

生：画中他座位最高，胡子最长，先生之风最足。

师：在古代，往往胡子越长，年纪越大，故事越多。"胡子最长"体现在哪句话上？

生："以吾一日长乎尔"。

师：哪一句可以看出"先生之风"呢？

生：从"夫子喟然叹曰：'吾与点也。'"可以看出孔子赞许满足的神情。

师：下面我们再看子路。哪一位是子路呢？

生：孔子右边的那位。

师：同学们听明白没有？（一名学生说没有）那么应该怎样表述？

生：左起第三人。

师：很好。你凭什么判断他是子路？

生：子路"兼人"，勇猛、刚强、豪爽，而长着络腮胡须的往往有些急躁，有些鲁莽，像张飞、鲁智深一样。

师：文中哪个地方反映了"急躁鲁莽"呢？

生："率尔而对"是对子路的神态描写，"比及三年，可使有勇，且知方也"反映了子路的勇猛。

生：从孔子的"其言不让"可以看出子路毫不谦逊。

师：这名同学的文本整体意识很强，能够从文章后面找依据。那么哪一位是冉求呢？

生：画中子路右边的那位，因为他看上去很斯文。

师：请同学们齐读冉求言志的段落，看看哪些句子能够反映出冉求的斯文。（生读）

生："如其礼乐，以俟君子。"冉求比子路要谦让些。

师：非常好。公西华呢？

生：最年轻的那位，因为曾点要鼓瑟，剩下的就是公西华了。

师：公西华比孔子小42岁，他是最年轻的。请齐读公西华言志的段落，体会一下公西华的志向。（生读）

师：这里有一个字重复出现，是哪一个字？

生："愿"字。

师："愿学焉"和"愿为小相焉"反映了什么？

生："愿"是希望的意思，有一种谨慎、恭敬的意味，反映了公西华的谦逊。

师：很好。最后我们看曾点。画中的站立者显然就是曾点，那么曾点言志前为什么要鼓瑟？

生：说明他比公西华还要谦逊有礼。

师：后生可畏。四位弟子言志，按照子路、冉有、公西华、曾皙的顺序，发言者越来越谦逊。也就是说，礼的成分越来越重。那么孔子又是如何引导的呢？

生：孔子最初启发诱导学生，创设了一种平等交流的氛围，接着指名让学生回答，当曾点犹豫的时候，孔子继续鼓励他。

师：这是语言方面的引导，还有没有其他方面的引导？

生：还有神态方面的引导，"夫子哂之"这个神态对后面几个弟子的言志产生了很大的影响。

师：夫子循循善诱，让师生间呈现出平等和谐的气氛。如果用一个成语重新给这幅画命名，你准备用什么成语？

生：循循善诱。

生：畅所欲言。

生：各抒己见。

生：如沐春风。

生：如坐春风。

师：这个成语中有"春风"，你太有才了。（板书：如沐春风）

通过以上教学片段，我们可以看出，林老师采用图文对照法，构建了一种"待完满"课堂教学模式，给学生留下了思考与想象的空间，避免了我们讲授文言文时逐字逐句去串讲的传统"满堂灌"的教学模式，使学生学得生动有趣。

十二、辩论对垒法

讨论（或辩论）是一种很好的学习方法与探求方式，它有利于师生之间、生生之间的多元交流、多方合作，共同切磋学问，互相交流看法，寻找正确答案，达成共识、共享、共进；有利于培养学生勤于思考、善于钻研的精神；有利于发展学生的多种能力，如筛选、处理材料的能力，判断、分析他人观点的能力，快速反应和组织表达能力，等等；还有助于平等、民主的师生关系的确立和学生主体地位的形成。在实施"待完满"语文课堂教学时，我们可以采用"辩论对垒法"。

我在讲授《守财奴》一文时，就采用了这种方法。2005年5月，我第一次申报评选特级教师，上级派来评选专家听课，而且要把这节课制成录像，送省城供专家评审观看，因此这节课只许成功，不许失败。《守财奴》是一篇传统的经典课文，要上出新意的确不易。尽管不知讲过多少次这篇课文，但为了上好这节录像课，我丝毫不敢大意。我精心备课，写了10多页教案，运用接受美学中"召唤结构"的原理精心设计了"猜读法"课堂教学模式。课堂进行了10分钟左右，我开始引导学生品读"抢夺梳妆匣"的细节。

我要学生品一品、议一议，看这段描写中哪些地方写得好。学生们说"纵"字、"扑"字用得好，"老虎""婴儿"的比喻也用得十分贴切，一连串的叹号、问号更是写出了葛朗台心理活动的变化，这些写法，无不突出了葛朗台贪婪的性格。应该说，学生的回答在我的预设之中，我以为葛朗台抢夺梳妆匣这个片段很好地解决了，准备按我的预定计划进入下一个教学环节："下面，我们一道来分析鉴赏'骗取继承权'这个情节。"话音刚落，"老师！老师！"教室后排突然冒出了一个不同的声音："我认为'抢夺梳妆匣'这个情节作者写得十分假，细节一点也不真实。"坐在后排的一个名叫王辉的男生大声地说，清晰的声音传入了所有人的耳朵，这是我始料未及的。我虽佩服这名学生的胆量，现在的学生已不再是唯唯诺诺、缩头缩尾的形象了，他们能够不畏教材，不畏教师，打破常规，独出心裁，但此时此刻的我心里更多的是恼怒。王辉啊王辉，你就是来搅局的。你太不给老师面子啦！你太不配合老师啦！你要知道，这可是我评特级教师的录像课啊，你打乱老师的教学步骤，你是想让老师完不成教学任务，你是想让我在大庭广众之下出洋相啊！面对学生的"越位""出格"现象，我该怎么办？我是不是应该不假思索地马上出示"红牌"，一阵乱棍将其打死？但面对这么多的听课教师和专家，这样生硬的处理，不是给学校丢脸，给自己丢脸吗？还是假装没有听见，不理会他，继续往下讲？不行，他声音那么大，所有的人都听见了，你能心安理得地装下去吗？还是亮出"黄牌"，坦诚地跟他说，由于时间有限，这个问题课后再讨论？不行，这不是说明你随机应变的能力差吗？还想评什么特级教师？想到此，我当机立断地亮出"绿灯"，我应该接住学生抛过来的球，我应该勇敢地迎接学生的挑战。

2019年5月15日，何泗忠老师应邀赴惠州市第八中学传授语文悬念教学法之"待完满"语文课堂教学模式

　　我调整心态，面带微笑地说："王辉，你说说看，为什么作者写得假，细节一点也不真实？"于是王辉站起来说："第一，不合生理特点。葛朗台已将近80岁了，80岁的人能'纵'能'扑'吗？第二，对话不合逻辑。欧也妮母女拿的毕竟是梳妆匣，葛朗台抢到梳妆匣后，自言自语道'什么东西？'按逻辑推理应该说'噢，是梳妆匣'。待仔细看后，才会说'是金子做的梳妆匣'。怎么会拿着梳妆匣就直接说是金子呢？第三，细节不合常理。葛朗台拿到匣子后，在这么短的时间内，他怎么就能马上断定'有两斤重'呢？应该说'大约有两斤重'。"说完，王辉大胆地走向讲台，把自己改写的"抢夺梳妆匣"这个片段大声地读给了在场的师生听：

　　老头儿轻手蹑脚地踱到欧也妮母女旁边，突然抱住梳妆匣，死活不肯松手。

　　"什么东西？"他拿着宝匣往窗前走去。"噢，是梳妆匣，金子做的！"他连声叫嚷，"这么多的金子！大约有两斤重。啊！啊！查理把这个跟你换了美丽的金洋，是不是？为什么不早告诉我？这交易划得来，小乖乖！你真是我的女儿，我明白了。"

　　声情并茂的朗读赢得了全场热烈的掌声，在场师生无不为这名学生的心细，为这名学生的研究性阅读，为这名学生的敢于质疑、敢于挑战权威的精神而震撼。我心里为之一动，表扬了他爱动脑筋，同时马上意识到他提出的细节描写问题是一个牵一发而动全身的问题，这个问题如果不解决，那么文章后面写葛朗台"看守密室"时"连狗在院子里打哈欠都听得见"等细节学生就更无法理解。于是,我放下讲义,再也没有按预定程序讲下去了。我抓住王辉提出的这个问题,鼓励学生紧扣课文展开辩论。我说:"同学们,刚才王辉同学表达了他的不同意见,并对原文进行了改写。认为王辉同学改得比原文好的同学请举手。"小手林立,居然大部分学生把手举了起来。"那么,请举了手的同学派四个代表坐在讲台的左边,为反方;认为原文写得好的同学也派四个代表坐在讲台右边,为正方。我们来进行一个自由辩论。"学生们的兴致极高,分两边坐定后,一番唇枪舌剑便开始了。

正方:我方认为,巴尔扎克对抢夺梳妆匣这个情节的描写十分真实,人物的性格不仅体现在他做什么,更体现在他怎么做。葛朗台抢夺梳妆匣的语言、动作、表情都十分个性化,十分符合这个自私自利的守财奴的性格。

反方:我方认为,葛朗台固然是一个守财奴,但同时也是一个人。既然是人,他就不能违背生理规律,接近80岁的人啦,身体各个器官都衰老了,不说他老态龙钟,但至少他不能像跳高运动员一样,一"纵"一"扑"。因此我方认为,作者写葛朗台"身子一纵,扑向梳妆匣,好似一头老虎扑向一个睡着的婴儿"这样的写法,不符合人的生理规律。(学生报以掌声)

正方:人既是生物的人,同时也是社会的人。政治老师说过,人是一切社会关系的总和。葛朗台长期受资产阶级自私自利思想和金钱至上观念的影响,此时的他,见钱眼开,见到钱,就有一种强烈的占有欲,作者用"纵""扑",正好体现了葛朗台贪婪的性格。这个人,是一个异化了的人,为了钱,他可以不要自己的妻子女儿,甚至连自己的性命也不顾,这正是葛朗台要钱不要命的性格的体现。我方认为原文的描写表面看来违背了生理规律,但仔细一想,又在葛朗台性格的情理之中,这是一种合情合理的违背。

反方:我爷爷接近80岁,现在拄着拐杖,连走路都气喘吁吁,更不用说去"纵"去"扑"了,你要他去"纵"去"扑",就会送去自己的性命啊!(学生大笑)

正方:可葛朗台正是要钱不要命啊!(师生报以热烈的掌声)

反方:就算葛朗台能"纵"能"扑",那就说明他抢到梳妆匣速度极快,他在这么短的时间内,怎么就断定这金子就只是"两斤"呢?一两不多,一两不少吗？你有这个本事吗？

正方：我没有。

反方：既然没有，那就应该说"大约有两斤重"。

正方：我没有，但不一定代表葛朗台没有啊！

反方：葛朗台也没有，因为他没有用秤来称一称。（有的学生鼓掌）

正方：没有用秤来称，在极短的时间内凭直觉就断定是"两斤重"，这正说明葛朗台是一个长期与金钱打交道的老手。我们那儿有一个卖猪肉的，他从不带秤盘，由于长期卖肉，人家要多少斤肉，他一刀切下去，一两不多，一两不少，别人叫他"一刀切"。葛朗台不用过秤，在极短的时间之内就能断定金子的多少，正说明他是金钱交易场上的老手。在这里，在"有两斤重"的前面不加"大约"，这种写法，表面看来违背常理，但仔细一想，更符合葛朗台的性格，这是一种合情合理的违背。（全场报以热烈的掌声）

……

正方逐渐占据优势，学生通过自身的探究、争论和理性的思考终于明白巴尔扎克写作的独具匠心。这是一场多么精彩的课堂辩论啊！

这节课上得十分成功，得到了专家的高度评价。成功的原因主要是由于我面对学生的挑战，随机应变地采用了辩论对垒法，构建了一种"待完满"课堂教学模式，给学生创设了一种广阔的、自由的心理空间，给学生提供更多的参与机会，激发了学生思维，强化了教学效果，很好地实现了"待完满"语文课堂教学模式的理念。

十三、压缩课文法

我曾到江苏省苏州中学参加过"黄厚江'本色语文'教学研讨会"，聆听了黄厚江老师执教《阿房宫赋》一课。黄老师这堂课，既简单朴素，又深藏"玄机"，尤其采用压缩课文法实施教学这个环节，更是令人称道：

"同学们，我读《阿房宫赋》，反复读反复读，越读越短，读到最后呢，这篇文章只剩下几个句子，我大胆地把它缩成这样一段话。"

PPT展示：

阿房之宫，其形可谓（　　）矣，其制可谓（　　）矣，宫中之女可谓（　　）矣，宫中之宝可谓（　　）矣，其费可谓（　　）矣，其奢可谓（　　）矣。其亡亦可谓（　　）矣！嗟乎！后人哀之而不鉴之，亦可（　　）矣！

"请同学们根据你对课文的了解，想想在这些括号里填上什么样的词比较合适……"

黄老师这段压缩，构建了一种"待完满"课堂教学模式，给学生留下许多思考的空间，也留下许多想象的空白。接下来，学生兴致盎然地认真阅读课文，在课文中寻找依据，根据课文内容，把这些括号中的字填好。学生填字的过程，就是理解课文的过程，就是学生、教师、文本之间对话的过程。

师：根据你对课文的熟悉，你能填出哪一个就填哪一个。最好填的，我觉得是宫中之女可谓……

生（全体）：美矣。

师：大家想到的是"美"，（生笑）可是否写宫女的美呢？——宫中之宝可谓……

生（全体）：多矣。

师：多矣。其费可谓……

生（全体）：巨矣，奢矣。

师：巨矣，巨大的巨。这个"费"就是耗费。其奢可谓……

生（全体）：侈矣。（笑）

师：大家填的这个词应该修饰"奢"。"奢侈"二字意思相近，我们常常说"这个人简直奢侈到了……"

生（全体）：极点。

师：对，其奢可谓极矣。其亡亦可谓……

生（全体）：哀矣，必矣。

师：哀矣，必矣，都有道理，但是我填的不是这两个词，我填的是《六国论》里刚学的一个字，有哪名同学想出来了？（有生答"速"）对了，速。你想，秦始皇自己筑阿房宫，还没筑好，秦已经亡了。其亡亦可谓速矣。后人哀之而不鉴之，可谓……

生（全体）：哀矣。

师：哀矣。但是呢，哀之而不鉴之，可谓哀，从行文来讲……

生（全体）：悲矣。

师：对，悲矣。大家总体上和我的理解是一样的。这段话我是这么写的。
（播放PPT）

生（全体）：阿房之宫，其形可谓雄矣，其制可谓大矣，宫中之女可谓众矣，宫中之宝可谓多矣，其费可谓靡矣，其奢可谓极矣。其亡亦可谓速矣！嗟乎！后人哀之而不鉴之，亦可悲矣！

黄老师的这一教学设计可谓匠心独运。它不仅鲜明地彰示《阿房宫赋》的文脉，而且突出了文本的精要内容和理解文本深层意蕴的关键。在紧要处又留有空白，吸引学生深入文本，认真品味。在这里，黄老师采用压缩课文法，避免了我们讲授文言文时逐字逐句去串讲的传统"满堂灌"的教学模式，使学生学得生动有趣。在实施"待完满"语文课堂教学模式时，我们完全可以借鉴此法。

十四、悬念激趣法

小时候读《三国演义》，有一个很深的感受：每每读到关键处，即来一句"欲知后事如何，且听下回分解"，弄得你神魂颠倒，欲罢不能。当时颇怪作者心思太坏，故意作弄读者，后来才明白罗贯中是很懂得一点阅读心理学的，他这样使手段，就是要搔得你心里痒痒的，勾引你继续读下去。结果是，即使已经很累了，还要坚持把这个所谓的"后事"搞清了才罢休。厚厚的一部《三国演义》，我就是在这样一种心理的驱使下一鼓作气读完的。

"待完满"语文课堂教学，采用悬念激趣法来增设悬念，创造好奇心，同样能刺激学生的探究欲望，激发学生学习兴趣，调动学生的思维积极性。

例如，特级教师于漪讲授《孔乙己》这篇课文时，问学生："孔乙己叫什么？"学生不假思索地回答道："叫孔乙己。"于老师又问："孔乙己是他的名字吗？"

学生稍一沉吟，答道："是绰号。"于老师师紧问一句："孔乙已读了一辈子书，为什么连个名字都没有？"学生纳闷起来，渴望读小说的积极性一下子就被激发出来了。

这样的悬念留白，构建起一种"待完满"课堂教学模式，激起学生的学习兴趣，诱导学生去读个究竟。

教学中的悬念是一种学习心理机制，是学生对所学内容感到疑惑不解而又渴望解决时产生的一种心理状态。"悬念""空白"正好符合这一心理状态。教师在讲授过程中，巧妙设疑，有意识地制造悬念，布下空白，能给学生造成一种紧张心理和强烈的想念，使之积极主动地去学习，变"要我学"为"我要学"。古文论中有"文似看山不喜平"之说，教师在课堂上设置一个又一个的悬念，做到"问似看山不喜平"，使学生不断产生新鲜感，课堂气氛跌宕起伏，学生的思维始终处于兴奋状态，一个接一个地解除悬念使学生感到开心愉快，乐学不厌，真正体现出"待完满"语文课堂教学的理念。

十五、姗姗来迟法

凡看过曹雪芹《红楼梦》中《林黛玉进贾府》一文的人，都会对王熙凤产生十分深刻的印象。尤其是她的姗姗来迟法，给初来乍到的林黛玉和读者都造成强烈的悬念。林黛玉初到贾府，包括贾母在内的贾府女眷都见了林黛玉，唯独王熙凤姗姗来迟：

"一语未了，只听后院中有人笑声：'我来迟了，不曾迎接远客！'""未见其人，先闻其声"，是中国传统戏曲常用的表现手法"马门腔"。曹雪芹对王熙凤出场的描写正是用的这种表现方法。他先写后院传出的"笑声"。后院的笑声居然传到了前院的厅堂，足见笑声之大。在礼仪森严的贾府，不是非同一般的人物，绝不敢如此放肆，更何况是女子。笑声过后，便听见说："我来迟了，不曾迎接远客！"语言泼辣而得体，随便而热情。这究竟是何人呢？曹雪芹并不做交代，勾起了黛玉和读者的好奇心——"这些人个个皆敛声屏气，恭肃严整如此，这来者是谁，这样放诞无礼？"王熙凤的出场可谓有声有色。有声足见放诞无礼，有色可见笑容灿烂。其放诞无礼源自身份特殊，其笑容灿烂足见性格泼辣，不信请看贾母的介绍："……他是我们这里有名的一个泼皮破落户儿……你只叫他'凤辣子'就是了。"贾母是贾府的绝对权威，是贾府的老祖宗，能够让老祖宗用戏谑的语言与之谈笑的人委实不多，除王熙凤之外又有几人？王熙凤精心策划的出场，使得自己的亮相引人瞩目，不同凡响；老祖宗的适时介绍更从侧面烘托了王熙凤这朵红花：正面描写与侧面烘托相结合，便把这位"凤辣子"栩栩如生地展现在我们的面前。

王熙凤为什么要迟来？她如果与贾母一同出场见黛玉，那她就成了贾母的陪衬，她如果与迎春、探春、惜春一同出场，也会泯然众人矣，她只有迟来，才能成为众人目睹的对象，成为舞台的中心，成为众人关注的焦点，正所谓，大人物往往在后面出场。王熙凤先在台后响亮地叫板"我来迟了"，然后，被一群媳妇丫鬟围绕着、簇拥着，像皇后被宫娥簇拥、元帅被众将环绕，来到台前，站到聚光灯下。我们用几个叠字来形容刚刚来到黛玉面前的王熙凤：忙忙活活，乐乐呵呵，风风火火，红红火火。

王熙凤通过姗姗来迟法造成了强烈的悬念，吸引了黛玉与读者的眼球。

我们的教学，也可以借鉴凤姐的做法。

有一次，我给全校师生上了一节大型的作文公开课，就采用了王熙凤出场法。上课时间快到了，会堂（因为听课的人多，课堂设在学校大会堂）里学生、教师们都已经正襟危坐。

上课铃响了，讲台上没有我的身影。在时间的流逝中，学生和教师们开始了些许骚动，由正襟危坐转为坐立不安、东张西望，人们视觉的焦点由讲台转向了会堂大门。5分钟过去了，我还没有出现。6分钟、7分钟、8分钟……当我走上讲台的时候，时间已经过去了10分钟。我朝着在焦虑、猜测、埋怨中度过了难挨的10分钟的师生们鞠了一躬，然后在黑板上示题："当老师上公开课迟到的时候"。要求是通过心理描写和场面描写，写一篇400字以上的作文。我迟到10分钟表面上是个"空白"，但正因为有了这一"空白"，构建起一种"待完满"课堂教学模式，参加听课活动的师生们经历了极具不确定性的10分钟，并获得了丰富的情感体验，果然，学生写起作文来下笔如有神。这是一节典型的语文"待完满"课堂教学模式的作文课。

十六、巧设情境法

一次偶然的机会，我在网上看到了哈佛大学哲学教授桑德尔的《公平与正义》的公开课视频，被其深深吸引。在我们看来，哲学课堂难免枯燥乏味，但桑德尔教授的哲学课充满笑声，充满智慧，他的课堂被称为"哈佛大学最受欢迎的公开课"。桑德尔教授的课之所以备受欢迎，吸引学生，一个重要的原因就是他在课堂教学中善于巧设情境，构建一种"待完满"课堂教学模式，激发学生的学习兴趣。

2019年5月17日，何泗忠老师应邀赴广州真光中学传授语文悬念教学法之"待完满"语文课堂教学模式

例如，在第一节课上，桑德尔教授设置了这样一些情境。

情境一：

假设你开的有轨电车突然刹车失灵，这时你看到前方有5个工人在铁轨上工作，他们来不及撤离。眼看着5条生命就要被压为齑粉，你注意到铁路有一个岔道，但那里也有一个来不及撤走的工人在工作。你的机车方向盘没有坏，只剩下两个选择：为救5人而杀1人，或救1人而杀5人。现在我们该怎么做才对？

情境二：

现在你不是司机，而是桥上的一个旁观者，你的身边正好站着一个超级胖子。你目睹一辆有轨电车正失去控制，就要撞向前方轨道上的5个工人，而你所在的桥恰好横跨铁路。你发现，只要把胖子从桥上推下去挡住火车，那5人就可因此得救。你同样有两个选择：为救5人而杀1人，或什么也不做，目睹5人死去。哪个做法更符合正义呢？

情境三：

现在你是一个急诊室医生，有6个病人同时送来。他们刚刚经历了一场有轨电车事故，其中5个人中度受伤，1个人严重受伤。你可以先救治重伤病人，这样其他5人就死了；或者你先救治其他5个人，然后再抢救重伤病人，那么重伤病人会死去。你们有多少人会救5个中度受伤病人，而又有多少人会救1个重伤病人？

情境四：

这一次你是一个外科医生，现在有5个病人需要做器官移植手术：一个需要心脏，一个需要肺，一个需要肾脏，一个需要肝脏，第五个需要胰腺。但是你手里压根儿没有器官源。这时候你发现，隔壁房间有个健康的人来做身体检查，而且他在打瞌睡。你又有两个选择：为救5个病人而杀死来体检的人并取其器官，或者什么也不做，看着5个病人死去。

苏霍姆林斯基说过："在人的心灵深处，都有一种根深蒂固的需要，这就是希望自己是一个发现者、研究者、探索者。"在教学中，创设某种情境，把问题隐藏在情境之中，就会引起学生迫不及待地探索兴趣。桑德尔教授设置的以上情境，围绕着"牺牲1个人还是牺牲5个人"这一"两难"选择，让学生去思考"怎样做才有意义"，环环相扣，前后对比，使教学既生动又流畅，使学生身临其境，深深地激发起学生的兴趣。"他山之石，可以攻玉"。"待完满"的语文课堂教学，采用情境教学法，同样能调动学生学习的积极性，引导学生发现知识、探究知识，从而水到渠成地生成相关知识，提高课堂实效。

十七、戏剧表演法

"表演"是一种形象化的艺术。已故教育家徐振维教授讲解《背影》一文时，在讲台上艰难地演示"父亲"攀爬月台的动作。这是语文教学上"表演"的先驱，也是形象化的具体表现。我在讲授鲁迅先生的小说《药》时，就曾采用过"戏剧表演法"来构建一种"待完满"课堂教学模式，吸引学生参与教学。小说《药》里有这样一个情节：

"原来你家的小栓碰到了这样的好运气了。这病自然一定会好；怪不得老栓整天笑着呢。"花白胡子一面说，一面走到康大叔面前，低声下气道，"康大叔——听说今天结果一个犯人，便是夏家的孩子，那是谁家的孩子，究竟是什么事？"

《药》这篇小说，我讲过多次，过去，我在处理这个细节时，会花大量的时间，费大量的口舌给学生讲解，但效果总是不理想。有一次，我上全市公开课，采用了戏剧表演法，自己扮花白胡子，学生演康大叔。师生在课堂上反复表演，引导学生逐步进入小说情境，形成体验，学生通过我们的动作、神态、表情等体态语言，深刻地把握了康大叔盛气凌人的性格和花白胡子低声下气的奴性与麻木，体态语言留下的空白，使学生深度融入教师的教育教学活动，达到了直觉与想象、活动与学习、动脑与动手、自助与互助、合作与交流融为一体的理想课堂境界。

"待完满"语文课堂教学，可以采用戏剧表演法来提高教育教学效果，尤其是让学生表演，效果更佳。活泼好动是学生的天性，教师因势利导，把学生的好动引进课堂，他们的兴趣便会浓，达到"教是为了不教"的目的。

教学曹禺的《雷雨》，我也采用了戏剧表演法。

上课之前，我指导学生阅读教材，了解课文内容，研究剧中的角色。上课时，指导学生分角色再现剧情。我把课文分为多个表演片段，把学生分成多个表演小组，让每个人都参与其中，每个小组的学生既是表演者，又是其他小组的评委；对于重要的片段有时甚至要多个小组一同来表演。课文《雷雨》很长，我把它切分成十几个语言小块，每个小块都只有几句台词，让不同的小组去表演，其中潜台词丰富的、反映了人物复杂内心世界的语言片段采取了引导学生反复揣摩、多组重复表演的方式，让学生体悟其中的奥妙。如下面这段台词：

仆人们住手，仍拉住大海。

鲁大海：（挣扎）放开我，你们这群强盗！

周萍：（向仆人）把他拉下去！

鲁侍萍：（大哭）这真是一群强盗！（走至周萍面前）你是萍，……——什么打我的儿子？

周萍：你是谁？

鲁侍萍：我是你的——你打的这个人的妈。

鲁大海：妈，别理这东西，小心吃了他们的亏。

鲁侍萍：（呆呆地望周萍的脸，又哭起来）大海，走吧，我们走吧！

大海为仆人拥下，侍萍随下。

这段文字看似简单，语言却极其精妙，表情达意十分丰富，通过几个小组反复的揣摩、表演，构建了一种"待完满"课堂教学模式，使全班学生明白了鲁侍萍复杂的感情，收到了意想不到的效果。过去，我讲这课书时，单凭一张嘴，一根粉笔，一本教案，尽管将教学过程设计得细致完美，虽然也能博得学生们的一些笑声，但总觉得有一些不尽人意的地方。形象表演的教学，效果良好，教室里掌声、笑声不断，气氛非常活跃，学生人人都是课堂教学的参与者与评判者。

十八、故事穿插法

"待完满"语文课堂教学模式，是一种能够不断吸引学生的课堂教学模式。这种课堂教学模式最根本的出发点就是让我们的语文教学充满情趣，使其和学生的生活与精神世界发生密切的联系，这样学生就会爱上语文。讲故事，是吸引学生的一种重要手段。

著名作家刘绍棠在他的一篇文章《师恩难忘》中，回忆了自己四年级时教他语文的田老师。田老师在教学时，就喜欢用一个个生动形象的故事来吸引学生。文章中，刘绍棠回忆了田老师教一首小诗的过程。

田老师先出示一首小诗：一去二三里，烟村四五家。亭台六七座，八九十枝花。然后田老师把这首诗念一遍，又串讲一遍，接着编了一个故事。故事大意是这样的：一个小孩儿，牵着妈妈的衣襟去姥姥家，一口气走出二三里。路过一个村子，只有四五户人家，家家炊烟袅袅。娘儿俩走累了，看见路旁有六七座亭子，就走过去歇脚。亭子外边，花开得正茂盛，小孩儿越看越喜爱，她想摘一朵戴在头上，妈妈拦住了她，说："你摘一枝，他摘一枝，后边歇脚的人就不能看景了。"后来，这里的花越开越多，变成了一座大花园……

作者听得入了迷，恍如身临其境。田老师戛然而止，他却仍在发呆，直到同桌捅了他一下，他才惊醒。作者说，田老师每讲一课，都要编一个引人入胜的故事，学生们很喜欢田老师上课。

田老师通过讲故事这种最简单朴素、最符合小学生年龄特点的教学方法，让课堂产生了良好的长远的影响，使学生渐渐地喜欢上了语文老师，渐渐地喜欢上了语文。

总之，充满趣味性的故事可以使枯燥乏味的课堂充满生机和活力，更能引起学生注意，激发学生的学习兴趣，调节课堂教学的气氛和节奏，形成师生之间的默契交流，有利于形成和谐的师生关系，有利于提高课堂教学效率，最大化地实现"待完满"语文课堂教学理念。

十九、板书留白法

黑板也是教学活动的重要空间，在这块"黑土地"上也应该适当留些"空地"让学生参与耕作。教师在进行板书设计时要借鉴吸收格式塔心理学和"完形"心理学理论，充分考虑到学生的好奇求全心理和求知释疑的强烈欲望，讲究一点空白艺术，构建一种"待完满"课堂教学模式，那将会使板书更加富有魅力，使语文教学进入更加美妙的艺术境界。

在传统课堂教学活动中，教师一般强调对板书的设计，追求板书的新颖、完整、精练和醒目。通常教师的板书都写得满满的，一般不会让黑板留出空地。"待完满"语文堂教学，要求板书言简意赅、提纲挈领，对课堂教学起"画龙点睛"的作用。一堂课，按照教学的要求，对板书的内容进行巧妙设计，除必须在黑板上出现的内容以外，可以把有的内容隐去不写，形成板面上的"空白"，让学生凭借教师的讲述去领会，去思考，去联想。如有位教师在讲授《变色龙》的整个教学过程中，只在黑板上写了一个很大的"变"字，赫然醒目，仅此一字，衍生出无限的空白，谁在变？变了几次？为什么变？这反复无常的变又说明了什么？随着教学进程的推进，让学生一一去填补奥楚蔑洛夫的性格特征，《变色龙》的主题也就揭示出来了。有的板书经过精心的艺术设计，讲究平衡美和对称美，做到结构相同，字数相等。教学时，在黑板上由教师书写前半部分，后半部分则留出"空白"，让学生根据课文内容去填补。这样做既调动了学生的积极性，又提高了学生选词造句的创造能力。

钟空则鸣，耳空则聪，此乃"空"之神异也。有限的黑板，如能在板书时巧妙留下一些空白，就会构建起一种"待完满"课堂教学模式，激发起学生无穷的遐思和无尽的探索。

二十、高鹗续写法

中国古典小说《红楼梦》，因曹雪芹只写到前八十回就不幸去世，没有一个结尾，给后人留下了一个巨大的想象空间，于是，这部作品多续书，这是一个令人瞩目的文学现象，续书体现了续书者对原著强烈的参与意识。由于续书者自身知识结构和性情气质的不同，不同的读者对同一作品，表现出不同的阐释性，续出了不同的《红楼梦》。语文课堂教学也可以借此一法，运用续写，构建一种"待完满"课堂教学模式，去调动学生思维，激发学生想象。

　　中学语文教材大多是古今中外名家的名篇，内容含蓄，语言凝练，作品的最后往往独具匠心地为读者留下了耐人寻味的艺术"空白"，成为教材中最能激发学生思维的"想象点"，如《孔乙己》一文的结尾："我到现在终于没有见——大约孔乙己的确死了。"这一矛盾模糊的语言所包含的空白，也给人留下了极其广阔的想象空间。学生读到这里会思索：孔乙己的结局如何？究竟是怎么死的？我就启发学生联系前文孔乙己的社会地位、性格、言行，这样不少学生能认识到：孔乙己受封建教育制度的毒害而好逸恶劳，四体不勤，又死要面子，被丁举人打折腿后，连"窃"也不能，其结局的这一空白充溢着作者独特的感情。到这里学生想象的翅膀已经张开，便各抒己见，解说这一空白：有的说孔乙己在冰天雪地中冻死，有的说活活痛死，有的说饿死……有一学生甚至提出相反意见，认为孔乙己没有死，治好了腿，中了举，也像丁举人一样淫威乡里……这样就激发了学生的求知欲，形成无穷的意味和幽远的教学氛围，增强了语文教学的艺术效果。

　　语文教育有三重境界，即"人技语文教育""人格语文教育"和"人生语文教育"。"人技语文教育"侧重于给学生以语文知识技能，"人格语文教育"注重将语文养料内化为学生自己的精神，"人生语文教育"则引导学生最终把语文素质与自己的人生融为一体。如果说"人技语文"给学生以"真"，"人格语文"给学生以"善"，那么"人生语文"则将学生引向生命之"美"。"待完满"的语文课堂教学模式，将语文教学的三重境界一一呈现，既教学生语文知识，又培育学生人格素养，更做到了启迪和丰富学生的人生智慧。

　　多年的实践证明："待完满"语文课堂教学模式能够千方百计唤起学生的求知欲望，点燃学生的智慧火花，让学生手舞足蹈地（身体自由）、浮想联翩地（精神自由）、兴趣盎然地（生命自由）参与到教学过程中来，能最大限度地让学生在"活动"中学习，在"主动"中发展，在"合作"中进步，在"探究"中创新。

第六章

『待完满』语文课堂教学模式的推广课例

课堂，是教与学的主要场所，是落实国家教育方针，培养"核心素养"的主阵地。

"待完满"语文课堂教学模式，把课堂真正还给了学生，实现了课堂的深刻变化，形成了基于学生未来发展的真美课堂，即体现玩的课堂——真思，围着学生转的课堂——真教，有鼓励的课堂——真爱，围绕问题交流的课堂——真学，落实目标的课堂——真会，能力发生变化的课堂——真懂。

"待完满"语文课堂教学模式，使课堂教学实现了八个"度"：细化探究目标，教学有"梯度"；创设探究情境，学习有"温度"；落实探究实践，参与有"维度"；优化探究体验，体悟有"厚度"；精选探究练习，学习有"效度"；提升探究总结，思考有"深度"；拓展探究作业，研究有"广度"；关注探究评价，发展有"宽度"。

　　语文悬念教学法之"待完满"语文课堂教学模式是走的"从实践中来，到实践中去"的路子。换言之，既是理论体系，也是实践体系，而且首先是实践体系。从教学实践出发，将自己从实践中得来的"个别"教学思想与同行进行广泛、深入、持久的交流讨论，在此基础上来调整、修正、补充、深化、丰富自己的理论思考，从中抽象出"一般"，进而又将相对成熟的理论思考成果运用于自己未来的公开课教学实践。通过这样的"实践—认识—再实践—再认识"的螺旋式反复打磨提升，将自己的理论思考、研究和教学实践进行协同式或捆绑式推进。自2006年正式提出语文悬念教学法之"待完满"课堂教学模式以来，我和我的团队，上每一节课，都采用语文悬念教学法之"待完满"课堂教学模式，并用这种模式在全国各地上了一系列公开课，得到专家、教师、学生的高度赞誉，语文悬念教学法之"待完满"课堂教学实验已在全国各地产生了较大的影响。以下是何泗忠语文悬念教学法推广团队部分成员的"待完满"课堂教学模式的代表课实录。

一、《虞美人》

【教学实录】

上课时间：2013年5月15日上午第3节

上课地点：深圳市第二高级中学四楼考务室

上课班级：高一（17）班

（一）激趣导入

PPT展示：

> 李杜诗篇万口传，至今已觉不新鲜。
>
> 江山代有才人出，各领风骚数百年。

师（指着PPT上的诗歌）：请同学们把这首诗齐读一遍。

（学生齐读）

师：同学们刚才读的这首诗歌是什么意思呢？说的是一个时代有一个时代

的代表作家和代表文学。前段时间,我们从《诗经》学到《楚辞》再学到《古诗十九首》,然后学到了唐代的诗歌,接触了李白、杜甫,到了宋代,又产生了一种新的诗歌体裁——宋词。在中国词坛上,写词的高手不计其数,但哪些人是代表作家呢?最近,我看了余秋雨的一篇文章《中国文脉》,余秋雨在文章中对宋词作者进行了排位,并且排出了写词的四大高手,同学们猜猜看,会是哪四大高手呢?

(设置"待完满"课堂教学情境,激发学生学习兴趣,学生有的说是苏轼、柳永、李清照、辛弃疾,有的说是苏轼、李清照、辛弃疾、姜夔,有的说是苏轼、辛弃疾、陆游、李清照)

师(展示PPT):余秋雨认为是李煜、苏轼、李清照、辛弃疾。我也同意余秋雨的观点,但在这四位词人中,我最喜欢一个人的词,大家猜猜看,这四位词人中,我最喜欢谁?(采用提问法再次设置"待完满"课堂教学情境,吊起学生学习胃口)

生1:苏轼。

(师摇头)

生2:李清照。

(师摇头)

生3:李煜。

师:对啦,我最喜欢李煜的词。我第一次接触李煜的词是在高中时,也就是你们现在这个年龄,当我第一次读到李煜的一首词时,感动得哭了(生露出十分惊讶的样子),这首词就是李煜的《虞美人》。今天,我们就一起来学一学李煜当初让我感动得流泪的这首词——《虞美人》。请同学们打开教材。

(教师采用"待完满"课堂教学模式激趣导入,学生听说这首词感动得老师流泪了,于是纷纷好奇地、迫不及待地打开教材)

(二)以"读"攻"读"

1. 素读《虞美人》,咬准词音

师:在学习诗词的时候,我记起了北京大学中文系主任温儒敏教授的一段话(教师读PPT内容)。

PPT展示:

教学美文,要注意"涵泳""或者说浸润式习得","这是语文阅读教学最佳的境界"，"尤其是诗词课，还有文言文的课，更要求阅读主体的融入，没有反复的阅读，那情味就出不来，语感就出不来"。

师：李煜的《虞美人》，是古诗中的绝品，在讲授这样的美文时，除诗词本身的内涵值得反复品味外，诗词节奏、韵律、语调等这些外在的形式美都有着特定的教学意义。因此，我们今天从朗读的角度分五个朗读的层级来学习这首词，来个以"读"攻"读"，让我们在读中识、读中悟、读中问、读中说、读中议，好不好？

生：好！

师：鉴赏诗词的第一步就是素读课文。从我自己的经验来看，我拿到一首词，不管三七二十一，首先就是读，把课文读正确，读流利，不丢字，不添字，不错字，争取把词念得字正腔圆。下面请同学们朗读《虞美人》，自由地读，大声地读。

（学生兴致盎然地、自由地读起来，教师在一旁巡视，了解学生的读书情况）

师：谁首先来试着读一下这首词。

（一男生举手读了起来）

师：我们请一名同学来点评一下。

生1：读得还算流畅，但有些字读错了。"春花秋月何时了"的"了"读错了，不是读"le"，而是读"liǎo"。"雕栏玉砌"的"砌"字读成了"qiè"。

师：这名同学听得很仔细。同学们，朗读首先要把字读准。大家把"春花秋月何时了"这一句齐读一下。（生朗读）这个"了"字为什么读"liǎo"而不读"le"？

生1：因为"了"是结束的意思。李煜降宋后被封为违命侯，名虽王侯，实为阶下囚。在对生命已经绝望之时，"春花秋月"是对他的一种讽刺，让他觉得厌烦，希望这一切都结束。

师：对，可见这里的"了"不是轻读的助词"了"，而是动词。

（教师再请一名女生读）

师：哪名同学来评价一下，她读得怎样？

生2：她字音咬得很准，字正腔圆，但声音过于洪亮，感情表达还不到位，读得过于豪放，没有通过低沉的音调和悠长的语气读出诗词的意境来。

师：她的评价可以说是实事求是，既指出了优点，也指出了不足之处。下面，我们就一起来体味一下这首词的情感。

2. 美读《虞美人》，体味词情

师：我们读诗词，不能仅仅满足于读准字音，还要读出感情。古人读书很讲究吟诵之道，吟诵得口到、心到、情到。请同学们美读课文，体味情感。然后说说自己对这首词的直觉感受、原初体验。

（学生摇头晃脑地自由朗读）

师：现在，请同学们说说读这首词的原初体验与感受。

生3：读这首词，我读出了一份悲凉和无奈，词人问天"春花秋月何时了"，问人"雕栏玉砌应犹在"，自问"问君能有几多愁"，只有"悲凉和无奈"的人，才会这样呼天抢地。

生4：我读出了诗人作为亡国之君的哀痛，"雕栏玉砌应犹在，只是朱颜改"，"朱颜"包含"后宫佳丽的容颜""词人的容颜"和"国家的容颜"，"只是"一词，无限痛惜之情尽在其中。

生5：我读出诗人的血泪，正如王国维所说："后主之词，真所谓以血书者也。"

师：同学们的第一感觉不错。通过美读，感受到了词人的悲伤、痛苦、忧愁。现在请大家相互读给同桌听一下，看你读出了这份感情没有。

（同桌互相读给对方听，然后讨论）

师：下面请两名同学示范美读一下，将词人的文字美转化为语言美。

（一男生、一女生先后诵读）

师：他们读得怎么样？

生6：张伟（男生）读得声音洪亮，韵律清楚，但感情高亢了些。李弈（女生）的感情处理好一些。

师：其他同学还有什么评价吗？

生7：我觉得他们读得都不太好，重音上只处理好了最后一句，前面读得不怎么样。

师：依你说，应该怎么处理？

生7：我觉得这几个词要读好：何时、多少、又、不堪、应、只是、几多。这些词特别能表现词人痛苦的内心世界，另外，节奏要舒缓一些，有些词语读时要拖长。

　　师：那你来读一下，好不好？

　　（生7十分投入地读）

　　师：他是用心来读的，读的节奏很缓慢，很抒情，把往事之叹、亡国之恨、离家之痛、思家之苦都读出来了。下面，让我们齐读一遍，读时，每句的后三个字由男生重复读，最后一句"恰似一江春水向东流"中的"向东流"三字重复读四遍，声音呈递减状态。

　　PPT展示：

虞美人

李　煜

春花秋月何时了？何时了？

往事知多少。知多少。

小楼昨夜又东风，又东风，

故国不堪回首月明中。月明中。

雕栏玉砌应犹在，应犹在，

只是朱颜改。朱颜改。

问君能有几多愁？几多愁？

恰似一江春水向东流。

向东流，

向东流，

向东流，

向东流。

　　（学生读得很投入，尤其是最后一句的最后3个字"向东流"重复读四次，声音由大到小，呈递减状态，仿佛那一江春水渐行渐远，读出了李煜的无限愁情）

　　3. 研读《虞美人》，探究词心

　　师：刚才同学们通过素读课文、美读课文，感受到了这首词的情感，但对词要有更深层次的理解，还得研读课文，探究词心。请同学们每人自读两遍，边读边想，以研究的形式、欣赏的眼光，去感悟、去发现《虞美人》一词最打动你的地方，并说说打动你的理由。

　　（学生边读边写，将自己随时出现的灵感与体验捕捉下来）

师：请同学们谈谈最能打动你的是什么？为什么打动你？

生8：打动我的是"问君能有几多愁，恰似一江春水向东流"。

师：这句话为什么会打动你？

生8：因为它写到了一种人类普遍的情感——"愁"。

师：是的，"愁"是人类普遍的情感，它能够引起不同时代、不同地域的人的共鸣。自古以来，人们就有不少写"愁"的诗句，同学们能列举一些吗？

生9：李白有"抽刀断水水更流，举杯消愁愁更愁"。

生10：李清照的词充满愁情，"花自飘零水自流，一种相思，两处闲愁""只恐双溪舴艋舟，载不动许多愁"。

生11：现代人也有愁，著名诗人余光中有一首诗歌叫《乡愁》。

（师生情不自禁地齐背起《乡愁》来）

生8：老师，"问君能有几多愁，恰似一江春水向东流"这句话最打动我，除了因为它写出了人类一种普遍的情感外，还因为它巧用比喻，此句以浩荡东流的长江比喻愁之深远，形象地表现了李煜满怀的愁、无穷无尽的愁、汹涌澎湃的愁。

生12：我喜欢"雕栏玉砌应犹在，只是朱颜改"两句。因为故国的雕栏玉砌还在，可自己的容颜已改，宫女们的容颜已改，国家的容颜已改，这让我想起了"物是人非事事休，欲语泪先流"。

师：通过研读，同学们对这首词的理解又近了一层，下面请同学们分角色朗读这首词。

PPT展示：

女生单读：《虞美人》

李 煜

男生单读：春花秋月何时了？

学生齐读：往事知多少。

小楼昨夜又东风，

故国不堪回首月明中。

雕栏玉砌应犹在，

只是朱颜改。

女生单读：问君能有几多愁？

学生齐读：恰似一江春水向东流，

向东流，

向东流，

向东流，

向东流。

（教师放背景音乐，学生分角色朗读，音乐如怨如慕，朗诵如泣如诉，最末一句，"恰似一江春水向东流，向东流，向东流，向东流，向东流"，学生越读越轻，渐至无声，他们通过研读，使诗歌朗诵达到了一个新的境界）

4. 品读《虞美人》，赏析词艺

师：缪塞说，最美丽的诗歌是最绝望的诗歌，有些不朽的篇章是纯粹的眼泪。李煜的这首词，就是用自己的眼泪写的。那么，李煜在表现自己的愁的时候，到底采用了怎样的手法呢？在讲这个问题之前，我讲一个故事。据说，法国诗人克洛岱读了李煜的《虞美人》（也有人说是读了李清照的《声声慢》）以后，非常感动，于是把李煜的这首词改写成了一首诗歌——《绝望》

PPT展示：

绝 望

呼唤！呼唤！

乞求！乞求！

等待！等待！

梦！梦！梦！

哭！哭！哭！

痛苦！痛苦！

我的心充满痛苦！

仍然！仍然！

永远！永远！永远！

心！心！

存在！存在！

死！死！死！死！

（教师要求学生带着感情读《绝望》，学生齐读，且读得十分有感情）

师：同样是抒发一种愁苦不堪的痛苦之情，但两首诗在抒发感情的时候，采用了不同的抒情手法。请同学们说说，《绝望》采用了什么抒情手法？

生13：直抒胸臆。

师：对，那么《虞美人》呢？

生13：间接抒情。

师：再具体一点。

生13：借景抒情。

师：对，李煜是借景抒情。那么，李煜是借的什么景呢？请同学们找一找李煜词中的景物意象。

（学生边读边找词中意象，教师巡视）

师：下面请一名同学把自己找到的意象说给大家听一听。

生14：春花、秋月、东风、明月、雕栏、玉砌、朱颜、一江春水。

师：找对了没有？

生15：找对了，但还有一个意象"小楼"漏了。

师：以上这些意象，都是一些十分美好的事物，够赏心悦目，但为什么在李煜的眼里却变得可悲了呢？"春花秋月何时了"中"春花秋月"是美好的事物，作者为何希望它早点结束？

生16：这与作者的心情有关。"感时花溅泪，恨别鸟惊心"嘛！同样是猿猴的叫声，白居易笔下是"其间旦暮闻何物？杜鹃啼血猿哀鸣"，而李白却是"朝辞白帝彩云间，千里江陵一日还。两岸猿声啼不住，轻舟已过万重山"。心情不同，一个是被贬，一个是被赦，所闻的猿猴的叫声就不同了。

生17："春花秋月"的确是美好的事物，然而随着词人身份地位的改变——李煜降宋后被封为违命侯，过着囚徒般的生活，他对人生已经绝望，所以见了春花秋月的无尽无休反而觉得厌烦，徒增无限伤悲。因此，这美好的事物不如结束才好。

师：同学们分析得真精彩，由此看来，这首词不仅是借景抒情，而且是以乐景抒悲情。下面请同学们小声读这首词，尤其要体会一下加点词的情感。

PPT展示：

春花秋月何时了？

往事知多少。

97

小楼昨夜又东风，

故国不堪回首月明中。

雕栏玉砌应犹在，

只是朱颜改。

问君能有几多愁？

恰似一江春水向东流。

（学生小声读，教师巡视）

师：下面，我们再请一名同学读一下这首词。

（生18举手读词，节奏和感情把握十分到位，赢得听课师生一片掌声）

师：到此为止，我们对这首词进行了素读、美读、研读、品读，但鉴赏诗歌的最高境界就是吟唱。

5. 唱读《虞美人》，捕捉词韵

师（展示PPT）：《诗·大序》言："诗者，志之所之也。在心为志，发言为诗。情动于中，而形于言，言之不足故嗟叹之，嗟叹之不足故永歌之，永歌之不足，不知手之舞之，足之蹈之也。"诗词源于歌，词是可以和乐歌唱的，尤其是李煜，他通晓音律，作为皇帝，他创作的词，更是会谱成曲子，让宫女们演唱。可惜的是，远古神音早已失传。好在今人摹其古韵，把李煜的不少词再次谱成了曲加以传唱，多少弥补了这一缺憾。其中邓丽君唱的《虞美人》，忧伤的情调与李煜的词《虞美人》凄切的情境十分吻合，我不善于唱歌，但我却喜欢唱邓丽君演唱的《虞美人》，让我们唱读课文，捕捉词韵，让我们随着邓丽君的歌曲走进李煜的心吧。

（教师播放《虞美人》歌曲。教室里寂然无声，随着音乐的渐渐展开，教师用男中音吟唱《虞美人》，学生情不自禁地跟着吟唱，师生如醉如痴、手舞足蹈，歌声回肠荡气，作者一字一泪，读者一字一泪，歌者一字一泪，师生一字一泪，《虞美人》鉴赏达到高潮）

师总结：这节课，我们采用五个朗读步骤——步骤一：素读《虞美人》，咬准词音；步骤二：美读《虞美人》，体味词情；步骤三：研读《虞美人》，探究词心；步骤四：品读《虞美人》，赏析词艺；步骤五：唱读《虞美人》，捕捉词韵，学习品味了李煜的《虞美人》。这五个步骤，由步骤一、二的感性开始，到步骤三、四的理性，再到步骤五的感性，这是一种更高层级的感性。

通过反复诵读，领会了词人之愁——故国之思、失国之悲、亡国之痛。把握了诗词借景抒情、以乐景抒悲情的艺术手法。下面布置作业（教师出示PPT）：

仿照《虞美人》中的"愁"的表达，根据这种化虚为实的手法，运用修辞手法，围绕"幸福"，化抽象为具体，写一句话。

师：今天，我们学到这里。谢谢同学们！

（该课例获深圳市优质视频课一等奖）

【教学反思】

（一）还我诗歌灵魂——初教《虞美人》时的尴尬

记得刚参加工作时，我教完李煜的《虞美人》后，自我感觉良好。然而，有一天，我看到了一名学生的周记：

我从小就喜欢宋词，我读宋词，不一定能完全读懂它的意思，就觉得它美，能带给我许多感动。记得初中时，第一次读到李煜的《虞美人》，我感动得哭了。到了高一，教材上出现了《虞美人》，想到要和老师一起来欣赏这首词，我以为我对这首词的理解会达到一个新的境界，因而十分高兴，十分期盼。可是我错了，那一天，一堂课下来，老师滔滔不绝从头讲到尾，从李煜的生平讲起，讲到词的写作背景，再讲到词的内容和主旨，再讲到……我听着听着，就睡着了。《虞美人》带给我的最初的感动，消失得无影无踪，词那丰富美丽的语言、温柔哀伤的情感变得只剩下"作者通过什么手法表达了什么主旨，抒发了什么情感"这样一个指导我们应考的干瘪的公式。老师的滔滔不绝，老师的理性分析，让我对这首词没有了一点回味的余地；老师的不留余地地讲解，使这首词失去了体温，失去了灵魂。老师啊，请还我诗歌灵魂！

看了学生的周记，我十分汗颜。

（二）风景这边"读"好——再教《虞美人》时的收获

北京大学温儒敏教授指出，教学美文，要注意"涵泳"，要反复品读。我决定把教学《虞美人》的主调定在"读"字上，再也不像过去那样独霸讲坛，滔滔不绝，而是按照语文悬念教学法理念，构建"待完满"语文课堂教学模式，实现"三个转变"：从教师的讲解精彩度转变为学生的参与度，从教学环节的完整性转变为教学结构的合理性，从课堂教学的活跃度转变为每名学生真正进入学习状态的参与度。留出更多时间，让学生反复读，让学生在读中识、读中悟、读中问、读中说、读中议。我设计了五种读的层次，以"读"攻"读"，通过"读"，最大限度地调动学生的听觉、视觉、触觉，叩击他们的灵魂，拨动他们的心弦，使他们产生强烈的共鸣。

1. 素读《虞美人》，咬准词音

朱熹在《朱子童蒙须知》中说："凡读书……须要读得字字响亮，不可误一字，不可少一字，不可多一字，不可倒一字，不可牵强暗记，只要是所诵，自然上口，久远不忘。古人云：读书百遍，其义自见。"鉴赏《虞美人》的第一步就是让学生初读课文，首先让学生默读，咬准字音，接着让学生放开声音读，争取念得字正腔圆。

2. 美读《虞美人》，体味词情

叶圣陶先生在《中学国文学习法》一文中说："所谓美读，就是把作者的情感在读的时候传达出来。这无非如孟子所说的'以意逆志'，设身处地，激昂处还他个激昂，委婉处还他个委婉。美读得其法，不但了解作者说些什么，而且与作者的心灵相通了，无论兴味方面或受用方面都有莫大的收获。"为了能感悟李煜的那颗"愁"心，那份"愁"情，我通过美读课文这个环节，让学生的心灵与词人的心灵相通，通过美读，让学生的感知、想象和移情，化为生命的具体感受，并让学生用自己的语言表达出这种具体感受，然后根据自己的感受再次有感情地诵读。

3. 研读《虞美人》，探究词心

美国学者杜威说过："心灵是一个动词，一个积极的动词；一个积极的、寻求的动词；一个积极的、寻求的、自组织的动词。"研读，能让学生的心灵在积极主动地寻求中和词人的心灵发生碰撞，能深度地体验词的意境。接受美学认为，文学作品不是由作家独创的，而是由作者和读者共同创造的。鉴于此，我指导学生在初读、美读感性把握《虞美人》这首词的基础上，进一步研读，释放出自己对文本的个性化解读。

4. 品读《虞美人》，赏析词艺

在赏析词艺时，我没有像以往一样直接告诉学生，而是先提供法国伟大诗人克洛岱的《绝望》一诗，让学生比较着阅读，然后师生共同探究，得出结论：《绝望》是直抒胸臆，而《虞美人》则是借景抒情。

5. 唱读《虞美人》，捕捉词韵

在学生初读、美读、研读进而较好地把握了诗歌情境的基础上，把邓丽君演唱的《虞美人》播放给学生听，让学生在倾听中想象，在想象中沉思，体悟李煜词的凄美意境，感受《虞美人》的艺术魅力，这种效用是其他形式所不能取代的。

我国著名的语言学家吕叔湘先生曾讲过他学习时的趣事：20世纪20年代在北大读书时，教他们莎士比亚戏剧的是一位美国女教授，这位女教授一上课就让他们读，如果不懂，还要读。就这样，一堂课读来读去，终于领会了莎翁戏词的妙处。美国女教授的故事告诉我们，教学要相信学生，要相信学生的能力，不要不放心，不要满堂灌。这节课，我采用语文悬念教学法之"待完满"课堂教学模式，采用多种"读"的手法，让学生参与教学，努力做到"书"让学生自己读，"问"让学生自己提，"果"让学生自己摘，"情"让学生自己抒，"话"让学生自己说，"文"让学生自己评，最大限度地让学生在活动中学习，在"主动"中发展，在"合作"中进步，在"探究"中创新。这节课，我采用"待完满"课堂教学模式，很好地实践了语文悬念教学法理念。

【教学观察】

生命不息，激情不止

——观何泗忠老师《"读"领风骚〈虞美人〉》课例有感

陈云冬，广东梅州人，现任教于梅州市平远县平远中学，梅州市骨干教师，广东省廖振雄名师工作室成员，在省级以上刊物发表论文多篇。

梅州平远中学　陈云冬

生活是什么？我曾不止一次地问自己。有人说，生活是一日三餐及由此衍生的喜怒哀乐。我说，生活有时候不仅是一种心情，而且是一种态度，一种积极向上、能量满满的态度。

名师工作室的培训学习给我带来思想的洗礼、心灵的震撼、理念的革新，让我发现了自己的不足。以前，我对什么事情都认真得过分。我经常在学生面前调侃，我这个人没什么缺点，唯一的缺点是对工作太认真。但是，随着教龄的增加，加之职评无望，"二宝妈"身份的变化，我感觉自己就像温水中的青蛙，在工作中少了份激情，很难静下心来专注看书，出现了职业倦怠。我常常会以学校工作忙碌为借口而懈怠，不能勤于反思，也懒于动笔。偶尔的激情也不过是三分钟热血，就像何泗忠老师所说的："梦里走了许多路，醒来还是在床上。"

培训归来，我好像找到了前行的动力。应该说，是大师们的激情激发了我的内驱力。给了我们满满正能量的工作室主持人廖振雄老师，虽有耀眼的光环和骄人的成绩，但依然在前行的路上努力，我还有什么理由懒惰呢。

从教十多年，我一直在思考一个问题，怎样把语文课上活，尤其是把枯燥的文言文上活？这次培训给我了一些灵感，尤其是深圳市第二高级中学何泗忠老师的讲座让我受益匪浅。他的讲座感性与理性相融，幽默与风趣齐飞。何老师说："生命不息，激情不止。"在多年的探索中，何老师自成理论体系，他的"语文悬念教学法"让我们耳目一新。他采用道具法设置悬念，把枯燥的文言文教学变得激情澎湃、悬念迭出、生动有趣、精彩纷呈。集才华、创新、激情于一身的何老师，还现场为我们讲解了他采用道具法设置悬念上《离骚》的过程，阵阵如潮的掌声不绝于耳。听何老师的课简直是一种享受！这就是我向往的语文课堂。

林伟老师说："岁月让我们容颜变老，激情却使我们青春依旧。"何泗忠老师也在讲座中大声疾呼"生命不息，激情不止"，这些话让我如饮醍醐。作为一位教师，最重要的就是要有激情。激情就是课堂的生命，没有激情的课堂就如一潭死水，唯有激情，才能让课堂焕发生命力！

何老师创建并推行的"语文悬念教学法"，使语文课堂魅力四射，让我如痴如醉，欲罢不能。我上网查找了他的公开课视频，反复观看了他的教学视频——"读"领风骚《虞美人》优质课例，发现这节课有两大亮点：一是以"朗读"贯穿课堂始终，学生在读中悟，悟中读；二是"悬念教学法"让课堂教学悬念迭出，妙趣横生。何老师在教学过程中总是巧妙地设置悬念，让学生去思考、去想象、去发挥，使课堂教学有虚有实，有疏有密，跌宕多姿。

1. 以"朗读"贯穿课堂始终

工作室主持人廖振雄老师在评课时，在为我们指出备课要注意的四个问题中提道："怎样来教""怎么学"。选用教法，培养学法。要重视对不同文体的教法建模，用教小说的方法来教小说，用教散文的方法来教散文，用教诗歌的方法来教诗歌，不同文体的教法是不同的，必须要把各种文体的教法建立相对应的教学模板。何老师的这节课就很好地体现了这一点，即用教诗歌的方法来教诗歌。

这节公开课以"读"贯穿了始终。上课之前，何老师就把"读"的五步法写在了黑板上：素读课文，咬准词音；美读课文，体味词情；研读课文，探究词心；品读课文，赏析词艺；唱读课文，捕捉词韵。这五个朗读步骤，由步骤一、二的感性开始，到步骤三、四的理性，再到步骤五的感性，这个感性是一种更高层级的感性。通过诵读，学生领会了词人之愁，把握了诗歌的艺术手法。

进入文本前，何老师引用了北大中文系温儒敏教授的话："教学诗词，要注意朗读，朗读是一种浸润式习得，没有反复的朗读，那情味就出不来，语感就出不来，这是诗词教学的最佳境界。"这句话为这节课的朗读做了一个很好的铺垫。我粗略估算了一下，整节课这首词朗读了至少有十二遍，而且朗读的形式多样，如全班读、个人读、分角色读等。

鉴赏诗歌的第一步是素读课文，这是鉴赏诗歌的最低层。何老师首先让学生大声朗读课文，要求读得字正腔圆，然后请个别学生读并正音。第二步是美读课文。古人读诗讲究吟诵之道，读诗要读得"口到、心到、情到"。何老师要求学生之间相互朗读，读出感情。然后请一女生朗读，让学生评价读得如何，有学生认为感情基调过于豪迈，不够悲伤，要通过低沉的音调和悠长的语气读出诗歌的意境来。分析完后，何老师让学生有节奏地读，然后又让该女生读，全班齐读，对画有红线的字重复读一遍。

对词要有更深层次的理解，还得研读课文，探究词心，即朗读的第三步。学生读后，纷纷指出词心："愁"。那诗人为何而愁呢？师生探讨分析了四点：①"往事知多少"，帝王生活不再而愁；②"小楼昨夜又东风"，被俘囚禁郁闷而愁；③"故国不堪回首月明中"，江山社稷破灭而愁；④"雕栏玉砌应犹在，只是朱颜改"，君臣嫔妃离散而愁。最后，学生分角色朗读，"恰似一江春水向东流，向东流，向东流，向东流，向东流"，朗读由整体到个别，声音越来越轻，渐至无声。他们通过研读，使诗歌朗诵达到了一个新的境界。

第四步是品读，何老师先让学生找出意象，然后对意象进行赏析，师生通过分析意象来赏析词艺。最后一步是唱读课文，何老师说："读诗的最高境界是唱读，我从来不唱歌，但我就喜欢唱《虞美人》。"他深情地唱起了《虞美人》，学生掌声阵阵，接着是播放邓丽君唱的《虞美人》，何老师也跟着用浑厚的男中音吟唱，学生也情不自禁跟着吟唱，师生如痴如醉，歌声荡气回肠，作者一字一泪，读者一字一泪，师生们的吟唱，使《虞美人》鉴赏达到高潮。

2. 以问题诱导法设置悬念

进入文本前，何老师设置了这样一个悬念："在中国词坛上，写词的高手不计其数，但哪些人是代表作家呢？最近，我看了余秋雨的一篇文章《中国文脉》，余秋雨在文章中对宋词作者进行了排位，他排出了写词的四大高手，同学们猜猜看，会是哪四大高手呢？"设置导入型悬念，激发了学生的学习兴趣，学生有的说是苏轼、柳永、陆游、李清照，有的说是辛弃疾、李清照、苏轼、姜夔，何老师把答案抛出来：余秋雨认为是李煜、苏轼、辛弃疾、李清照。接着他采用提问法再次设置悬念，吊起学生的胃口："大家猜猜看，在这四位词人中，我最喜欢谁？"待学生猜到李煜后，何老师提出一个问题："高中时读李煜的一首词，我哭了。"让学生们猜猜是哪首词，由此引出李煜的《虞美人》。何老师采用悬念教学法激趣导入，学生听说这首词感动得老师流泪了，于是纷纷好奇地、迫不及待地打开教材。

在"研读课文，探究词心"时，何老师说高中的时候读到这首词，其中一句让他流泪了。他让学生猜是哪句。学生很快说出："问君能有几多愁，恰似一江春水向东流。"何老师让学生齐读诗歌，接着，他让同桌相互讨论："愁"是人类的普遍情感，古代写愁的诗句有哪些？李煜愁什么？

3. 以故事法设置悬念

用故事设置悬念，无疑会增强教学的吸引力，可以使枯燥乏味的课堂充满生机和活力，更能引起学生注意，激发学生的学习兴趣。何老师善于通过故事设置悬念，悬念的安排使课堂显得跌宕起伏、引人入胜，它吸引学生去追寻、去幻想，因为它留给学生无尽的悬念，进而引发学生无尽的想象。

在品读诗歌时何老师讲了一个故事：有一个人读了李煜的词后，感动得哭了，于是他写了一首诗——《绝望》，请一学生带着感情读完后，学生们都在猜作者就是何老师，何老师这时候才亮出答案："这个人就是克洛岱。有人说这首诗是他读了李清照的《声声慢》后写的，也有人说是他读了李煜的《虞美人》后写的，我宁肯相信他是读了李煜的《虞美人》后写的。"它们在抒情的时候用了不同的抒情手法，《绝望》直抒胸臆，《虞美人》借景抒情。接着，何老师让学生找出本词的意象：花、月、小楼、故国、雕栏、玉砌、朱颜、春水、东风。然后让大家闭上眼睛想象，为什么这么美的东西，让李煜觉得何时了，觉得愁？师生探讨得出：哀伤之时，应是"良辰好景虚设"，这首词不单单有借景抒情，还有"以乐景衬悲情"的艺术手法。

4. 以教师示弱法设置悬念

何老师认为，教师在学生面前"有意识"地做"蹩脚教师"，适当地示弱，给学生以"欠缺"感，反而能够造成课堂悬念，激发起学生主动体验、探究、实践的兴趣。课堂上，何老师鼓励学生提问，他的评价更是丰富多彩，课堂上飞扬着教师激励性的评价："同学们读得好细啊，比我读得细得多""你比我厉害""为她鼓掌""你的心与我的心是相通的""为自己鼓掌""你很谦虚""读得真好""太妙了"。整节课学生们兴致高涨，其中很大的原因是他通过示弱成功地鼓励了学生，激起了学生学习的兴趣。

李剑林老师评价：语文是一个温暖的学科，语文课堂从来都是"百家争鸣"的状态，何老师高举"悬念教学法"的大旗加入教学探索这"百花齐放"的大军，为语文教学增添了一抹亮丽的色彩。何老师说，"悬念教学法"就像老饲养员喂河马一样，教师要做老饲养员，让像河马一样的学生每天够着吃，自己去获取知识食物，从而激起学生的求知欲和探究欲，这样的课堂才是高效的课堂。向何老师致敬！向何老师学习。

上课的确是一门艺术，能够在教学生涯中听到这样一堂畅快淋漓的课，不失为一件幸事！完美无憾的课堂只是一种理想，虽不能至，吾心向往之。上出好课不仅需要灵动的艺术精神，更需要像何老师这般不间断地积累和钻研。他讲课的激情激发了我的内驱力，要想把自己的教育教学实践上升到理论高度，除了要有执着的情怀、坚定的理想和信念，还必须要有脚踏实地、埋头苦干的精神。生命不息，激情不止！

二、《林黛玉进贾府》

张孟光，湖南资兴人。毕业于湖南师范大学汉语言文学专业，并获文学学士学位。现为湖南省资兴市立中学高中语文教师，湖南省首届高中语文新课程骨干教师，郴州市高考语文命题专家，郴州市高中语文骨干教师讲课专家，何泗忠语文悬念教学法实验推广团队骨干成员。

湖南省郴州市资兴市立中学　张孟光

主持的课题《让阅读和写作日常化 以提高学生的自主作文创新能力》获资兴市"十三五"基础教育课题成果三等奖。主持的湖南省"十五"教育科学规划课题《基于传统文化教育下的高中生语文核心素养培育研究》已通过审核立项。在《高中语文教与学》（人大复印资料）和《中学语文教学参考》《中学语文教学》《语文月刊》《语文教学通讯》《中学语文》《中国德育》《班主任》等国家级核心刊物公开发表教育教学论文38篇。作文教学有方，辅导的学生在全国高水平、有影响力的作文大赛中多次获奖。多次参加过各级语文教学比武，2014年3月，在湖南省第一届新课程高中语文"同课异构"教学比武中，荣获省级一等奖。

先后荣获资兴市优秀教师、资兴市"课改"先进个人、湖南省高考优秀阅卷老师、全国校园文学优秀辅导老师、全国作文竞赛优秀指导老师奖等荣誉称号。

【教学设计】

（一）指导思想与理论依据

"新课程理念"和"待完满"语文课堂教学思想是本课教学的指导思想和理论依据。传统语文课堂教学"以教师的教为中心"，为追求教学的"完满"，教师讲得多，学生主动参与、思考、质疑、辩论、探究的学习过程少，教师"教"得"完满"，导致学生"学"得"不完满"。著名特级教师何泗忠的"待完满"语文课堂教学模式认为，课堂教学是以"学生的学习"为中心，而学生是发展中的人，他们的语文基础和认知能力等本身是有"缺陷"的，因此，注定是"不完满"的。

鉴于此，我根据何泗忠老师的"待完满"课堂教学思想对教学目标大胆取舍，"选准一点，牵及其余"，给学生留下充分思考的空间，给学生造成"待完满"的感觉，使学生产生急于"填补、充实"的心理，激发学生的求知欲，培养学生主动学习的兴趣，努力使学生在语文课堂学习中从"缺陷"走向"完满"！

（二）教学目标

（1）分析鉴赏王熙凤形象的多面性和复杂性，并准确把握她独特而鲜明的性格核心"辣"，赏析作者正面描写和侧面描写相结合刻画人物的方法，这是本课教学的重点。

（2）结合《红楼梦》中与王熙凤有关的重要情节，探究曹雪芹刻画王熙凤这个人物形象的意义和作用，这是本课教学的难点。

（3）训练学生运用本课描写人物的方法进行片段写作，把阅读和写作联系起来，提高学生描写人物的能力，这是本课教学的提升点。

（三）教学方法

语文悬念教学法。何泗忠老师构建的语文悬念教学法是语文课堂教学方法的深刻变革，改变了传统语文课堂陈腐、呆板、乏味的教学模式，使得课堂教学面貌焕然一新，极大地激发了学生学习语文的热情，取得了很好的教学效果。悬念，让语文课堂教学有情、有趣、有味、有深度、有广度。教学本课时，我设置了一系列悬念：贾府那么多人物，曹雪芹为什么要单独写王熙凤？王熙凤有什么独特的魅力？小说写王熙凤对《红楼梦》有什么重要价值和意义？教学中，我适时设置悬念，大大激发了学生的阅读兴趣，引导学生的思维走向深刻。

（四）教学过程

1. 课堂导入，引出主要人物

《林黛玉进贾府》写人物，有详写，有略写；有实写，有虚写；有单独写，有集体写。但是真正单独写的人物只有三个：林黛玉、贾宝玉、王熙凤，小说单独写林黛玉和贾宝玉不奇怪，因为小说是以林黛玉和贾宝玉的爱情为中心的。但是，小说单独写王熙凤，王熙凤到底是个什么样的人物，值得曹雪芹单独写呢？她有什么魅力呢？

（教学目的：设置教学悬念，激发学生学习兴趣，满足学生的探究欲望。）

2. 朗读表演，感受人物形象

角色朗读表演，让学生通过朗读和表演的形式把自己心目中的王熙凤的形象表现出来。

（教学目的：通过朗读表演，促进学生阅读理解，自主体会人物形象。）

3. 分析鉴赏，品味人物性格

（1）听课文朗读音频：播放课文中描写王熙凤登场亮相的第5、6两个自然段，让学生聆听名家惟妙惟肖的朗读，在声音的感受中仔细品味王熙凤的形象。

（2）设问：听了课文的朗读音频，感觉王熙凤有何性格特征呢？作者是用什么方法来刻画王熙凤这个形象的呢？请结合课文具体分析。

（3）学生小组交流讨论：王熙凤的形象及刻画人物形象的方法。

（4）师生归纳总结。

（教学目的：学生聆听朗读，感悟品味形象；小组合作学习，全面准确赏析形象，突破教学重点。）

学生小组合作探究后，教师归纳点拨：课文节选部分从以下方面刻画王熙凤的性格特征。

王熙凤的形象：性格泼辣，贪婪俗气，刁钻狡黠，善于阿谀奉承、见风使舵，察言观色、机变逢迎，精明能干——贾府的实际统治者。

性格核心："辣"——穿着打扮辣、八面玲珑辣、刁钻狠毒辣、精明能干辣、快人快语辣，可以说是辣眼、辣嘴、辣面、辣心、辣性的"红辣子"。

4. 观看视频，欣赏人物形象

（1）设问：在你的脑海中王熙凤的形象是怎样的呢？

（2）播放电视剧《红楼梦》中林黛玉进贾府时王熙凤登场亮相的视频。

（教学目的：通过观看视频，填补学生想象，丰富学生对人物形象的理解和感知。）

5. 延伸拓展，理解人物作用

（1）设问：人们常说性格决定命运，那么王熙凤这样的性格最后会有怎样的命运呢？电视剧《红楼梦》的插曲《聪明累》唱出了王熙凤最终的命运，请同学们看一看，听一听，想一想。

（播放《红楼梦》视频插曲：《聪明累》）

（2）探究思考：王熙凤悲剧命运产生的原因是什么呢？作者刻画这个人物有什么作用？请联系《红楼梦》中有关王熙凤的重要情节加以分析。

教师点拨归纳：分析王熙凤悲惨结局的原因，探究王熙凤人物形象的作用。

（教学目的：从课文延伸到名著，从性格延伸到命运，从命运探究作用，突破教学难点。）

6. 实战演练，学写人物方法

（1）运用正面描写和侧面描写相结合的方法，写一个片段，描写一位自己第一次见面就印象深刻的老师。要求：既要写出人物性格的多面性，又要突出人物的核心性格，题目自拟，300字左右。

（2）汇报展示写作成果。

（3）师生点评学生习作。

（教学目的：把阅读和写作联系起来，学以致用，提高学生的写作能力，突破教学生长点。）

【教学实录】

上课时间：2017年4月18日上午第2节

上课地点：湖南省资兴市立中学科教楼录播室（全校性教学公开课）

上课班级：高一（297）班

（一）课堂导入，引出主要人物

师：同学们，通过上节课对《红楼梦》的初步介绍，我们知道林黛玉在母亲去世之后，"上无亲人抚养，下无兄弟姊妹扶持"，在外祖母贾母的挂念和催促下"抛父进京都"。外祖母家是有名的大户人家，林黛玉进贾府以游踪为线索，除了看到了贾府的环境，也让贾府的人物——登台亮相。在这些初次见面的人物中，给你印象最深刻的人是哪个呢？

生1：给我印象最深刻的是林黛玉，因为林黛玉孤身一人进入贾府，她能做到"步步留心，时时在意，不肯轻易多说一句话，多行一步路"，从小说多处细节都可以看出林黛玉虽然年幼但并非无知，她很谨慎，很敏感，很聪明，也很有修养。

师：确实。我们现在很多同学，如果单独进入一个陌生的大环境、大场面，可能你并不会像林黛玉那么有礼有节，举止得体，有修养。可见，林黛玉从小得到了良好的家庭教育。

生2：我喜欢贾宝玉。贾宝玉英俊潇洒，率性自由，在贾府这个大家庭中卓然独立，喜怒哀乐都写在脸上，十分真实，也十分单纯可爱。

师：那当然，贾宝玉是贾府地位最高的老祖宗贾母最宠爱的孙子，他无所顾忌也在情理之中。

刚才同学们谈了自己印象最深的人物，大家谈得最多的是林黛玉和贾宝玉。林黛玉进贾府写了众多的人物，有详写，有略写；有实写，有虚写；有单独写，有集体写。但是真正单独写的人物只有三个：林黛玉、贾宝玉、王熙凤，小说单独写林黛玉和贾宝玉不奇怪，因为小说是以林黛玉和贾宝玉的爱情为中心，他们是小说的重要人物。但是，小说为什么要单独写王熙凤呢？也许有些同学就有点奇怪了。那么，王熙凤到底是个什么样的人物值得曹雪芹单独写呢？她有什么魅力呢？

今天这节课，我们一起走进荣国府，走近王熙凤，一起来欣赏曹雪芹笔下这个人物的独特魅力。

教师提出问题，学生回答问题

（二）朗读表演，感受人物形象

师：同学们，课文写王熙凤这一人物形象的笔墨主要集中在第5、6两个自然段。那么，王熙凤在你心目中是个什么形象呢？你能不能通过朗读表演的形式，把你心目中的王熙凤展现出来呢？下面，我们请同学们分角色来朗读和表演第5、6两个自然段。这两段有四个人物需要扮演：林黛玉、王熙凤、贾母和王夫人，此外还需一名同学来读叙述性的语言。同学们，谁愿意来扮演这些人物呢？

（学生积极性很高，自告奋勇扮演角色，最后决定：范晓珍扮演林黛玉，胡莹萍扮演王熙凤，曹锦荣扮演贾母，谢铁娇扮演王夫人，欧阳辉朗读叙述语言）

（朗读表演完毕，学生对胡莹萍同学惟妙惟肖的朗读表演报以热烈掌声）

师：同学们，刚才5名同学分角色朗读表演了课文，现在请同学们点评一下，胡莹萍同学扮演的王熙凤是一个什么形象呢？

生3：很豪爽。

生4：快人快语。

生5：善于变化表情。

生6：很能干。

师：刚才通过胡莹萍同学的朗读表演，透过她的音容笑貌，我们直观感受到了王熙凤这个人物的形象。应该说，胡莹萍同学的表演很到位，同学们的观察很仔细，感受也很真切。

（三）分析鉴赏，品味人物性格

师：同学们，我们分析人物形象要从品味语言开始，即所谓的"批文入情"。文字是死的，但是通过朗读，人物的语气、语调、情感、性情就会鲜活地浮现出来。下面，请同学一起来听听名家的朗读，一起品味王熙凤的形象。

（播放课文朗读音频：描写王熙凤登场亮相的第5、6自然段，学生边听边感受）

师：刚才大家听了课文的朗读音频，那么王熙凤的人物形象有什么性格特点呢？作者是用什么方法来刻画王熙凤这个形象的呢？请结合课文具体分析。

（小组合作学习：学生以4人一小组为单位，进行小组合作学习，分析鉴赏王熙凤的人物形象，然后进行小组汇报）

师：刚才同学们进行了小组合作学习，通过交流讨论，你们能不能分析鉴赏王熙凤的形象特点呢？作者是用什么方法来刻画王熙凤这个形象的呢？首先，我们要思考课文是从哪几个方面来描写王熙凤的形象的。下面，请同学们回答。

生7：我认为既有正面描写，也有侧面描写。正面描写有肖像、动作、神态、语言描写。

师：我问的是从哪几个方面来描写的，可是你答的是人物描写的方法，这是不是答非所问呢？因此，我们要分清方面和方法。

生8：我认为有三个方面：穿着、行为、语言。

师：刚才我说了，语言和行为是属于人物描写的方法，不属于方面。看来，同学们对这两个问题有点混淆。

生9：老师，我认为小说是从四个方面来描写王熙凤的，分别是人物的出场、穿着打扮、初见黛玉和回王夫人的话。

师：这名同学回答得很正确，她理清了人物描写的角度和顺序。我们刻画人物按照角度或顺序来写，才能有条理。接下来，请同学们具体分析一下，课文刻画了王熙凤什么形象？是用什么方法来刻画的？

生10：我认为王熙凤是一个行为张狂、极度表现自我、贪婪俗气的人。

师：那你觉得王熙凤的形象有几个性格层面呢？

生10：我觉得有两个层面，即正面的和反面的。正面的有口齿伶俐、精明能干、处事周全。口齿伶俐运用了语言描写："天下真有这样标致的人物，我今儿才算见了，况且这通身的气派，竟不像老祖宗的外孙女，竟是个嫡亲的孙女，怨不得老祖宗天天口头心头一时不忘。"做事周全、精明能干体现在语言描写："一面又问婆子们'林姑娘的行李搬进来了吗？带了几个人？你们赶紧打扫两间下房，让他们去歇歇。'"也体现在回王夫人的话："这倒是我先料着了，知道妹妹不过这两日到的，我已预备下了，等太太回去过了目好送去。"反面体现在她行为张狂、放荡无礼、贪婪俗气。行为张狂、放荡无礼体现在语言描写："一语未了，只听后院中有人笑声，说'我来迟了，不曾迎接远客'。"贪婪俗气体现在她穿着打扮十分奢华，如课文描写她"头上戴着金丝八宝攒珠髻，绾着朝阳五凤挂珠钗；项上带着赤金盘螭璎珞圈；裙边系着豆绿宫绦，双衡比目玫瑰佩；身上穿着缕金百蝶穿花大红洋缎窄裉袄，外罩五彩刻丝石青银鼠褂；下着翡翠撒花洋绉裙"。头上戴的首饰是金丝、玛瑙、碧玉、珍珠，项上戴的是珠玉做的项圈，裙边镶嵌着佩玉和玉片，身上穿的是用金线绣的洋缎，外罩鼠皮，下着翡翠色绸缎。通过穿着打扮写出了王熙凤身上穿戴的是金、银、玉、玛瑙、珍珠、绸缎，写出了王熙凤恨不得把天下最珍贵的东西都穿在身上，淋漓尽致地刻画出她贪婪俗气的个性。

师：以这名同学为代表的小组分析得全面而详细啊！（同学们对这名同学的精彩分析给予热烈的掌声）别的小组的同学对王熙凤的形象还有没有补充呢？

生11：我觉得还有阿谀奉承的一面。王熙凤对贾母和林黛玉说话是轻声细语的，而对下人说话的语气却很粗暴。

师：你把王熙凤对不同人说话的语气表现一下，行吗？

生11：（眉飞色舞、轻柔甜蜜地读）对贾母说："正是呢！我一见了妹妹，一心都在她身上了，又是喜欢，又是伤心，竟忘了老祖宗。该打，该打！"（细腻关心、面带微笑地读）对黛玉说："妹妹几岁了？可也上过学？现吃什么药？在这里不要想家，想要什么吃的、什么玩的，只管告诉我，丫头老婆们不好，也只管告诉我。"（命令语气、快速急促地读）问婆子道："林姑娘的行李可搬进来了？带了几个人来？你们赶紧打扫两间下房，让他们去歇歇。"（他的精彩朗读得到了同学们的赞许）

生12：老师，我觉得对不同人说的话还表现了王熙凤八面玲珑、圆滑世故，善于察言观色、见风使舵的性格，因为她对不同的人说话的语气不一样。

师：对，你补充得很对。曹雪芹的语言蕴含丰富，非常富有表现力。同学们，王熙凤还有什么性格吗？

生13：王熙凤还是一个性格泼辣、矫揉造作的人。作者通过侧面描写，即林黛玉的心理描写——黛玉纳罕道："这些人个个皆敛声屏气，恭肃严整如此，这来者是谁，这样放诞无礼？"以及通过贾母的语言描写——贾母笑道："你不认得他。他是我们这里有名的泼皮破落户，南省俗谓'辣子'"，可以看出王熙凤的性格泼辣。

师：贾母是贾府地位最高的人，可王熙凤在众人"皆敛声屏气，恭肃严整"时，却敢浪声浪笑，如此放肆，原因是什么？

生14：因为王熙凤深得贾母的宠爱。

师：那么，她的矫揉造作又从哪里可以看出呢？

生15：王熙凤对林黛玉嘘寒问暖，对贾母察言观色，通过语言和神态描写，可以看出她的矫揉造作。

师：还有吗？

生15：她是一个善于抓住细节表现自己的人。她一边哭姑妈去世，妹妹命苦；一边"以帕拭泪"，试图通过动作表现自己重感情。当贾母嗔怪她时，她忙转悲为喜。

师：王熙凤真的哭了吗？

生15：没有。

师：那她为什么要擦拭眼泪呢？

生15：因为她是要故意表现给贾母看，以此表达自己对林妹妹是多么的关心。

师：当然，这些动作描写也写出了王熙凤的虚伪，善于见风使舵，还有吗？

生16：她是一个刁钻狡黠的人，这从第5自然段的肖像描写可以看出："一双丹凤三角眼，两弯柳叶吊梢眉，身量苗条，体格风骚，粉面含春威不露，丹唇未启笑先闻。"

师：从哪里可以看出刁钻狡黠？

生16：课文注释说，"丹凤三角眼"，俗称"丹凤眼"，眼角向上微翘，从美丽的眼睛中透露出"狠毒"；"两弯柳叶吊梢眉"，形容眉梢飞入鬓的样子，可见王熙凤心思灵动，主意多，这样的人常常狡黠；"粉面含春威不露，丹唇未启笑先闻"说明她笑里藏刀，也可以看出她刁钻狡黠。

师：嗯，同学们对王熙凤这个形象分析得很仔细、很全面啊，对课文研读很细，品味很深，真所谓"有一千个读者就有一千个王熙凤"啊！但是，同学们在分析王熙凤的形象时是随性和自由的，没有从"人物的出场、穿着打扮、初见黛玉和回王夫人的话"这四个方面来有条理地分析，这样显得有点凌乱，这点同学们今后一定要注意。下面，请同学们归纳概括一下王熙凤的形象。

生17：王熙凤口齿伶俐、行为张狂、放荡无礼、处事周全、精明能干、贪婪俗气、阿谀奉承、察言观色、见风使舵、八面玲珑、圆滑世故、性格泼辣、矫揉造作、刁钻狡黠。

师：很好，你把前面同学的分析归纳概括得很全面。但是，我们在归纳概括人物形象时，要注意将同样意思的归纳为一点，而且要注意分层归纳。下面，老师对王熙凤的形象刻画，对描写王熙凤人物的方法进行具体的分析和概括，给同学们做个赏析示例。

（教师联系课文具体内容，边概括边分析，同时展示PPT）

师：首先，我们通过"人物出场"来分析王熙凤的形象。王熙凤的出场是"未见其人，先闻其声""我来迟了，不曾迎接远客"，然后才见"一群媳妇丫鬟围拥一个人从后房门进来"。难怪黛玉纳罕，觉得与那些个"敛声屏气，恭肃严整"的人相比，实在是"放诞无礼"，正说明她在贾府的特殊身份和地位。贾母介绍更证明了这一点："他是我们这里有名的一个'泼皮破落户儿'""你管叫他'凤辣子'就是了"。能让老祖宗用这样戏谑的语言与之谈笑的人实在不多，除了说明她性格泼辣之外，更说明她是深得贾母宠爱的特殊人物。

PPT展示：

1. 人物出场

（1）语言描写：听见有人笑道：

"我来迟了，不曾迎接远客"——放诞无礼。

（2）侧面描写：

① 人物对比：众人的敛声屏气、恭肃严整与王熙凤的浪笑对比——泼辣放荡。

② 众人簇拥：一群媳妇丫鬟围拥一个人从后房门进来——地位非凡。

③ 贾母介绍："他是我们这里有名的一个'泼皮破落户儿'""你管叫他'凤辣子'就是了"——深得宠爱。

师：其次，我们通过小说对王熙凤的"肖像描写"来分析她的形象。文章细腻刻画了王熙凤的外貌，并且通过外貌的描写，透露出人物的性格特征和精神世界。课文从服饰和容貌两个方面来描写王熙凤的肖像。在服饰方面，选取头饰、裙饰和服装三个要点，极力铺陈王熙凤集珠光宝气于一身的华贵之气；在容貌方面，则侧重写她那一双"三角眼"，两弯"柳叶眉"，含威不露的"粉面"，未启先笑的"丹唇"，表现她美丽外表后隐藏着的精明和狡黠。

PPT展示：

2.肖像描写

（1）服饰描写（头饰、裙饰、服装）：珠光宝气——贪婪俗气。

（2）容貌描写：三角眼、吊梢眉、粉面、丹唇——美丽、刁钻、狡黠。

师：再次，我们通过王熙凤"见林黛玉"的场面来看看课文是如何描写王熙凤的。王熙凤的内心世界在她会见林黛玉时的举止言谈中表现得很充分。她见黛玉先是恭维——因为她知道林黛玉是贾母最疼爱的外孙女，所以不惜恭维到肉麻的地步"天下真有这样标致的人物，我今儿才算见了！"继而拭泪——因为提到黛玉的母亲，她想到贾母定会为女儿去世而悲伤，所以抢先"以帕拭泪"；最后转悲为喜——因为见到贾母笑了，便匆忙完成了这个情感的转变。作者入木三分地描绘了王熙凤察言观色、机变逢迎的本领，揭示了她在贾府中得宠的原因。王熙凤为了充分显示自己对林黛玉的关心，还对黛玉和下人连发五问："妹妹几岁了？可也上过学？现吃什么药？""林姑娘的行李东西可搬进来了？带了几个人来？"也淋漓尽致地显示了王熙凤察言观色、善于奉承的本领。

PPT展示：

3.见林黛玉

（1）动作描写：

一看、二笑、三哭、四喜、五问——察言观色、善于奉承。

（2）语言描写：

① 个性语言："天下真有这样标致的人物""嫡亲的孙女""可怜我这妹妹这样命苦""该打，该打"——机变逢迎、随机应变。

② 连发五问："妹妹几岁了？可也上过学？现吃什么药？""林姑娘的行李东西可搬进来了？带了几个人来？"——察言观色、善于奉承。

师：最后，从"回王夫人话"也刻画了王熙凤的形象特点。王熙凤回王夫人的话虽然是几笔带过，但它却进一步说明王熙凤善于机变逢迎。

PPT展示：

4.回王夫人话

语言描写：

"这倒是我先料着了，知道妹妹不过这两日到的，我已预备下了，等太太

回去过了目好送来。"——精明能干

师：小说就是从上面四个方面来刻画王熙凤的形象的。从以上分析中可以看出，王熙凤是一个精明能干，惯于玩弄权术的人。为人刁钻狡黠，明是一盆火，暗是一把刀。由于对上善于阿谀奉承，博得贾母欢心，从而独揽了贾府的大权，成为贾府的实际统治者。小说通过正面描写如肖像描写、动作描写，尤其是通过人物的个性化的语言和侧面烘托、对比的手法，生动地刻画了贾府这个第三代当家主妇的形象，给人以深刻的印象。

同学们，王熙凤初次亮相，曹雪芹只用两个段落，就写出了一个性格如此丰富、复杂的形象，可以说王熙凤是一个典型的圆形人物。那么，在王熙凤这么多性格层面中，你认为她的核心性格是什么呢？

生18：我认为是"聪明"，因为一个聪明人才会心思细腻、内心丰富、善于变化，本文淋漓尽致地展现了王熙凤性格的多面性。

师：嗯，有一定道理。但我认为还没有揭示出王熙凤鲜明的性格标志。

生19：我认为是"泼辣"，你看王熙凤说话爽朗放肆、表情变化自如、长相威严毒辣，套用贾母的话"他是我们这里有名的'泼皮破落户儿'，南省俗谓'辣子'"。

师：很好，这名同学一针见血地揭示出了王熙凤的核心性格，也是她的性格标签——"辣"。什么是"辣"？辣就是刺激、张扬的意思。你看，王熙凤穿着打扮辣、八面玲珑辣、刁钻狠毒辣、精明能干辣、快人快语辣，可以说是辣眼、辣嘴、辣面、辣心、辣性，是典型的"辣妹子"，我甚至可以称她为古今文学艺术形象中的"千古一辣"！（学生们发出爽朗的笑声）

（四）观看视频，欣赏人物形象

师：我们刚才通过分析鉴赏了解了王熙凤丰富的形象，尤其是"凤辣子"的"辣"性，给我们留下了独特而鲜明的印象。那么，王熙凤的"辣"性到底是怎样的呢？下面，我们通过《红楼梦》的影视片段一起来欣赏王熙凤的形象，好吗？

（播放视频：电视剧《红楼梦》中林黛玉进贾府时王熙凤登场亮相的视频。学生认真观看欣赏）

师：同学们！你们刚才看了电视剧中的王熙凤的形象，她和你阅读中、想象中的形象一样吗？王熙凤的形象，尤其是她的"凤辣子"形象表现得好吗？下面请同学们谈谈观后感。

生20：电视剧把王熙凤的形象表现得生动、逼真、可感。给我印象深刻的首先是王熙凤的笑声，"未见其人"时，我们就听见了"我来迟了，不曾迎接远客"，接着是一串"哈——哈——哈——"的清脆而爽朗的笑声；在贾母打趣她是"泼皮破落户"、是"辣子"时，我们又看到她前俯后仰地发出一串"哈——哈——哈——"的笑声。（她的笑声，引起全班同学哄堂大笑）其次，王熙凤的表情尤其是眼神也表现得很到位，她用欣赏、关注的眼神打量着黛玉，无论在说什么话眼睛始终注视着贾母。还有，她一喜一悲的表情转换得迅速而又自如。

师：你观察得很到位，看到了王熙凤形象的重点——笑声、眼神、表情，这是表现好这个人物的关键点。

生21：我看到王熙凤身穿一身黄袍，头上、项上、身上、裙上都有很多饰品，尤其是她的发型是古典美人的模样，王熙凤给我的感觉很漂亮，是一种"阳刚"的漂亮，是漂亮的"女汉子"，缺乏女性的"温柔"。

师：你们看，这名同学对王熙凤的气质观察得多么仔细，用词多么准确啊！同学们，前面我们在分析王熙凤的形象时，其实还忽略了一点，人物的形象不但包括内在形象，即精神性格，当然这是人物的主要形象，其实还包括人物的外部形象。这名同学的观察补充了我们前面分析的不足。王熙凤外表很漂亮，只不过她不是传统女性的阴柔之美、含蓄之美，而是"女汉子"之美，是辣妹子，是"辣美"！文学作品给人以想象，但是影视形象又补充了我们的想象，两者相得益彰，共同满足了我们对文学形象的欣赏。

（五）延伸拓展，理解人物作用

师：《林黛玉进贾府》虽然是第一次展现了王熙凤的形象，但是这个形象却一直深入贯穿小说的始终。人们常说性格决定命运，那么王熙凤这样的性格最后会有什么样的命运呢？小说写王熙凤这个人物有什么作用呢？电视剧《红楼梦》的插曲《聪明累》唱出了王熙凤最终的命运，下面请同学们一起来看一看，听一听，想一想。

（视频播放：《红楼梦》视频插曲《聪明累》）

机关算尽太聪明，反算了卿卿性命！生前心已碎，死后性空灵。家富人宁，终有个，家亡人散各奔腾。枉费了意悬悬半世心，好一似荡悠悠三更梦。忽喇喇似大厦倾，昏惨惨似灯将尽。呀！一场欢喜忽悲辛。叹人世，终难定，终难定！

师：同学们，刚才你们看了视频，聪明泼辣的王熙凤，最后的命运是怎样的呢？请谈谈自己的看法。

生22：王熙凤最后的命运是悲惨地死去。视频中，我们看到在一个大雪天，被两个衙役用席子裹着尸体拖向树林深处，结局十分悲惨。视频中，一边是衙役拖着王熙凤的尸体，一边是穿插王熙凤生前所干各种害人之事，生前死后交替播映，其实是告诉我们王熙凤的死是与她生前所做的事情有关系的。

生23：王熙凤是贾府的第三代当家人，生活在家富人宁的封建大家庭，为了支撑贾府这个封建大家庭，她费尽了心力、用尽了心思，生前是何等的威风凛凛、风光无限，但是随着贾府被抄家，衰败倾颓，最后落得个"树倒猢狲散"，而她自己也难逃凄凉死去的命运。

师：刚才同学们结合唱曲的意思，结合视频，甚至有些同学结合《红楼梦》的有关情节，谈了自己的观后感，说出了王熙凤悲惨的结局。王熙凤生活在贾府这个封建大家庭，几十年来为了巩固自己在贾府中的地位，为了维持贾府这个封建大家庭，她费尽心机，劳心劳神，使用各种阴谋权术，策划算计，独自支撑着贾府这个封建大家庭。但是，当贾府衰败、灾祸临头、大厦倾倒时，最先压死的是王熙凤自己。

师：那么，导致王熙凤悲惨结局的原因是什么呢？小说写王熙凤这个人物有什么作用？请同学们联系《红楼梦》这部小说中有关王熙凤的重要情节加以分析。首先，我调查一下真正看完了《红楼梦》的同学有多少。

（通过举手调查：全班62名学生，只有不到10个人看完了《红楼梦》）

师：看来，真正读完《红楼梦》的同学真少啊！《红楼梦》是我国"四大古典名著"，为什么有那么多同学没读过呢，是什么原因？

生24：《红楼梦》主要描写各种琐碎的日常生活，没有有趣、惊险、好看的情节，读来没有味道。

生25：《红楼梦》里面有大量的诗词歌赋，很难懂，我文言文的基础不好，不喜欢读古典小说，还是喜欢读现代白话小说。

生26：平时作业太多，加上没有养成读书的习惯，我除了语文教科书，或者读了一些《读者》《作文素材》之类的，几乎没有看名著的习惯。

师：同学们，没读过《红楼梦》的同学，可能认为《林黛玉进贾府》只是用了两个自然段描写了王熙凤的形象而已，其实，只有真正读过《红楼梦》原著的同学，才能够体会到曹雪芹在林黛玉进贾府的时候，单独描写王熙凤的深远意图。下面，请看完了《红楼梦》的同学说说，王熙凤悲惨的结局到底是谁造成的呢？

生27：我认为是王熙凤自己造成的。王熙凤为了当好贾府的管家，一要操持贾府的各种大大小小的事情；二要处理好和贾府上上下下人物的关系；三是为了稳住自己在贾府的地位，不惜和各种人物进行斗争；四是为了满足自己贪婪的私欲，不惜使用各种歹毒计策害死许多人。为此，王熙凤劳心劳力，费尽心思，这个美丽泼辣的女子终于支撑不住整个贾府的大厦，最后心累力绌，生病而死。

师：你对《红楼梦》中王熙凤的情况比较熟悉，概括也比较全面准确，很好！同学们继续谈。

生28：我认为王熙凤的死与贾府处于没落的阶段有关。小说写了四大家族贾、王、史、薛，这四大家族因为穷奢极欲、争权夺利、贪污腐化、人心堕落、家族四分五裂等而衰败没落，当整个封建大家庭没落的时候，王熙凤这个柔弱的女子又怎么能够支撑和挽救呢？所以，王熙凤的悲惨命运是时代悲剧命运的写照，是无法抗拒的命运悲剧。

师：这名同学分析得很深刻，她能联系小说写作的意图和主题来谈王熙凤的个人命运，把个人命运和时代联系在一起，分析得格外深刻。你们两名同学能不能联系王熙凤的有关情节来具体分析悲剧的原因呢？

生27：老师，我只有大概的印象，很多情节记不清了。

生28：我也是，只是勉强看过一遍，印象不深刻了。

师：好，在大家都不喜欢读经典文学的情况下，能够把《红楼梦》完整地读一遍的同学已经很不错了。我们知道，《红楼梦》主要是以林黛玉和贾宝玉的爱情作为中心事件来记叙的，那么，小说为什么还要写王熙凤这个重要的人物呢？这个问题可能有点难，不过同学们可以尝试着说说。

（课堂中，学生沉默了好一会儿才有名同学回答。）

生29：王熙凤是贾府的当家人，她要参与贾府大大小小的事情，要处理各种各样的矛盾，小说写王熙凤可以把很多人、很多事串联起来。

师：嗯，不错，还有没有同学回答。

生30：既然作者重点写王熙凤，那么应该与小说的中心有关。

……

师：好了，刚才看过《红楼梦》的同学分析了王熙凤悲剧命运的原因，也大概说了王熙凤这个人物的作用。不过要想全面而准确地回答好这两个问题，我们不但要完整地读《红楼梦》，还要有一定的探究。下面，老师结合《红楼梦》中有关王熙凤的故事情节，谈谈个人的看法，分析和探究王熙凤悲剧命运的原因和人物作用。

PPT展示：

1. 分析王熙凤的悲剧命运的原因

（1）八面玲珑，讨好贾母，耗尽热情

师：为了稳固自己在贾府中的地位，得到贾母的认可支持，王熙凤抓住一切机会，不遗余力地讨好贾母。例如，贾母为了贾赦讨鸳鸯做妾而大生气，一家人都吓得战战兢兢，王熙凤首先假意地编派了贾母的不是，她说："谁叫老太太会调理人，把人调理得水葱儿似的，如果我是男人，我也要她。"这样逗得老太太发笑，然后打起牌来又故意输钱、故意抵赖；她发现乡下的刘姥姥颇受老祖宗的喜爱，于是就把刘姥姥当成了宝贝，老太太头上有个包，她却说是用来盛福的。王熙凤为了讨好贾母，心思始终没离开贾母，真是耗尽了热情。

（2）见风使舵，多方应付，用尽才智

师：作为贾府的当家媳妇，王熙凤要处理贾府长辈、平辈、小辈、本家、亲戚和男女奴仆之间极其复杂的矛盾，王熙凤用才智与苦心，弄权使术，去解决矛盾。例如，她的婆婆邢夫人要她去向贾母为贾赦讨鸳鸯做妾，她很巧妙地摆脱了。王善保家的怂恿着王夫人搜检大观园，她心里觉得这是一种轻举妄动，也伤害了作为荣府当家奶奶的面子，她就自己站在侧面，消极参加，留给探春去给王善保家的以迎头痛击。王熙凤生病，探春暂代家务，她很快地感觉到必会首先拿她"作法子"，同时也能识透探春的"新政"必不会真正推行，于是就以退让迁就的态度避免冲突。她看出贾母、王夫人偏爱宝钗，就加倍铺张地为宝钗过生日。她看出王夫人选定了袭人为宝玉的候补侍妾，就从各方面优待袭人。为了做好贾府当家媳妇，王熙凤左右逢源，真是用尽了才智。

（3）贪财狠毒，罪恶累累，丧尽德行

师：王熙凤为了苟且营生，满足自己对权欲和权利的渴求，贪财狠毒，弄权谋私，做了很多罪恶之事。例如，"弄权铁槛寺"（第十五回）：为了三千两银子的贿赂，一纸之书指示地方官拆散一对相爱的未婚青年，并逼得他们双双自杀。"毒设相思局"（第十二回）："癞蛤蟆"式的贾瑞，偶然触犯了她的尊严，她就略施手法，将其置之死地。"诱害尤二姐"（第六十八、六十九回）：她假装贤惠，把尤二姐骗入大观园，然后以最狡猾、最狠毒的方法把已有身孕的尤二姐逼死，还要设法追杀她的前夫张华。"逼死鲍二家的"（第四十四回）：凤姐过生日，举行宴会，贾琏却跟奴仆之妇鲍二家的通奸，她便借着酒劲撒泼，逼得鲍二家的上吊自杀。王熙凤是荣国府的当权者，也是贾府最大的贪污受贿者，为满足自己的私欲，真是丧尽了天良！

（4）不知进退，恃强逞能，费尽心力

师：个人的命运是与家族、民族乃至国家的命运连在一起的，贾、王、史、薛四大家族都衰败下去了，王熙凤也不能逃脱。例如，第十三回秦可卿病逝时托给王熙凤的梦说："常言'月满则亏，水满则溢'；又道是'登高必跌重'。如今我们家（指宁荣两府）赫赫扬扬，已将百载，一日倘或乐极悲生，若应了那句'树倒猢狲散'的俗语，岂不虚称了一世的诗书旧族了？婶婶好痴也！否极泰来，荣辱自古周而复始，岂人力能可保常的？但如今能于荣时筹划下将来衰时的世世，亦可能常保永全了。……眼中不日又有一件非常喜事，真是烈火烹油、鲜花着锦之盛。要知道，也不过是瞬间的繁华，一时的欢乐，万不可忘了那'盛筵必散'的俗语。此时若不早为后虑，临期只恐后悔无益了。"秦可卿讽谏王熙凤知进不知退，聪明反被聪明误。因此，无论她多么费尽心力，多么辉煌得意，最后都随着贾府的败落而成了过眼云烟。

（5）无性无爱，丧失温情，毁尽婚姻

师：王熙凤是因与贾琏家庭生活不断恶化而嫉妒上火、绝望忧郁，进而病死的。例如，刚结婚时，她与贾琏还算恩爱，"话说凤姐儿自贾琏送黛玉往扬州去后，心中实在无趣，每到晚间，不过平儿说笑一回，就胡乱睡了"，与丈夫小别，独守空房"无趣"；但是后来慢慢就变了，因为丈夫贾琏是个淫棍色鬼。贾琏借口王熙凤没有生儿子而宗族无继，便招婢纳妾、养情妇、包二奶；而要强顾面子的王熙凤妒火上身，设计害死了尤二姐，非但不能解除无儿子对她地位的威胁，反遭贾琏反感与无情，惨遭休弃，被贾琏遣返金陵老家不久，血崩而死。王熙凤也是个女人，她漂亮，但没有温存；她出众，但有欲没有爱；她了不起，但没有女人的气息、秉性与情怀。丧失了女人本性的她，最终被丈夫扫地出门，亲手毁灭了自己的婚姻。

师：同学们，刚才我们联系《红楼梦》中有关王熙凤的情节，从五个方面分析了王熙凤悲惨命运的原因。王熙凤是聪明的，但是一种"残忍的聪明"，所以被称为"凤辣子"。她具有八面玲珑、见风使舵、精明能干的"聪明"，但是又具有贪婪狠毒、恃强逞能、丧失人性的"辣性"。为了自己，也为了贾府，王熙凤耗尽热情、用尽才智、丧尽德行、费尽心力、毁尽婚姻，最终只能以病体恃强支撑，终于因心劳力拙而死去。王熙凤的悲惨命运，是一种不知进退、聪明反被聪明误的"火辣辣"的性格悲剧，同时也因处在封建社会的黄昏时代，个人再强也无法与时代抗争，应了那句"千红一窟，万艳同悲"，所以她的命运也是一个时代的悲剧，真可谓"千古一辣，末日泣红"！

师：接下来，我们探究一下小说刻画王熙凤这个人物形象的意义和作用。王熙凤形象的作用，我们要从人物地位、结构安排、艺术表现、主题表达四个方面才能全面准确地探究出来。

PPT展示：

2. 探究王熙凤人物形象的作用

王熙凤这个人物在《红楼梦》中有四个作用：

（1）她在贾府错综复杂的关系网中处于中心位置，具有聚焦作用。

（2）在小说结构上有一种支柱作用。

（3）在小说艺术上表现上具有辐射作用，具有广阔的社会包容性。

（4）小说写王熙凤的个人悲剧，揭示了封建社会必然崩溃的历史命运。

（六）实战演练，学习描写人物的方法

师：同学们，正是因为王熙凤这个形象具有独特性，所以在王熙凤刚开始出场时，曹雪芹仅仅用两个段落，运用正面描写和侧面描写相结合的艺术手法，就写出了王熙凤性格的丰富性和复杂性，更写出了她的独特而鲜明的个性——"辣"，为小说后面的情节充分展现王熙凤的性格命运做了坚实的铺垫。王熙凤独特的艺术形象在文学上闪耀着光芒，展示了曹雪芹描写人物的高超技巧和深厚功力，值得我们学习和借鉴。

师：同学们，学以致用，我们学习人物描写就是为了在写作中加以运用。你们能不能运用《林黛玉进贾府》中描写王熙凤的人物方法，写一个片段，描写一位自己第一次见面就印象深刻的老师呢？请同学们试一试。

（学生活动：学生先自己写作，然后小组相互交流，最后展示点评学生的习作）

师：好了，同学们写完了，交流了，哪名同学愿意读一读自己的作品，跟同学们分享一下呢？

生31：老师，我来试一下。

师：好的，下面请罗婧同学跟我们分享一下她的习作。

PPT展示：

好一朵美丽的文学"花"

"别吵了，老师来了！"如菜市场般哄闹的教室瞬间安静了下来，只有窗外不知趣的虫儿还在喧闹。

新的语文老师气定神闲地走了进来。四十上下的年纪，却扎着麻花辫，穿着白裙子，上面还有花朵。这是个心中有花的老师哪。

老师转身在黑板上写下自己的名字，带有颜楷，筋骨分明。这堂课讲的是古诗，面前坐着一群无精打采的学生，她的眼角眉梢却尽是笑意。讲台仿佛是舞台，她站在上面侃侃而谈，嘴唇一张一合就能吐出唐诗宋词，眼波一流转就能说出一个典故。她时不时抛出一个问题给台下的同学，追问几句"同学们知道吗？这个问题很容易哦"后，便又轻笑着讲了起来。她讲课时仿佛有一个自己的世界，外界或喜或怒，或嗔或笑，都是不打紧的，这是被文学浸润多年的人所特有的样子。

师：同学们，请点评一下罗婧同学的习作，说说她写得怎么样。

生32：这个片段，从"人物登场、穿着打扮、上课情景"等几个方面写出了新语文老师的个性特点：气定神闲、时髦靓丽、精神刚健、微笑和蔼、侃侃而谈、顾盼生辉、神情专注、文采斐然，写出了她形象的丰富性。在这众多性格中，还突出了老师的独特个性——"充满正能量"。

师：罗婧同学的习作确实写出了老师形象的多面性，更难能可贵的是还能突出老师的独特性——"青春"正能量。人们常说"人到中年万事休"，四十多岁的人，往往老气横秋，暮气沉沉，而这个老师却充满精气神。同学们，那么，这个片段是用什么方法来写出老师的形象的呢？

生33：这个片段运用了肖像、语言、神态等正面描写，此外还运用了烘托、对比等侧面描写，正面描写和侧面描写相结合，把一个性格丰富、充满正能量、文艺范儿的老师写得惟妙惟肖。

……

师：好，由于时间关系，同学们的点评到此为止。罗婧同学能在短短的时间内，用300字左右的篇幅把一个初次见面的老师写得如此形象丰满、个性鲜明，特别是标题新颖独特，给人耳目一新的感觉，可见她对课文理解得很深刻，也显示出她善于活学活用，有非同一般的写作功力。我们应该向她学习！
（同学们对罗婧同学的优秀习作报以赞许的掌声）

师：同学们，《红楼梦》是我国古典小说的巅峰之作，是我国古代文化含金量最高的一部小说。自从它问世以后，一代又一代文学家和文艺家都在痴迷它、研究它，由此在我国文学史上形成了一个独特的现象——"红学"。今天，我们通过赏析王熙凤的形象，深刻地感受到了《红楼梦》的独特魅力。而"千古一辣，末日泣红"的"凤辣子"的形象，将永久烙印在我们心中！同学们，今后我们要多多亲近文学经典，读经典文学，品精彩生活，做精彩中国人！（教师的精彩总结，同学们的热烈掌声，把课堂推向了高潮）

师：同学们，今天的课就上到这里，下课！同学们，再见！

生（全体）：老师，再见！

【教学反思】

在从事语文教学很长一段时间了，大约有十来年吧，我总是喜欢追求教学的完美，恨不得在一堂课中把自己的所思所想全部讲给学生，以期达到"功德圆满"。说真的，我上过无数堂没有完成教学任务的课，一节课的内容常常只上了一半或者一大半就下课了，有时为了完成教学任务，只好在临近下课时匆匆把它讲完。这样的情况很多，这常常让我懊悔，也让我追问：为什么我设计得如此完美，却总是不能在规定时间内完成教学任务？为什么我的课堂教学总是"虎头蛇尾"？为什么上课的时候学生总是不能配合我？为什么我的课堂总是缺乏生机和活力……我曾经千万次地问自己，也一次次地陷入迷茫！

直到2007年实行高中语文新课程改革，出现了新课程理念。新课程理念提倡从"以教师为中心"的教学模式转到"以学生为中心"的教学模式，把"课堂真正还给学生"。此时，我才恍然醒悟：过去的我对自己太追求"完美"了，导致了课堂的一次次"缺陷"。后来，在新课程理念的指引下，我大胆改变自己的课堂教学模式，不断尝试着课堂教学如何以学生为中心。教学理念和行动的改变，让我的课堂教学焕发了生机和活力。新课堂教学模式的改革，让我懂得了语文教学本身是"不完满"的，因为正处于成长期的学生，他们的知识结构、认知能力、心理特点、情感态度和价值观本身是"不成熟"的、"不完满"的，本身就有许多的"空白"需要教学去填补，需要教育去"催熟"。

特别是近年来，拜读了特级教师何泗忠老师的语文教学专著《语文悬念教学法》和《"三实课堂"是真善美的课堂——"待完满"课堂教学模式探究》之后，何老师的"待完满"教学理念和课堂教学实践深深地震撼了我，感染了我，令我折服。何老师的"待完满"教学理念认为，"待完满"语文课堂教学思想，就是教师通过语言、文章、文学和文化等多维角度设计"待完满"的课堂教学真实情境，"选准一点，牵及其余"，一堂课围绕一个"教学生长点"，通过教师的循循善诱，激发学生在语文学习的探索和研究中"动耳听、动情读、动口议、动脑思、动笔写"，去填补自己的"待完满"处，并通过不断反馈，最终实现语文教学的"完满"。

《林黛玉进贾府》选自四大名著之一的《红楼梦》。《红楼梦》是中国古代小说的巅峰之作，是我国古代文化含金量最高的一部小说。历来难读难教，要想让学生体会经典名著的魅力，激发学生阅读经典名著的兴趣，必须选好教学"切入点"。教学本课，我首先选准了教学目标：赏析王熙凤的人物形象并探究王熙凤这个人物形象的意义和作用。应该说，我这个教学"切入点"选得很好，是一个极具教学潜力的"生长点"，从中可以填补学生很多的"不完满"，可以激发学生很多的"生成"。

围绕"赏析王熙凤的人物形象及其意义和作用"，我精心设计了六个教学环节：①课堂导入，引出主要人物；②朗读表演，感受人物形象；③分析鉴赏，品味人物性格；④观看视频，欣赏人物形象；⑤延伸拓展，理解人物作用；⑥实战演练，学习描写人物的方法。以上这六个环节，环环相扣、层层递进，直达教学目标。在教学中我始终"以学生为中心"，充分调动学生去"动耳听、动情读、动口议、动脑思、动笔写"，不断填补学生的"不完满"。

教学第一个环节：课堂导入，引出主要人物。我采用"悬念法"设问：林黛玉进贾府见了那么多人物，重点写的人物当然应该有林黛玉和贾宝玉，因为小说就是以林黛玉和贾宝玉的爱情为中心的。可是，为什么还要单独写王熙凤呢？王熙凤这个人物有什么独特的魅力呢？这个问题出乎学生意料，因此教学开始设置悬念，激发了学生探究王熙凤人物形象的欲望。有了探究的欲望，就有了学习的动力，教学就有了成功的开始。

教学第二个环节：朗读表演，感受人物形象。我让学生分角色朗读和表演王熙凤登场的片段，学生对分角色朗读表演十分感兴趣，课堂中，很多学生跃跃欲试，情绪高涨。朗读和表演让学生"动情读"，因此学生读起来和演起来十分投入，促进了学生对人物形象的理解和表现。课堂中，扮演王熙凤的学生朗读得很准确，表演得很到位，充分锻炼了学生的朗读能力和表演能力。

教学第三个环节：分析鉴赏，品味人物性格。为了让学生对课文有更深刻的理解，我首先播放了王熙凤登场的名家朗读音频，让学生"动耳听"。听完后，我让学生采用了小组合作学习的方法"动口议"，自主赏析王熙凤的形象。学生为了全面概括和分析王熙凤的形象，各抒己见，相互交流，相互补充，讨论得很积极、很活跃。事实上，小组合作学习之后，第一名学生的汇报展示还是比较全面和准确的，没有说完整的，其他小组的同学进行了补充，答案逐渐完善，最后一名学生的归纳概括十分全面和准确。采用小组合作学习法设置悬念，充分激发了学生主动参与学习的积极性，极大地提升了学生的思维能力和表达能力，同时也省去了教师烦琐乏味的讲解，大大提高了教学效率。

教学第四个环节：观看视频，欣赏人物形象。我播放《聪明累》，凄凉的音乐，哀婉的唱词，深深地感染了学生，王熙凤的悲惨结局令学生动容，也激发了学生的情感、态度和价值观，学生的评价也很准确。

教学第五个环节：延伸拓展，理解人物作用。这个环节是教学的难点，学生纷纷"动脑思"。由于人所共知的原因，很少有学生能读完《红楼梦》。所幸还有几名学生能够说出个大概，但是要让学生真正联系《红楼梦》中与王熙凤有关的情节来分析王熙凤悲惨命运的原因，让学生探究小说刻画王熙凤这个形象的意义和价值，确实有点为难学生。因为，即使读过《红楼梦》的学生，也不一定能把情节归纳完整，更难以提炼出王熙凤性格悲剧的关键要素。至于让学生探究王熙凤对《红楼梦》的意义和作用，则非得对整部小说的结构、艺术和主旨有深入的研究才能回答出来。此时，教师的知识结构和研读能力对学生的"不完满"是一个有力的补充，也是一个很好的导读和示范。

教学第六个环节：实战演练，学写人物方法。曹雪芹只用两个自然段就写出了王熙凤如此丰富、复杂的性格，在如此众多的性格中，还能突出她鲜明的个性"辣"，更重要的是王熙凤这些性格与她今后命运的走向又是如此紧密地联系在一起，这样的文学功力在中外文学史上是罕见的。为了让学生提高描写人物的能力，我创造了学生们经历过的真实情境，让学生"动笔写"，从课堂上学生的习作可以看出，他们很好地理解和运用了曹雪芹描写人物的方法，达到了预期的教学效果。

通过上面六个教学环节，我让学生"动耳听、动情读、动口议、动脑思、动笔写"，激发了学生的学习兴趣，锻炼了学生的感悟理解能力，培养了学生的分析鉴赏能力，触发了学生阅读名著的欲望，提高了学生的写作能力，整个教学过程不断地填补学生的"空白"，使学生从"待完满"走向"完满"。当然，本堂课也许还有许多"缺陷"，还有许多的"不完满"，值得今后改进。

由于受到时间和空间的限制，语文课堂教学注定是一种有"缺陷"的艺术。但是，我们不能因此而妄自菲薄，而应积极进取，努力作为。正如特级教师何泗忠老师所说："'缺陷'也是一种美丽，断臂的维纳斯便是明证。缺陷美也可以说是一种期待美，期待实现完形的美。有了缺陷，才更加真实；有了缺陷，才让人有所思、有所悟；有了缺陷，才能感觉到人类追求完美的呼唤和力量。"是的，"金无足赤，人无完人"，课也无"完课"。语文课堂教学，就是要敢于面对学生的"缺陷"，给学生留下巨大的"空白"，从而激发学生不断地发掘自己的潜能，不断地提高自身的能力，进而获得成长、成熟。因此，语文教学就是一个不断地完善自我的过程，"缺陷美"就是从学习的"待完满"走向人生的"完满"！

三、《水龙吟·登建康赏心亭》

张中生，湖北黄冈蕲春人，从教十六载，现任教于湖南省资兴市立中学，担任语文教师及班主任，是何泗忠语文悬念教学法实验推广骨干成员。工作富有激情，勤奋务实，积极进取，被评为"郴州市高考先进个人""资兴市优秀班主任""资兴市优秀教师"。教学喜率性发挥，常手舞之，足蹈之，深受学生们喜爱。

湖南省资兴市立中学　张中生

【教学设计】

（一）指导思想与理论依据

何泗忠老师开创的语文悬念教学法理念及"待完满"课堂教学模式是本节课的教学指导思想与理论依据。中国古代诗词大多短小精悍，跳跃性很强，内容前后之间有很多"空白"去"待完满"，而且每个人的想象、联想只要合情合理，都是由"待完满"走向"完满"追求的精彩。本节课突破教师"一言堂"传统，唤醒内在的真实的生命张力，在反复诵读基础上，激发学生"待完满"的心理，让学生入感、入调、入文、入情、入神，感知人物形象，达到心灵上的共鸣。

（二）教学目标

（1）了解辛弃疾的生平、经历、思想和词风的特点。

（2）通过多种朗读，掌握借景抒情、用典言志的艺术手法，感受人物形象。

（3）走进辛弃疾的内心，感知词人形象的神韵，达到感情上的强烈共鸣。

（三）教学方法

依据语文悬念教学法及"待完满"课堂教学理念，采用反复诵读法及自主合作探究的学习方式，激发学生热情，让学生真正参与课堂，感受人物形象，提升学习诗词的热情，激发爱国主义情感。

（四）教学过程

1. 现实导入，造境激情

用《中国诗词大会》的题目，激起学生学习的兴趣，引出课题。

2. 自读诗词，入感入调

欣赏诗词要循序渐进才能渐入佳境。要吟咏诗韵，朗诵是一个很有效的方法。曾国藩在《曾文正公全集》里概述："先之以高声朗诵，以昌其气；继之以密咏恬吟，以玩其味。二者并进……"初读诗词，力争把握字音、节奏、基调。教学步骤如下：

（1）在课前朗读的基础上，让学生说说这首词的感情基调。

（2）让学生朗读，其他学生做评价，注意字音和节奏。

（3）教师简单点评，不强加感情基调给学生，留有"悬疑"，激发兴趣。

3. 精读诗词，入文入情

读懂诗词，生发联想是理解诗词的基础。"精读"可以聚焦核心，抓住一个核心点然后贯通全词，是很好的教学策略。悬念教学要避免"一地鸡毛"的琐碎，这样的面面俱到不仅会破坏词的整体意境，美感无存，还会让教师陷入"满堂灌"的境地，越讲学生反而越模糊，学生学得辛苦，教师教得也很辛苦，课堂很可能是低效的、无效的，甚至是负效的，学生很容易产生厌倦感。诗词解读过细过碎是教授诗歌的忌讳。在精读的基础上，重点分析这首词的借景抒情和用典的艺术手法，把握意象和故事背后的深沉情感，更容易走进词人的内心，感受词人形象。通过联系词人所处的时代、人生经历，学生能更好地把握词人深沉的情感。教学步骤如下：

（1）分析标题，总结"登临类"诗词内容上的基本写法。

（从题目入手，很容易把握词的内容）

（2）在精读的基础上，以学生回答为主，把握"景物"和"典故"背后的深沉情思，回答"我读出了_____的辛弃疾"。

（在赏析上片时，边讲边进行句子情感朗读，讲完上片，教师进行示范朗读，更容易让学生把握内在情感）

（3）问学生勾连上下片的是哪一句。

（4）分析"登临意"的含义。

（先提出上下片勾连的"句子"的问题，引导学生回到"登临类"诗词上，寻找词眼，然后再分析"登临意"的内涵）

（5）教师示范朗读，读出词人的内心情感变化。

（此时教师的示范朗读，会使学生的理解更为贴切深刻）

4. 深读诗词，入形入神

通过对词人现实与理想的巨大落差的分析，我们既可看到辛弃疾的愁恨，也可感受到词人恢复中原、统一祖国的抱负和愿望，还可感受到词人悲痛却无人理解、无人诉说的痛苦。在此基础上，进一步深化朗读，上升为理性条理性的概说，更容易与词人心灵相通，获得心灵上的震撼和共鸣。教学步骤如下：

（1）学生深情再读这首词。

（2）用生动描述性的语言写一段话，刻画你心中的辛弃疾，描绘出神韵。不局限于这首词，可以展开合理的联想或想象。

（3）师生点评几名学生的写作片段，教师展示自己的概括。

（推荐学生看梁衡的《把栏杆拍遍》）

【教学实录】

上课时间：2018年5月18日上午第1节

上课地点：湖南省资兴市立中学

上课班级：高316班

（一）现实导入，造境激情

师：上课之前，我们先来看一个《中国诗词大会》的题目（展示PPT）。

根据以下线索，说出一位词人。（　　）

A. 他是宋代著名的爱国词人。

B. 他的词属于豪放派。

C. 他与李清照并称"济南二安"。

D. 他自号"稼轩居士"。

生（全体）：辛弃疾。

师：正确，今天让我们一起走近辛弃疾，欣赏他的《水龙吟·登建康赏心亭》，感受他的人格魅力。（PPT展示赏心亭画面，板书课题）

（二）自读诗词，入感入调

师：大家课前已经读了这首词，谁能说说这首词的感情基调？

生1：悲伤。

师：只有悲伤吗？（学生不确定）你来读读，好吗？

（该生十分专注地读词，其他学生感受）

师：哪位愿意来点评？

生2：感情把握得还不错，明显多样，不只有"悲伤"，有几个字的读音不准，"献愁供恨"的"供"应读"gōng"，却读成了"gòng"；"螺髻"的"髻"读成"jí"不对，应读"jì"；"倩"应该读"qìng"。

师：听得很认真细致，读音把握很准，"供"与"献"对应，做动词，应读"gōng"；"倩"的读音解释，课文下面的注解有，要重视看注释。"还不错"表达很委婉，说明感情还不到位。这首词的感情基调到底有哪些？每一句应如何朗读？我们一起来深入文本，在朗读中品析，好不好？

生（全体）：好！

师：先请大家自读课文，注意朗读时感情基调的变化，注意不明白或拿不准的地方。

（生各自读这首词）

（教师没有直接给出感情基调的答案，而是让学生自己去品味，去"待完满"，这能激起他们学习的热情，继续自发研讨）

（三）精读诗词，入文入情

师：这首词的题目是什么？

生3：水龙吟·登建康赏心亭。

师："水龙吟"是题目吗？

生4：题目是"登建康赏心亭"，"水龙吟"是词牌名。

师：对，请说说看，题目包含了哪些信息？

生4："建康"指南京，"建康赏心亭"是指地点，"登"是登临、登上的意思，指行为。

师：很好。我们学过与"登"有关的诗词吗？

生5：《登高》。

生6：《岳阳楼记》。

（还有不少人在下面小声说）

师：大家说得很对，这样的诗词内容主要写什么呢？如果你登上高楼或高山，你会做什么？

生7：看，看风景。

师：看完之后？

生7：写自己的感受，自己想到的。《岳阳楼记》就是作者所想所感，最后得出"先天下之忧而忧，后天下之乐而乐"的感悟。

师：非常好，能联系以前所学内容是学习的非常好的途径。"登临类"诗词内容主要就是"所见"和"所想"。（展示PPT）

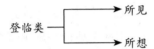

师：词的上片是所见还是所想呢？

生（全体）：所见。

师：对，主要所见的是什么？用了什么艺术手法？

生（全体）：景物。

生8：借景抒情。

师：对，借景抒情。现在以四人为一组讨论词人所见的景物有哪些。

（学生分组讨论，非常热烈，约4分钟后，学生举手回答问题）

生9：词人所见有楚天、江水、远山。

师：就这些吗？

生10：还有落日、断鸿。

师：正确。（教师出示板书）

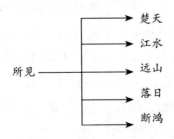

师：词人是为写景而写景吗？显然不是，一切景语皆情语也。下面请大家再读诗歌，边读边体会"景语"背后的"情语"，注意情感的变化，并说说你

读出了一个怎样的辛弃疾。

（学生在下面细声朗读，有的在互相讨论）

师：哪一组先说？

生11：我读出了一个无奈的辛弃疾。"把吴钩看了，栏杆拍遍"显现了辛弃疾雄心壮志无处施展的急切悲愤的情态。"无人会，登临意"慨叹自己空怀恢复中原的抱负却无人知晓的悲切、无奈之情。

师：无奈之情，从两处来分析，很好！"吴钩"本来是用来干什么的？

生11："吴钩"是一种刀，战场上杀敌的。

师：在这里杀敌了吗？

生11：只能"看"，哦，"看"写出了"吴钩"闲置无用，也就写出了词人有上战场杀敌的雄心壮志却无用武之地，写出了辛弃疾的苦闷。

师：非常好。这几句应该怎么朗读呢？

生11：悲伤、无奈。

师：感情强烈还是低徊呢？

生11：感情应该比较强烈，尤其"拍"碰撞力很强，声音很响，我认为是悲壮或强烈的悲愤。（大家鼓掌）

师：有依据，很好，不是无助哭泣式的懦弱悲伤，而是强烈的悲愤，对金人的恨，对南宋统治者不作为的愤，对自己无能为力的痛，这一"拍"，是抑郁后的爆发，悲中有壮。你能用你理解的情感朗读一下吗？

（生11朗读得很投入、很到位，大家热烈鼓掌）

师：人越有才华、越有能力，那种原因不在自己而志向却无法实现的悲痛就越发深刻、激烈。说得很好，一个悲愤、无奈的辛弃疾。还有谁来说？

生12：我读出了一个悲伤失意、忧愁家国的辛弃疾。"落日楼头，断鸿声里，江南游子"说明了辛弃疾对国家衰弱的忧愁。"遥岑远目，献愁供恨"借用了景物来抒发情感，写出了辛弃疾心中无限的愁苦。"无人会，登临意"可以看出辛弃疾没有一个知音，扩大了他内心的悲伤与忧愁。

师：从三个方面来分析，很有条理，"落日"的解释很到位。"远山"本身无愁恨，是辛弃疾愁恨，这是什么手法？

生12：寓情于景。

师：对，这是从抒情手法上来说的，从修辞手法上讲是移情。为什么说辛弃疾是"江南游子"呢?

生13:从注释来看,辛弃疾是南归之人,得不到重用。他以南宋为祖国,南宋朝廷却一直猜忌、排挤他。写出了辛弃疾内心的飘零,无归属感,像"断鸿"一样。

师:能结合注释和词人的经历来理解,为你点赞!情感调子怎样?

生13:缓慢、低落。

师:谁来读读呢?

生14:我来读。(读得很感伤,同学鼓掌)

师:刚才同学们又读出了一个悲伤失意的辛弃疾。接着分析?

生15:我读出了一个愤愤不平的辛弃疾。这么多年过去了,抗金收复失地的理想却还未实现。他悲,他恨,南宋朝廷软弱,只知享乐,让他只能在"落日楼头"里"把吴钩看了",徒留下一声叹息;他怨,他怒,自己被迫远离战场,再无用武之地,心中藏着一股怨气、怒气,只好把栏杆拍遍,来发泄心中的抑郁,而更令他痛苦的是,无人理解他的理想、愿望。这几句应该读出怨和怒。

师:分析得很有力度,突出了强烈的怨和怒。

生16:我读出了一个怀才不遇的辛弃疾。词人站在高高的赏心亭上,眺望远处的大好山河,可那却早已被敌人占领,自己有着雄心壮志,一心想为朝廷收复失地,可朝廷却偏偏不重用自己,这种愤懑又有谁能体会。

师:怀才不遇,分析得很好!

生17:我读出了一个豪迈、孤寂的辛弃疾。辛弃疾笔下的水天、远山,景色壮阔,表现出他是一个心胸豪迈的人。

师:从水天的空阔,山的高大,看出辛弃疾是心胸豪迈之人,很好。

生18:我读出了压抑悲苦的辛弃疾。他独自一人在赏心亭上遥望故乡,暗示朝廷衰败的落日景象,失群的孤雁的哀鸣,激起无限的"游子"无处归的悲苦情怀。

师:把景象与词人融为一体,突出悲苦,真正读懂了辛弃疾。

师总结:上片写景引发词人无穷的思绪,朗读时,要读出水天千里的辽远、空阔的豪迈,要读出"落日楼头"的孤寂悲苦,要读出"栏杆拍遍"的悲愤。我来读读上片怎么样?

(学生热烈鼓掌欢迎)

(展示经过艺术处理的诗词PPT,并配乐巫娜《七弦清音》,师朗诵,学

生沉浸在朗读中）

　　楚天千里清秋，水随天去秋无际。

　　遥岑远目，献愁供恨，玉簪螺髻。

　　落日楼头，断鸿声里，江南游子。

　　把吴钩看了，栏杆拍遍，无人会，登临意。

　　把吴钩看了，栏杆拍遍，栏杆拍遍，拍遍，拍遍，无人会，登临意。

　　无人会，登临意。

　　（师声情并茂的朗读赢得了学生热烈的掌声）

　　师：请同学们朗读，感受辛弃疾的情感变化，感受他的形象。

　　（生兴致勃勃地朗读，朗读明显深入到情感里）

　　师：我们来分析下片。下片写"所想"，想到了哪些呢？

　　生19：想到张翰、许汜、刘备、桓温。

　　师：很好，谁能说具体一些？

　　生20：想到张翰的辞官归隐，许汜的求田问舍，桓温感叹时光流逝。

　　师：用了什么手法？

　　生20：用典。

　　师：回答正确。（教师展示PPT）

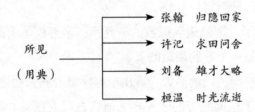

　　师：同学们，把所见和所想勾连起来的是哪一句？

　　生21："登临意"，也是这首词的词眼。

　　师：回答正确。（教师展示PPT）

　　师：下面请大家分组讨论，弄清典故内容和辛弃疾的态度，把握登临意，感受人物形象。

（学生分组讨论，每组每人轮流说）

师：刚才同学们讨论很热烈，下面请同学们说说讨论的结果，谁先说？

生22：我读出了志向远大的辛弃疾。他早已许身国家，他不赞同张翰辞官回乡的做法，他鄙视许汜的求田问舍，他深感岁月流逝，人生短暂而壮志难酬，只因他有颗对收复失地永无休止的心。

师："永无休止"这个词用得好，写出他志向的坚定，无论多艰辛都不会改变。他羡慕刘备的雄才大略，说明他有雄心壮志。谁接着说？

生23：我读出了一个富有勇气、立志为国的辛弃疾。他不赞赏张翰归隐的安逸，他鄙夷求田问舍的许汜，他欣赏有着雄才大略的刘备，他感叹时光流逝和自己的怀才不遇，他感叹无知己，但即使这样，他在最好的年华已然逝去的年岁，依然立志为国，渴望上阵杀敌、收复失地，建功立业。

师：把辛弃疾的抱负说得更具体。

生24：我读出了一个始终坚持着自己的理想但又十分孤独的辛弃疾。他不愿像张翰一样弃官归隐，他鄙视许汜谋求私利，十多年过去了，他坚持他的理想，孤独的是无一知己。

师：孤独的理想无人共鸣。

生25：我读出了有雄心壮志却报国无门的辛弃疾。他批判张翰的弃官归隐，他鄙夷许汜的谋求私利，他敬仰刘备的雄才大略，可时光不再，报国之心无人理解，只能暗自流下英雄泪。

师：很好，解读了"英雄泪"的合理性。

生26：我读出了一个有着雄才大略却怀才不遇、感叹年光虚度、内心愤慨苦痛的辛弃疾。引用张翰的故事，既写出了自己的思乡之情，又抒发了对金人、对南宋朝廷的激愤；引用许汜、刘备的例子，显示出辛弃疾有着远大志向，关心国家安危；"树犹如此"是桓温北伐路上对时光流逝之叹，也是作者对年华虚度的感慨；结尾"倩何人唤取，红巾翠袖，揾英雄泪"与"无人会，登临意"相呼应，表达出辛弃疾抱负不能实现，世无知己，得不到同情的悲叹。

师：说得很翔实，思维严谨！"红巾翠袖"指什么？什么手法？

生26：女子，借代手法。

师：辛弃疾在此的用意是什么？想求得红颜知己的安慰吗？

生26：不是求红颜知己的安慰，"倩何人唤取"就是无人唤取，照应上片

"无人会",是无知己的孤独悲叹。

师:是的!辛弃疾不愿辞官归隐,既有有家不能回的现实,又有不愿辞官归隐、一心为国、收复失地的大志向。对许汜的不屑,表明他要为国忘私。他伟大的精神足以感动世人,然而南归十二年,不得重用,只能虚度光阴。壮志难酬,却无人懂得,词人内心满满的是对金人的痛恨,对南宋统治者的不满,诗人孤独,哀伤,最后只能流下"英雄泪"。(教师展示PPT)

师:下片应该怎么朗读?

生27:张翰的归隐、许汜的求田问舍应该读出否定和深沉,桓温感叹时光流逝应读出忧伤,"英雄泪"三句应该读出悲伤。

师:很好,你来读读看?

(生27读得很用情)

师:感情不够到位,缺乏变化。下片用典言志,词人收复失地的信念坚定,我们要读得深沉;面对时光流逝,人生虚度,壮志难酬,我们要读得低沉;无知音共鸣落下英雄泪,我们要读得悲沉。大家一起来读读这首词,好吗?

生(全体):好!

(学生全部起立齐读这首词)

(四)深读诗词,入形入神

师:大家读得很深入,也很到位,很好地把握了辛弃疾的内心情感变化,我们进入最后一个环节,自己边读诗词边联想、想象,描绘辛弃疾的神韵,不局限于这首词。用生动描述性的语言写成一段话,刻画你心中的辛弃疾,描绘出神韵。(教师展示PPT)

(学生响应教师召唤,纷纷动笔写起来)

师:谁先来展示?

生29:辛弃疾是一个爱国、有豪情壮志的人。年轻的辛弃疾率义兵南下归宋，力图收复中原，不想，朝廷昏庸懦弱，没有给他施展抱负的舞台。尽管一生怀才不遇，他却从来没有停止过追求梦想的脚步，始终执着地跋涉在抗金复国的道路上，用一首首豪迈的词表达自己内心的想得到抗金复国机会的渴望、执着、坚持。（教师展示PPT）

师（读了一遍）：突出哪一点？

生（全体）：爱国的坚定。

张中生老师在讲课

生30：一袭青衫，一把佩剑，似穿越了千年岁月烟尘，你豪放洒脱，豪情壮志，那断鸿声里的斜阳是你，把吴钩看了、栏杆拍遍的也是你。你坚守孤独，豪放柔情，只为了报效国家；你这一生凄凉，却依旧热爱着这片土地，那一身为国尽忠的傲骨，着实让我敬佩。（教师展示PPT）

师（读了一遍）：好在哪里？

生31：把人物的精神刻画出来了。

生32：辛弃疾是一个胸怀大志、能文能武、忠心爱国之人。但可惜的是，生不逢时，南宋朝廷的懦弱使他不能施展恢复中原的抱负。然而更讽刺的是，年轻时他所向往的金戈铁马，却在花甲之年才得以实现。自古英雄出少年，辛弃疾即便有如此抱负，却难觅知音。他的豪迈倔强也使他难以立足官场，然而即便没有抗金复国的知音，也湮灭不了他一颗爱国的心，就有了"人生自古谁无死，留取丹心照汗青"这千古名句。一杯酒，我敬英雄。（教师展示PPT）

师（读了一遍）：最突出的精神是？

生（全体）：爱国。

生33：众里寻他千百度，蓦然回首，那人却在灯火阑珊处。稼轩，是你执着地在灯火阑珊处。"醉里挑灯看剑"，剑光中，我看见了你锐利的目光，愤怒中却夹杂着一丝期待。你一生都在渴望收复失地，却无一知己，一生孤寂，无人揾英雄泪。你虽报国无门，但坚持自我、执着的精神就如你的剑一般，锋利，永恒，锐不可当！（教师展示PPT）

师（读了一遍）：最突出的精神是？

生34：志气，锐不可当。

师：我也来展示我写的，没有大家的好。（教师展示PPT）

师：他豪放执着，才华横溢，胸怀天下，他是铁骨铮铮的民族英雄。他渴望杀敌报国收复失地，他愿为国而生，为国而战，为国而死，矢志不渝，却一生报国无门。他的悲愤在于英雄无用武之地，虚度年华，壮志难酬；他的孤寂落寞在于世无知己，理想无人共鸣；他的坚定信念在于积极用世，始终不忘初心。

（学生热烈鼓掌）

师：梁衡说，辛弃疾的词不是用笔写成的，而是用刀和剑刻成的；他的词不是用墨来写的，而是蘸着血和泪涂抹而成的，时隔千年，仍让我们感到一种凛然杀气和磅礴之势。今天我们重读他的作品，总是能清清楚楚地听到一个臣子，一个爱国英雄，一遍遍地哭诉，一次次地表白。当再也没有机会驰骋沙场，血溅战袍时，他只能笔走龙蛇，泪洒宣纸，为历史留下一声声悲壮的呼喊！

师总结：一次诗词的学习就是一次心灵碰撞，与词人的碰撞、与自己心灵的碰撞，每一个小火花，都让我们的心灵激荡，让我们得到成长。辛弃疾作为爱国志士的形象会深深印在我们的脑海，他那诚挚无私的爱国情怀、抑郁悲愤无人理解的泪水让人久久难忘。

师：课堂上的时间是有限的，对辛弃疾的了解也是有限的，如果大家想进一步了解辛弃疾，请看梁衡的《把栏杆拍遍》。这首词讲到这里，谢谢同学们！

【教学反思】

当下的语文阅读教学很容易走向两个极端：一方面，由于种种原因，把语文的阅读教学化简为教师的"讲"和学生的"学"，学生作为鲜活的生命体，其生命价值和内在的独特感悟，没有得到很好的重视，完全被忽略了，学生只是一个被动的接受者，学生的学习也没有进入真正的状态。另一方面，在新课改以学生为主体的当下，新的课堂理念层出不穷，教学策略多种多样，课堂也热热闹闹，学生的主体性得到很好的体现，但效果不尽如人意，让很多教师很困惑，不知何去何从。

对此，我有深刻的体会。传统的教学让我教得简单，教学进度较快，但学生不喜欢。课堂沉闷，教师与学生之间的隔阂比较明显，教的过程不是愉悦的享受，自己教后心情并不轻松，成长的空间很有限；课堂热闹，学生自我表达的个性化行为虽得到很好的彰显，的确很快乐，但由于过于随意，学习的过程很拖沓，学习的程度很浅。这让我深深反思，真正的教学如何去追寻呢？一个偶然的机会，我在书店购得全国著名特级教师何泗忠老师的《语文悬念教学法》。从此，我的语文教学发生了一个惊人的变化。何泗忠老师的语文悬念教学法有一个著名的教学模式——"待完满"语文课堂教学模式。

"待完满"包含三个方面的内容：一是希望教师追求课堂的"完满"，因为任何一堂课都不完美，都是有缺陷的，以"待完满"去激励教师做得更好，去接近"完满"，能提升教师的教学能力；二是课堂上为了让师生能平等对话，营造好的课堂氛围，需要时时留有余地，让学生积极去参与，让学生的活力展现，需要"待完满"的状态；三是课后的"待完满"，要让学生觉得欲罢不能，回味无穷，还想去深入某一个方面，去进一步了解，去探求。《水龙吟·登建康赏心亭》这堂公开课，运用"待完满"语文课堂教学模式收获了精彩。

1. 教学目标重点突出

语文悬念教学法之"待完满"语文课堂教学模式，在教学目标上，不追求面面俱到，而是要求学会取舍，寻找确定一个最有价值的教学目标。教学目标是教学活动的眼睛，关系教学活动的成败。何泗忠老师说过，纵观当前的语文课堂教学，虽然在形式上日益活泼，教学手段不断更新，尤其是一些精心雕琢的公开课、研究课，容量大、亮点多、节奏快、追求新异。然而，透过现象看本质，这些课堂教学目标的设置往往不明确，使学生一节课下来所学到的知识并不多，有时候甚至会偏离教学的重心，从而使语文失去了其应有的专业性。

有效的教学活动应该是明确教学目标并且教学目标的价值很突出，这样的教学目标应该是"牵一发而动全身"的点，应该是符合师生共同心理期待的点，是留有很大余地，需要去"待完满"的点。

本节课为了充分调动学生的积极性，以学生为主体，让学生积极参与其中，教学过程只设计了一个主要问题："我读出了＿＿＿＿＿＿的辛弃疾。"所以，本节课主要是围绕解读人物形象这个点展开。这是一个很值得探究的"待完满"问题。首先，通过用《中国诗词大会》的题目，以悬疑的手段激发学生参与的热情，引发他们对辛弃疾的兴趣，接着，在朗读的基础上，一方面通过上片的"景和物"来感受词人的内心情感，体会人物形象；另一方面透过下片的典故来言词人内心的志向，抒发复杂的情感，把握人物形象。这样一个简单的目标既把握了文本的内容，又深入了文本的情感，还立体展现了辛弃疾的形象，很好地培养了学生分析探究的能力和审美鉴赏的能力。

2. 书声琅琅贯穿始终

古诗词是非读不能体会的。好的朗读教学指导应是在学生自然朗读的基础上，促使学生有新的认识，成为学生一步步向上走的"阶梯"，让学生不断趋近并突破"最近发展区"，感受层次丰富多样的文化浸染，享受朴实的美，满足阅读的体验。

本节课以"朗读"为推进教学的"发动机"，课堂里进行了三次整体朗读，几次个体朗读。第一次朗读，让一位学生谈这首词的感情基调，检查课前朗读的效果，并让该生朗读，让其他学生感受"基调"与朗读的差异，教师不介入，不简单说出答案，用"悬念"激发学生去理解，师生共同去"待完满"所包含的复杂感情基调，这是最原始的朗读，虽然很浅，但足够真实；第二次朗读是精读，在典故中探究词人真实的内心，一句一读，教师领读，边读边品味，然后是教师总结各内容朗读的感情基调，教师示范朗读，最后是学生的齐读，在学生富有感情的朗读声中，课堂气氛达到了高潮，学生的心灵完全沉浸在朗读的意境中；第三次朗读是深读，学生自由朗读，可以出声，也可以默读，关键要内化于心，展开想象和联想，去深化感受词人辛弃疾，有利于描写词人的神韵，使学生审美鉴赏与创造的能力得到提升。

3. 教学节奏由浅入深

一首动听的歌让人喜欢，曲调的曲折变化必不可少。语文悬念教学法之"待完满"语文课堂教学也应如此，合理的节奏能更好地激活课堂。

首先，课堂教学进度的推进是由浅入深。先学后教是语文悬念教学法倡导的做法，没有对辛弃疾的充分了解，没有课前的基本朗读，学生是无法与文本对话，无法与教师对话的；问题是先易后难，如问"本词读后的基本感情基调""登临类诗词的基本内容"都是人人有话可说的，学生的热情会高涨，课堂的参与度就高，不会有所顾忌。

其次，课堂语言注重起伏变化。开始教师用期待的语气引学生入课堂，然后用夸耀的语言引发学生对辛弃疾的好奇。在精读活动中，师生一起用曲折变化、饱含深情的语调读出节奏变化之美，激昂、悲苦、悲壮、悲愤、孤寂，错落有致，节奏随着进程的变化而变化，尽展语文悬念教学法之美。

何泗忠教授指出，"待完满"语文课堂教学模式，应该有明确的、体现新课程理念的教学目标；课堂上，全体学生有浓厚的阅读兴趣和参与意识；教学过程中，人人认真读书，会独立思考，读后有感受、会质疑。这节课虽不能达到这样的高度，但还是收获了不少精彩。路漫漫其修远兮，吾将上下而求索。

四、《奥斯维辛没有什么新闻》

上海市华东师范大学博士　文艺

文艺，华东师范大学课程与教学论专业博士，华东师范大学学科教学（语文）专业硕士，华南师范大学汉语语言文学（师范）专业学士。何泗忠语文悬念教学法实验推广团队骨干成员。曾获本科及研究生国家奖学金，被评为上海市优秀毕业生、校优秀学生。认真钻研教材、设计教学，积极探索以生为本的语文教学路径，曾获全国高等院校师范生教学技能大赛三等奖、广东省师范生教学技能大赛一等奖、华东师范大学"佛年杯"教学技能创新大赛一等奖、"教院杯"教学技能大赛特等奖等荣誉。关注语文教育，致力于语文悬念教学法研究，2015年在深圳市第二高级中学实习，在特级教师何泗忠的悉心指导下获得巨大启益，被评为深圳市顶岗置换研修活动优秀实习生、华南师范大学优秀实习生。

【教学设计】

（一）教学目标

（1）通过对比学习，归纳该篇特稿与一般新闻稿之间的共同点和特殊性。

（2）通过创设情境，感受奥斯维辛集中营的极度残忍，体会作者对集中营的愤慨谴责，对和平的向往和追求。

（二）教学方法

语文悬念教学法，设计有一定空间的课堂活动，让学生发挥想象力或进行辩证思考。

（三）教学过程

1. 课前学习，初步探究（发放课前导学案）

（1）阅读《多国隆重纪念奥斯维辛集中营解放70周年》，思考新闻的一般特征。《多国隆重纪念奥斯维辛集中营解放70周年》是一篇常规的新闻稿，符合新闻的一般结构，即"标题—导语—正文—结语"，具有真实性、客观性和时效性。该文与课文《奥斯维辛没有什么新闻》既有共性又有区别，课前引入此文，一方面使学生对奥斯维辛集中营形成初步的印象，了解其历史意义；另一方面作为课文的参照，可突出课文"特稿"的特征。

（2）利用图书、网络等资源，收集相关背景资料并通过论坛共享。学生要真正走进文本情境，理解作者情感，需要了解相关背景，而课文注解对于集中营的介绍非常有限。因此，让学生在课前自行学习，选择最打动自己的材料并在论坛上共享。

（3）初次阅读原文，提出相关问题。学生在阅读过程中会出现许多问题，如"为什么标题要叫'奥斯维辛没有什么新闻'""为什么要花大笔墨来描写游客的反应""为什么要写雏菊花""开头结尾为什么都出现了相同的景物，有什么特殊的含义"……通过提问训练，学生能捕捉自己内心的疑问，培养问题意识和质疑精神。同时，教师也可以把握学生阅读时的关注点和兴趣点所在，便于组织教学。

（4）根据游客反应，补充心理活动。在此文中，作者细致地刻画了游客游览奥斯维辛集中营时的动作、神态、语言。出于遵循新闻真实客观的原则，并没有对当时游客的心理活动加以揣测。学生将填补这一"空白点"，根据游客反应补充其心理活动，从而更好地走进文本，为文本注入自己的生命体验。

2.情境朗诵，激趣导入

在上该节课的前几天，学生观看了纪念第二次世界大战胜利100周年的朗诵表演。在演出上，该班的语文教师兼班主任王老师朗诵了巴金的《给死者》，收到了良好的效果。以此为话题导入，激发学习兴趣，引入话题情境。

3. 初读梳理，整体把握

这篇文章的题目是"奥斯维辛没有什么新闻"。既然没有新闻，那奥斯维辛有什么呢？让学生找找作者在奥斯维辛看到了什么。

4.品读感悟，身临其境

（1）作为游客，走进奥斯维辛集中营

①填写旅行协议，提取文中信息。

②听读资料卡片，走进文本情境。

教师利用PPT配乐讲解，创设情境。

③思考文中问题，探究重要写法。

思考：文章写的是奥斯维辛集中营，为什么要花费很大的笔墨写游客的反应？

④结合课前作业，创读重点文段。

课前让学生在导学案上根据神态及动作补充游客的心理描写，选择部分答案填充进选段中，并对文本进行一定的加工，全班学生共同创读文本。

（2）作为作者，走进奥斯维辛集中营

首先，品味下列句子之间的差别，思考加点字有什么效果？

①在布热金卡，有阳光照耀，有光亮，有碧绿的草地，有孩子们的嬉笑。

②在布热金卡，不该有阳光照耀，不该有光亮，不该有碧绿的草地，不该有孩子们的嬉笑。

③在布热金卡，本来不该有阳光照耀，本来不该有光亮，本来不该有碧绿的草地，本来不该有孩子们的嬉笑。

④在布热金卡，永远不该有阳光照耀，永远不该有光亮，永远不该有碧绿的草地，永远不该有孩子们的嬉笑。

其次，思考为什么"不该有"这些场景？

①"假若在布热金卡，从来就见不到阳光，青草都枯萎凋残，那才合乎

情理。"

②"不该有"表现出作者沉重、担忧的心理，作者希望人们尊重历史、铭记历史，因此原本认为集中营门口不应该呈现出欢乐祥和的景象。那么，后来作者有没有改变他的想法呢？

最后，文章的首尾写了阳光、草地、绿树，为什么？它们是一样的吗？

开头：（在布热金卡）最可怕的事情是这里居然阳光明媚、温暖，行行白杨树婆娑起舞，在集中营大门附近，还有儿童在追逐游戏。

结尾：这里阳光明媚，绿树成荫，在大门附近的草地上，孩子们在追逐游戏。

思考：开头用了一个词"居然"，如果在结尾"这里"与"阳光明媚"中间加一个词，应该加哪个词呢？

5. 总结升华，总体把握

（1）文章的标题是"奥斯维辛没有什么新闻"，此标题有什么含义？既然没有新闻，那作者为什么要写呢？

（2）思考：这篇文章与一般的新闻稿有哪些不同？

【教学实录】

上课时间：2015年10月16日上午第3节

上课地点：深圳市第二高级中学四楼考务室

上课班级：高一（8）班

（一）情境朗读，激趣导入

师：同学们，你们还记不记得上周三我们在体育馆观看了一场非常精彩的朗诵表演，朗诵表演高手云集，大家最喜欢谁的表演？

生（齐）：王世风（该班语文老师）。

师：看来世风老师深受大家的推崇。王老师是我们学校著名的朗诵表演艺术家，所谓名师出高徒，我相信我们班学生的表现一定不会差！我这儿有世风老师朗诵的诗（教师展示PPT），你们有没有胆量挑战一下你们的老师？或者你们推选一名同学来进行挑战？

生：包宇航！

师：那就请包宇航同学将节选的诗句读出来。

包：烈火烧毁年轻的生命，铁蹄踏上和平的田庄，血腥的风扫荡繁荣的城市，留下——死，静寂和凄凉。我们卑怯地在黑暗中垂泪，在屈辱里寻求片刻的安宁。六年前的尸骸在荒莹里腐烂了，一排枪，一片火，又带走无数的生命。

师：大家觉得他和王老师谁读得好？

生（全体）：包宇航。

师：看来包同学潜力无限啊！其实，世风老师朗诵的这首诗是巴金的《给死者》。战争不仅在中国夺走过无数人的生命，更曾经使全世界都满目疮痍。我们今天学的这篇文章，将带我们重新走进第二次世界大战，走进那段不堪回首的历史。

（二）初读梳理，整体把握

师：这篇文章的题目是"奥斯维辛没有什么新闻"。既然没有新闻，那奥斯维辛有什么呢？现在，请大家自由阅读课文，找找看作者在奥斯维辛看到了什么。

（采用问题诱导法设置"待完满"课堂教学情境，引起学生阅读兴趣。学生认真阅读课文，不时在书上写写画画）

师：刚才同学们看得十分认真仔细，谁来说说看，作者在奥斯维辛看到了什么？

生1：明媚的阳光。

生2：白杨树。

生3：儿童追逐嬉闹。

生4：毒气室、焚尸炉。

生5：搞绝育试验的地方。

生6：执行绞刑的地下室。

（三）品读感悟，身临其境

师：同学们的观察都非常细致。其实这些景物是从两个层面来描写的：第一个是从游客的角度，第二个是从作者的角度。现在我们将分别从这两个角度来讲解这篇文章。首先，我们就作为一名游客，走进奥斯维辛！在旅游之前，我们得先签订一份旅游协议。请同学们根据文中第三自然段和下面的注释，填写好相关的背景。旅游的时间是？

生7：1958年。

师：地点？

生8：奥斯维辛集中营。

师：场馆是用来做什么的呢？

生9：用来进行集体屠杀及人体实验的。

师：那集中营总共残害了多少生命呢？

生（全体）：400万人。

师：好。进行这次旅行前有一些注意事项，请大家保持肃穆，听从指挥。禁止嬉闹，认真思考。首先我们将看到一组材料。

（1）这是一组数字（6000、2000、200万）：毒气室是集中营中最令人胆战心惊的地方。每天在毒气室被毒死的可达6000余人，施放毒气后，仅需要3~15分钟，就可以把室内2000人全部毒死！在奥斯维辛，光被毒气室残杀的，就有200万人之多！因此，毒气室声名在外：一旦进来，就别想活着出去！

（2）这是一组生活用品（手套、灯罩、褥垫、肥皂）：它们与我们的生活密切相关，但你怎能想象，手套和灯罩，是将遇难者的人皮扒下来做成的，褥垫则是将他们的头发扯下来编成的，假牙可以熔成金子，脂肪可以制成肥皂，最终的尸体，则被焚烧后变成了肥料。纳粹党真是想尽了一切办法废物利用，你第一次发现，原来人身上的每个部位都如此有价值！

（3）这是一个人名（怀斯）。怀斯是奥斯维辛集中营中少数的幸存者，他印象最深刻的，是纳粹医生门格勒。每当他咧嘴笑时，就是他最变态的时候！怀斯记得，有一次门格勒逗一个两岁的小孩玩，轻柔地让孩子叫自己叔叔。然而，当天真无邪的孩子开口的一刻，门格勒便冷不丁地给孩子扎了一针，然后，孩子全身的皮肤就变蓝了。

（4）这是一组照片。不管你是男人或是女人，不管你年轻还是年老，不管你带着微笑还是表情漠然，只要进入集中营，结局只有一个——死！这样的照片成千上万，没有留下照片的更加数不胜数。奥斯维辛集中营，埋葬了多少无辜的冤魂！

师：同学们，我发现很多同学眼中都泛起了泪光，可见你们的心情都非常沉重。其实，当时参观的游客和你们一样，经过集中营，脸上露出各式各样的反应。现在请大家阅读文章第7至15自然段，分别找出在不同的景点游客的反应。

（学生开火车作答）

师：当参观者们走到毒气室时，他们觉得毒气室怎样呢？

生10：他们感到很难忘。

师：在焚尸炉处，参观者又觉得怎样呢？

生11：他们有些茫然。

师：当他们走到死囚牢房时，又有怎样的反应呢？

生12：他们停下脚步，浑身发抖。

师：走到女牢房？

生13：他们惊惧万分，张大了嘴巴。

师：当他们走到绝育室时，他们有什么心理活动？

生14：他们庆幸没进去。

师：当他们走到长廊时，他们又在做什么？

生15：他们表情木然。

师：思考一下，是参观者表情木然吗？

生15：不是，是照片上的人表情木然。

师：那么，有没有什么句子提示参观者看着照片上的人，有什么反应呢？比如这两句："有一张特别引人注目，发人深思。""现在她在这堵奥斯维辛集中营遇难者纪念墙上，又在想什么呢？"

生15：他们在思考。

师：对，在思考，也可以说在沉思。当他们走到地下室时，又有怎样的反应？

生16：他们感到自己也在被窒息。另一位参观者进来了，她跪了下来，在自己胸前画十字。

师：很好，还有吗？

生16：参观者们用恳求的目光彼此看了一眼，然后对解说员说："够了。"

师：好。刚才同学们已经把游客们的反应找出来了，说得很准确。在这里我有一个疑惑，作者为什么要花费这么多笔墨写游客的反应？

生17：通过游客的反应，可以体现出集中营的骇人听闻。

师：没错，这是一种什么写法？

生17：侧面描写。

师：很好。还有没有其他的回答？

师：我提示一下，这篇文章的文体是什么呢？（生：新闻）请大家联系一下新闻的特性，思考作者这样写的原因。

生18：新闻具有真实性和客观性，写别人发生了什么，而不是写自己的感觉，这样更加客观和真实。

师：没错。作者直接书写游客反应，比自己直接进行价值评判更为客观、真实。

师：大家有没有注意到，文章的结尾有一句话："奥斯维辛已经没有什么新鲜的东西可供报道了。"这说明了什么呢？

生19：说明奥斯维辛集中营的事情已经被大家写滥了，作者只能开辟出新的角度。因此，通过游客的反应来写集中营。

师：说得很好。游客们有各式各样的反应，当他们流露出这些反应时，内心在想些什么呢？课前我布置了一个任务，让你们分别根据第9自然段、第10自然段、第12自然段、第15自然段参观者的表情，补充对应的心理描写。同学们完成得很不错。我从同学们的作品中选择了几篇，将它们插在了文中，让我们一起用特殊的方式读出来。

（其中，普通文字老师读，数字处作者自己读。读的时候根据字体的大小调节音量和轻重。）

师：参观者注视着毒气室和焚尸炉。当他们一看到玻璃窗内成堆的头发和婴儿的鞋子，一看到用以关押被判处绞刑的死囚的牢房时，他们就不由自主地停下脚步，浑身发抖。停下脚步，浑身发抖！停下脚步，浑身发抖！

何：我的咽喉似乎已被掐住，心已被勒紧。为什么会有这么黑暗的地方？光，在哪儿？这里的空气为什么那么冷，那么的血腥？

师：一个参观者惊惧万分，张大了嘴巴。他看到了曾经塞满人的长条盒子。他想叫，但是叫不出来。叫不出来，叫不，出来……

黄：我的大脑不住轰鸣着，感到自己仿佛被塞进其中。肉体与肉体互相挤压，逼仄的空间、浑浊的几乎被吸食干净的空气，令人窒息的压迫感像浪潮般向我袭来。我想要尖叫、需要释放，但喉咙由于恐惧而紧缩着，无法发出任何声音。我的心理防线被全部击溃。

师：现在参观者来到一条长廊里。成排的人在注视着参观者，他们都死了。他们在等待着死亡。参观者沉思着……

谢：照片上的人们应该想象不到，这是他们最后一张照片。囚徒们对着相机,眼睛像一把锋利的匕首,刺破了牢笼,刺破了相机,刺破了丑陋的心。长廊里好像回荡着呐喊、哀求、怨恨,我脑子里再也洗不去的,是那遇难者尖锐的目光。

师:参观者被带到执行绞刑的地下室去看一眼。他们感到自己也在被窒息。参观者们用恳求的目光彼此看了一眼,然后对解说员说:"够了!够了!够了!够了!"

唐:天哪,这实在是人间地狱!人的生命在他们这群禽兽不如的人眼中到底是什么?生命被随意地践踏、毁坏,我实在看不下去了!

师:同学们写得细致入微,读得声情并茂。可见,作者笔下这些游客的反应激发了你们无穷的思考。其实,作者在写这篇文章时,也融入了自己的强烈的情感。现在,让我们作为文章的作者,一起来走进奥斯维辛。

师:作者在奥斯维辛集中营门口看到了哪些景物?

生(全体):阳光、白杨树、草地、儿童。

师:作者对于这些景物又有怎样的看法呢?

生20:这真像一场噩梦,一切都可怕的颠倒了!

师:没错,作者认为这些是噩梦,是可怕的,颠倒的!我们再来看看,文中哪两个句子都在强调哪个词?

(1)在布热金卡,不该有阳光照耀,不该有光亮,不该有碧绿的草地,不该有孩子们的嬉笑。

(2)在布热金卡,本来不该有阳光照耀,本来不该有光亮,本来不该有碧绿的草地,本来不该有孩子们的嬉笑。

生(全体):不该。

师:为什么作者认为不该有这些景物?

生21:因为这里曾经是人间地狱。这里应该是永远没有阳光、百花凋谢的地方。

师:同学们,假设有一天你走到了一个很滑的地方,非常不幸,你扑通摔了一跤,脸上划出一道大口子。更加不幸的是,你的手上划出了一道又深又长的伤疤。以后每当你看到那个疤的时候,就会想起自己痛苦的经历,记起自己曾经摔过的地方。但当你的伤疤好了之后,你很有可能就会忘记自己曾经在哪儿摔过。这里显示的是作者的一种担忧。他在担忧什么?

生22：担忧人们忘记历史。

师：没错，这里体现的是一种担忧。我们看一下，文章的开头和结尾很像。我们来看一下它们到底有没有不同。请大家对比黑板上的文字，找出它们的区别。

生23：开头有"最可怕的事情是"，而结尾没有。

生24：开头有"居然"这个词，而结尾没有。

师：好，同学们都找得很正确。还有一个地方不知道大家有没有注意，开头写的是"还有儿童在追逐游戏"，而结尾是"孩子们在追逐游戏"。"儿童"和"孩子们"有没有不一样的地方呢？

生25："儿童"的语气更严厉，而"孩子们"则更亲切。

师：没错！我们看到，整体来讲，开头的语气更强硬，而结尾则更温和。我们刚刚说到，作者最开始去到奥斯维辛集中营，是担忧人们忘记了历史。可是，当作者真正走进集中营，他发现人们有没有忘记历史呢？（生：没有）相反，他发现游客们都很痛苦，很绝望。所以在这个时候，就需要给人们一些希望了。所以，开头和结尾，一是首尾呼应，二是一种层次上的上升：从担忧到希望的上升。作者在这里的处理非常巧妙。

（四）总结升华，总体把握

师：同学们，我们在课堂的一开始，告诉了大家这是一篇很特别的新闻稿。让我们再来看一下课前导学案上发给大家的新闻，大家对比一下，这篇文章与一般的新闻有没有不同。

多国隆重纪念奥斯维辛集中营解放70周年

新华社电1月27日讯 多国隆重纪念奥斯维辛集中营解放70周年暨"国际大屠杀纪念日"。各界人士表示，铭记历史是为了更好的未来。

奥斯维辛集中营是纳粹德国时期建立的劳动营和灭绝营之一，是世界上著名的"死亡工厂"。它位于波兰小城奥斯维辛，于1940年4月27日，由纳粹德国下令建造。1945年1月27日苏联红军解放集中营，后来波兰国会立法把集中营改为纪念纳粹大屠杀的国家博物馆。

此后的几十年里，陆续有游客到博物馆进行参观。在奥斯维辛解放70年后的今天，共有49个国家和国际组织的代表、约300名奥斯维辛集中营的幸存者从世界各地赶来，参加纪念活动。活动首先邀请3位幸存者先后发言，分别讲述他们在集中营内的悲惨遭遇。此后，还播放了由著名美国导演斯皮尔伯格执导的奥斯维辛集中营纪录片，令与会者十分动容。

奥斯维辛集中营纪念馆馆长彼得·采温斯基表示，今年的纪念活动不同于以往举办的任何一次，这将是最后一次有如此众多幸存者参加的纪念活动，而他们的"声音"已经成为对种族灭绝和人类大屠杀的"最严正的警示"。

师：老师提示一下，我们可以从时间、内容以及情感的角度，来找到这篇文章的特殊之处。从时间上来讲，一般的新闻写的是近期发生的事情，而这篇文章写的是多少年前的事情？

生26：写的是第二次世界大战过程中的事情，也就是13年前的事。

师：内容上来讲，一般新闻写的是事件本身，这篇文章是这样吗？

生27：这篇文章写了很多旁观者的反应。

师：很好，从文章情感的表达来说呢？

生28：一般新闻遵循零度情感的原则，而这篇文章我们能读出强烈的情感倾向。

师：说得很好。还记得我们在课前视频中学到的新闻特征吗？有哪几点？

生（全体）：真实性、客观性、时效性。

师：好。这篇文章真实吗？

生（全体）：真实。

师：好。客观吗？

生29：挺客观的，因为它以侧面描写的角度来展现，而不是进行价值判断。

生30：可是作者也在文章中表达了自己强烈的情感，感觉并不太客观。

师：两名同学都说得有道理。其实这个问题没有标准答案，作者用了客观的呈现方式，又融入了主观的情感。所以从一定的角度来说，作者遵循了客观的表现形式，但是在表达情感上，又拒绝了零度情感的客观原则。这篇文章的时效性呢？同学们沉默了，看来这个问题不太好作答。请你来说说。

生31：文章写的是13年前的事情，好像时效性不强。可是老师这么问了，又应该是有时效性的。我不太确定。

师：我想问大家，这篇文章写的真的是13年前的事情吗？

生32：不是的，这是现在的游客参观曾经的集中营，写的是现在。

师：说得对。表面写历史，实际写的是现实。文章的题目是"奥斯维辛没有什么新闻"，可是即使没有新闻，还有这么多游客去那里参观。作者想表达什么？

生33：表达人们不忘历史，但又在现实中前进。

师：这个解读很到位。这篇文章沟通了历史和现实，表明了人们今天面对历史的态度，我们不能说它没有时效性，正因为如此，它的时效性才凸显出来。

师：我们对于这三个性质有疑问，有争议，得不到一个标准答案，其实是因为这篇文章不是一般的新闻，它是一种特殊的文体，叫特稿，也就相当于通讯。大家来看看特稿的文体特征。

在美国，新闻的体裁被分为纯新闻和特稿。纯新闻相当于我国的消息（狭义的新闻）。除此之外的新闻报道都被归入特稿，大致相当于我国的通讯。特稿兼具文学性和创作性，是新闻和文学的一种混合体裁。

师：奥斯维辛没有什么新闻，有的是莺歌燕舞，鸟语花香；奥斯维辛没有什么新闻，有的是无法回避的历史，无法忘却的纪念；奥斯维辛没有什么新闻，有的是全世界的关注与全人类的关怀。让我们记住奥斯维辛，记住这个没有新闻的地方！

【教学反思】

本课是我在2015年大学四年级时，在深圳市第二高级中学实习时的汇报展示课。当时我刚实习两个月，上过两个班的作文讲评课。我的带教老师，是深圳市知名的特级教师何泗忠老师，他拥有自己的名师工作室，专业功底深厚扎实，教学风格慷慨激昂，广受学生喜爱。

在本次授课之前，我已经在两个班上过这篇课文。当时设计了两个课时，采取问题链的形式让学生分组探究，再小组汇报。但问题过多、过散、过细，使得课堂总是重复着相同的内容，消解了学生的兴趣，当时的教学并不太成功。在何老师的指导下，我修改了教学设计，将两课时的内容浓缩成一课时，本次教学是修改过后的教学设计的首次实践。

本课所授的班级，是该校的文科实验班，是为了汇报课而"借"的班。该班的语文老师王世风是学校的青年骨干教师、深圳市朗诵协会成员，朗诵功底深厚，在学校刚刚结束的"纪念抗日战争胜利70周年"的朗诵会上，朗诵了巴金的《给死者》。王老师擅长将诵读运用于教学之中，平时的语文课上有意识地培养学生的诵读能力，主张通过诵读走进文本情境，因此该班学生的朗诵功底较好。且该班尖子生较多，思维较为活跃，对于实习教师的配合度高，是不可多得的教学班级。

在以上条件下，我进行了这一课时的教学设计和实践，现反思如下。

1. 教学目标的定位适当

何老师倡导的"待完满"语文课堂教学模式，十分注重教学目标的定位，要求教学目标定位既准确又特别。在初次阅读文本时，我感觉这篇文章非常特别，其显著的文学性区别于一般新闻零度情感的原则。通过查阅资料，我知道这篇文章在美国属于"特稿"，对于"特稿"的界定刚好验证了我的猜想。

因此，我决定将这篇文章的文体特性定为教学的主要目标，整节课的中心问题是解决"特稿"之"特"在何处。围绕着这一主线设计教学，自我建构教学的主线，将其他的解读融汇其中，实现了为我所用、物我合一的状态。

2. 材料选择的尺度适当

奥斯维辛集中营建于第二次世界大战期间，是德国纳粹关押犹太战犯及进行人体实验的场所，距离学生的生活较为遥远。所以让学生呈现提前预习好的资料，有数据、图片、视频、故事等不同类型，体现学生学习风格和认知结构上的差异。除此之外，培养学生查找资料的能力，并通过资料共享，达到互补共进的效果。

对于学生查找的资料，我尽量尊重资料的本来面目而不做过大的加工，仅是选择性地呈现在课堂上。尽量选择不同类型的材料，并让材料的上传者介绍材料，尊重学生的立场。

3. 知与情结合的方式适当

我关注游客游览奥斯维辛集中营时的心理活动的特点，运用语文悬念教学法，让学生根据游客反应补充其心理活动，构建一种"待完满"的课堂教学情境，从而让学生更好地走进文本，为文本注入自己的生命体验。

需补充的部分如下：

第9自然段："他们就不由自主地停下脚步，浑身发抖"+"①"。

第10自然段："惊惧万分，张大了嘴巴，他想叫，但是叫不出来"+"②"。

第12自然段："现在参观者来到一条长廊里……都知道死亡在等待着他们"+"③"。

第15自然段："参观者用恳求的目光彼此看了一眼，然后对解说员说'够了'"+"④"。

我选择了四篇优秀作品，将其运用到课堂教学中，并在借鉴带教老师的基础上，设计了基于文本的创读环节。

创读通过对原文文字的改编，增强文字的感染力，并通过显性化的处理方式，指导学生的诵读。在此基础上，配合悲怆的音乐，学生很容易走进文本的情境，实现基于文本的情境创设。

此外，根据动作、神态补充心理描写的任务本身就是一种情境的设置。在《普通高中语文课程标准（2017年版）》中，语文核心素养主要是四大方面：语言建构与运用、思维发展与提升、审美鉴赏与创造、文化传承与理解。同时还提出，"语言建构与运用是语文学科核心素养的基础，在语文课程中，学生的思维发展与提升、审美鉴赏与创造、文化传承与理解，都是以语言的建构与运用为基础，并在学生个体经验发展过程中得以实现的"。本环节在言语知识的基础上设置了有效情境，在情境中体验知识、运用知识，是较有意义的尝试。

4. 课堂评价的态度适当

在课堂上，我对学生的回答多持积极的客观态度。认真倾听学生回答，首先肯定学生回答中的合理之处，再指出不足之处。

提出问题时，我并没有预设过于明显的方向，让学生随自己的心意作答。在学生回答中不准确时，我通过追问的方式引导学生继续思考。引导的方式并不是自己告诉其正确答案，而是将评价的权力交给学生，让其相互指正，引起思维碰撞。

当然，此次教学还有许多"待完满"之处，我将在何老师的语文悬念教学法的指引下，不断努力探索，使自己的教学更趋"完满"。

五、《项羽之死》

李婷婷，江西省吉安市人，毕业于华中师范大学中文系，2016年参加工作，现任教于江西省九江市同文中学。师从著名语文特级教师、正高级教师何泗忠老师，致力于语文悬念教学法研究，现为语文悬念教学法实验推广团队骨干成员。

江西省九江市同文中学　李婷婷

【教学设计】

（一）指导思想与理论依据

语文悬念教学法理念是本节课的教学指导思想，本节课打破传统的教师主宰课堂、肢解课文、一讲到底的"满堂灌"课堂教学模式，采用"待完满"语文课堂教学模式，千方百计激发学生学习文言文的兴趣，调动学生的学习主动性，让学生充分参与课堂。

（二）教学目标

（1）引导学生联系文本，分析项羽形象，是本课的教学重点。

（2）体味项羽宁死不屈的崇高品格，理解司马迁对项羽的复杂情感，是本课的教学难点。

（三）教学方法

语文悬念教学法。

（四）教学过程

1. 初读课文，鉴赏文中项羽形象

利用课文标题设置悬念，激发学生探究热情，也让寻找项羽形象这个宽泛问题变得更小、更好操作。教学步骤如下：

（1）设问。文章标题是"项羽之死"，项羽可不可以不死？还是项羽必死？请学生从课文中找依据。

（2）师生探究，在探究的过程中，落实关键字词，分析项羽形象。

2. 再读课文，探究项羽人格魅力

项羽这个人物有优点也有缺点，但为什么如此被人喜欢呢，这是一个很自然的疑问，能够引起学生的兴趣，也能够使学生更深入地理解项羽。教学步骤如下：

（1）这是一个有缺点的人，却为什么会被千古传诵？

（2）分析最后一段的一处矛盾：项羽欲东渡乌江，最后却没有渡江，"欲渡"目的是求生，求生是本能，而"拒渡"展现了他的知耻重义，这属于道义层面，项羽超越自己本能，而选择成全道义，展现了人性的高贵。

（3）文章写了与项羽形成鲜明对比的吕马童，让学生分角色表演吕马童出现的部分。

（4）评价学生的表演，探究吕马童的形象。

（5）明确吕马童并非不懂礼义廉耻，只不过在利益和道义之间，选择了向利益屈服，抛弃了道义，侧面衬托项羽的宁死不屈。

3. 三读课文，感悟作者文化寄托

在司马迁编写的《史记》中，项羽比较特别，他虽无皇帝之实，但司马迁还是将他列入了本纪。在项羽身上，司马迁注入了很多个人情感，既有对项羽的崇敬，也有对项羽功败身死的痛惜，而项羽轰轰烈烈的死也是作者所希望的，两个人虽然选择不同，但同样有着不屈服的品质，值得探究。课堂最后，将课文总结到宁死不屈的文化高度，从理解项羽到理解作者，并且期待学生被其崇高的精神感染。

【教学实录】

上课时间：2018年5月15日上午第2节

上课地点：九江市同文中学二楼录播教室

上课班级：高二（5）班

（一）初读课文，鉴赏文中项羽形象

今天，我们学习一篇文言文，司马迁写的《项羽之死》。请同学们翻到教材74页,齐读课文最后一段。

PPT展示:

于是项王乃欲东渡乌江。乌江亭长檥船待,谓项王曰:"江东虽小,地方千里,众数十万人,亦足王也。愿大王急渡。今独臣有船,汉军至,无以渡。"项王笑曰:"天之亡我,我何渡为!且籍与江东子弟八千人渡江而西,今无一人还,纵江东父兄怜而王我,我何面目见之?纵彼不言,籍独不愧于心乎?"乃谓亭长曰:"吾知公长者。吾骑此马五岁,所当无敌,尝一日行千里,不忍杀之,以赐公。"乃令骑皆下马步行,持短兵接战。独籍所杀汉军数百人。项王身亦被十余创。顾见汉骑司马吕马童,曰:"若非吾故人乎?"马童面之,指王翳曰:"此项王也。"项王乃曰:"吾闻汉购我头千金,邑万户,吾为若德。"乃自刎而死。

师:同学们,这一页后配有一幅图,请同学们用刚才读过的一段中的一句话概括这幅图的意思,看用哪句话好?

PPT展示:

注:此图引自人教版语文教材选修《中国古代诗歌散文欣赏》74页

生1:天之亡我,我何渡为!

师:你能翻译这句话吗?

生1:上天要灭亡我,我还渡乌江干什么!

师:这说明项羽站在那儿不动,不渡江。的确,画面是站在那儿不动,但仅仅是不动吗？

生2：项王身亦被十余创。

师："被"是什么意思？

生2：遭受，全句是项羽自己也负伤十多处的意思。

师：但从这幅画像上看不出他身受重伤。

生3：乃自刎而死。

师：自刎是什么意思？

生3：自己割断脖颈。图中，项羽把剑架到自己的脖子上，故用"自刎而死"恰当。

师：不错，自刎是中国古代武将绝望时最常使用的自杀报国的手段。项羽是宁死不屈啊。同学们，课文标题是"项羽之死"。大家想想，项羽可不可以不死？还是项羽必死？下面请同学们认真阅读课文，说说你的看法。

（借助文章标题，设置课堂悬念，引起学生探究项羽之死的兴趣。学生认真阅读课文，不时互相讨论）

师：好，刚才同学们认真阅读了课文，讨论还挺热烈的，有没有同学愿意来说一下的？

（学生纷纷举手）

生4：我认为项羽必死。

师：为什么？你能说出理由吗？

生4：项羽的性格决定他必死。

师：具体是什么性格导致了项羽必死？你从课文哪个地方看出来的？

生4："项羽谓其骑曰：'吾为公取彼一将。'"说明项羽狂妄。

师：从这里看出项羽狂妄的性格，还有没有其他同学有其他看法。

生5："纵江东父兄怜而王我，我何面目见之"，宁愿死也不过江，可以看出他的自尊。

师：有道理，"王我"的"王"做何解释？

生5：让我称王，名词作动词。

师：正确，刚才同学们认为，性格决定命运，项羽必死。有没有支持不死的，项羽有没有可能不死呢？

生6：渡江可以不死。

生7：投降可以不死。

师：你们觉得项羽会不会这样做？

生8：不会，愧对江东父老，表现了他有责任心。

师：他想到了那些曾经跟从他的兄弟，怎么样啊？都死了，他没有照顾好他们。从这样一种责任心可以看出来，项羽对这些兄弟是很在乎的，而且他称江东子弟为"父兄"，这表现了项羽对这些兄弟怎么样？

生：情同手足，重情重义。

师：项羽对这些兄弟重情重义，为自己没有照顾好这些兄弟而有愧于心，因为自尊而知耻。那项羽有没有渡江的可能，有没有可以成为项羽渡江理由的？

生9：渡江之后可以称王。

师：项羽乌江自刎时应该是有一个牵挂的，谁？（生：虞姬）我们把这首《垓下歌》一起读一遍。

（生齐读）

师：这表现了项羽什么形象？

生10：柔情似水。

师：这名同学说得好。项羽是个顶天立地的英雄，既有刚性的一面，也有柔情的一面，可见人性往往是复杂的。刚才同学们讲到项羽可能渡江，去称王，我们想一下，假如项羽渡过乌江，他能称王吗？

生11：不能，太过刚愎自用，妇人之仁。

师：你说的好像不是来自我们原文，原文当中能不能找到理由？

生11：课文第2、3两个自然段，东城决战，在东城这个地方，项羽处于什么样的处境？二十八骑对数千人，可以称为绝境，但是在绝境当中的身为一军之将的项羽选择了决战。

师：决战是什么意思？显示了项羽什么样的形象？

生11：视死如归，勇猛。

师：项羽作为将军，在战争中有什么样的责任？

生11：作为将领，有责任保护士兵安全，但是他选择个人的酣战，这是一个莽夫。

师：在第2自然段，项羽除了去过东城，还去过一个地方，这里可以表现项羽什么样的形象？

生12：阴陵，农夫骗他，说明他不得人心。

师：哪里看出是骗他？

生12："项王至阴陵，迷失道，问一田父，田父绐曰'左'。左，乃陷大泽中。"其中，"绐"，根据上下文意，就是"欺骗"的意思。

师：对的，可见形势决定项羽不能活，不得民心。项羽投降能不能活？

生13：不能，对方肯定会杀了他，最后一段，"汉购我头千金，邑万户"。对方想要的是他的人头。

师：所以性格决定项羽必死，形势决定项羽必死，对手决定项羽必死。这三个方面很多是项羽的负面形象，我们现在如此喜欢项羽，项羽在文章中有哪些正面形象呢？

生14：在第1自然段中，项羽很柔情。

生15：项羽在战争中的表现，"是时，诸侯为骑将，追项王，项王瞋目而叱之，赤泉侯人马俱惊，辟易数里"，可见项羽骁勇善战。

师：在文章最后一段，项羽自刎前还做了一件事情。

生15：送马。为什么送马？

生16：不忍杀之。

师：所以这是一个什么样的项羽？

生17：善良。

师总结：文中的项羽是一个怎样的人？这是一个重情重义、骁勇善战、心存仁善、自尊知耻的项羽，这些都是他的优秀品质。但是因为他的天命思想，他觉得天要亡我，我即使渡过江，还是会死，所以不渡江。因为鲁莽自负，因为不得民心，最后他把原因一味地归结为天意，而没有反省自己，不知自省这些缺点最后造成了他的失败。

师：司马迁在《项羽本纪》中最后对项羽有这样一段评价。

PPT展示：

太史公曰：（项羽）自矜功伐，奋其私智，而不师古，谓霸王之业，欲以力征经营天下，五年，卒亡其身，身死东城，尚不觉寤，而不自责，过矣。乃引"天亡我，非用兵之罪也"，岂不谬哉！

师（对着PPT翻译）：项羽居功自傲，强逞个人智慧而不效法古人，认为自己干的是霸王的事业，想凭着武力征讨来谋夺、统治天下，五年的时间便丢掉了国家政权，自己也死在东城，还不醒悟，又不自我责备，这就大错特错了。却说什么"上天要灭亡我，不是我用兵的过错"，这难道不荒谬吗？司马迁的这段话，很好地揭示了项羽失败的原因。

（二）再读课文，探究项羽人格魅力

师：人们往往以成败论英雄，然而，项羽失败了，人们也认为他是一个真正的英雄，"至今思项羽，不肯过江东"，项羽为什么会被千古传诵呢？同学们再读课文，能从课文中找到一些答案吗？

（学生积极响应教师召唤，再次阅读课文，不时交换意见）

师：下面谁来说一说？

生16：乃欲东渡乌江，最后没有渡。

师：从这里可以看出项羽什么样的形象呢？能够成为一个被传诵的英雄，必有其人格的高贵之处，怎样具体理解这一处矛盾？项羽为什么"欲渡"？

生16：想东山再起。

师：东山再起那是后话，项羽首先想干吗？

生16：活命。

师：想活命，想求生，而求生是一种……

生16：本能。

师：又为什么拒渡呢？我们把项羽这一番话读一下。

PPT展示：

项王笑曰："天之亡我，我何渡为！且籍与江东子弟八千人渡江而西，今无一人还，纵江东父兄怜而王我，我何面目见之？纵彼不言，籍独无愧于心乎？"

师："天之亡我，我何渡为！"类似的话，项羽总共说了几次？

生16：三次。"此天之亡我，非战之罪也。""令诸君知天亡我，非战之罪也。"

师：钱锺书在《管锥编》中评价这几句，"认输而不服气，故言之不足，再三言之"。既然不服气，为什么不渡江卷土重来再试一次呢？《项羽本纪》中，项羽曾对刘邦这样商量过："天下匈奴数岁者，徒以吾两人耳，愿与汉王挑战，决雌雄，毋徒苦天下之民父子为也。"从这里可以看出项羽是一个什么样的人？

生16：关爱天下苍生。

师：比较关爱天下苍生，比较仁善，刚刚我们也分析过他为什么不渡乌江，因为对江东子弟愧疚，知耻，因为对江东子弟的死很在意，很重义气。

PPT展示：

拒渡：仁善、知耻、重义。

师：而这相对本能来讲属于什么层面？

生16：精神层面。

师：精神层面、道义层面。项羽其实也想活命，要不他不会"乃欲东渡乌江"，只不过在他心中有比生命更为重要的东西。孟子说过："生亦我所欲，所欲有甚于生者，故不为苟得也。死亦我所恶，所恶有甚于生者，故患有所不辟也。"项羽放弃生，超越自己本能，而选择成全道义，这种宁死不屈，舍生取义的精神，展现了人的高贵。而最后一段有一个人与项羽形成鲜明对比，谁？

生17：吕马童。

师：对。下面，我们请两名同学来表演一下。我们班有没有学表演的，或者平时就比较戏精的？

生17：陈杰。

师：好，我把这一段文字做了一些改动。

PPT展示：

齐读：项王身亦被十余创。顾见汉骑司马吕马童，曰：

项王："若非吾故人乎？"

齐读：马童面之，指王翳曰：

马童："此项王也。"

齐读：项王乃曰：

项王："吾闻汉购我头千金，邑万户，吾为若德。"

齐读：乃自刎而死。

师：我们就按这段文字来表演。陈杰来演吕马童，这是一个演技很高才能表现出人物特点的人物。那你们觉得谁比较适合演项羽？

生：班长。

师：演员不但要有朗读，而且要有动作，其他同学念旁白。演员自己度量下该怎么站位。

（学生积极提建议，整个过程气氛很高，笑声不断，表演在一片掌声中结束）

师：找一名同学来评价一下，因为整个过程中表演难度最高的就是吕马童，大家觉得他演的怎么样？

生18：因为吕马童是项羽故人，见到项羽的时候，吕马童应该是很尴尬的，但是陈杰同学表演的时候没有尴尬，很自然。

师：这是表情方面的问题，但是最明显的问题在哪呢？

生19：面之，指王翳，面应该朝向王翳，指向项羽。

师：我们来分析一下吕马童这个人，吕马童是一个什么样的人？

生20：势利，吕马童是项羽故人，却来抢项羽人头。

师：吕马童是什么身份？

生21：汉骑司马。

生22：项羽故人。

师：来抢项羽人头，这是一个为了利益的人。吕马童会不好意思，说明这个人并非不知廉耻，不明道义，趋利避害也是人的本能，在利益和道义之间，吕马童选择了利益，抛却了道义。以一个向财权屈服之人侧面衬托项羽宁死不屈的崇高人格，这样高贵的英雄却死去了。项羽是一个高贵的失败的英雄。

（三）三读课文，感悟作者文化寄托

师：司马迁在《史记》里记述过很多人的死。黄帝轩辕，华夏民族的共主，被尊为中华"人文初祖"，司马迁对其死的描述，用"黄帝崩"一笔带过；孔子，儒家学派创始人，至圣先师，司马迁对他的死描述得很简单，"孔子卒"。司马迁对他们的死的描述可谓惜字如金，为什么在描述项羽之死时浓墨重彩呢？请同学们三读课文，说说你对这个问题的看法。

（面对教师设置的这个对比悬念，学生兴趣盎然，再次深入文本，探究问题）

师：司马迁对项羽的死的情感态度是怎样的？

生23：惋惜。

生24：尊敬。

生25：司马迁受过宫刑，但选择活着，他认为自己是苟且偷安，他内心十分崇敬项羽。

师：看来同学们的讨论越来越深入。对了，我们得联系司马迁的经历来理解课文。

PPT展示：

司马迁卷入李陵事件，替李陵辩护，惹怒汉武帝，汉武帝便把司马迁交给臭名昭著的酷吏杜周处理。司马迁忍受了各种肉体和精神上的残酷折磨，面对酷吏，他始终不屈服，也不认罪。后来汉武帝听信李陵曾带匈奴兵攻打汉朝的传闻，便草率地处死了李陵的母亲、妻子和儿子，司马迁也因此事被判了死刑。汉朝的免死必须接受两条路，要不交五十万钱，要不接受宫刑。司马迁家贫，拿不出这么多钱。而宫刑是个奇耻大辱，污及先人，见笑亲友。司马迁没有选择死，只能选择宫刑。（《李陵事件》节选）

师：司马迁在经历了宫刑之后，心理思想发生了什么样的变化？

PPT展示：

仆以口语遇遭此祸，重为乡党所笑，以污辱先人，亦何面目复上父母之丘墓乎？虽累百世，垢弥甚耳！是以肠一日而九回，居则忽忽若有所亡，出则不知其所往。每念斯耻，汗未尝不发背沾衣也。

师：对他当时的选择，司马迁有过这样的解释。

PPT展示：

原文：假令仆伏法受诛，若九牛亡一毛，与蝼蚁何以异？而世又不与能死节者比，特以为智穷罪极，不能自免，卒就死耳。何也？素所自树立使然也。人固有一死，或重于泰山，或轻于鸿毛，用之所趋异也。（《报任安书》）

翻译：假使我被处死刑，就像九头牛身上失去一根毛一样，跟蝼蚁之死有什么区别？世人不会拿我的死跟能殉节的人相比，只认为我是智尽无能，罪大恶极，不能免于死刑，终于走向死路的呀，人固然有一死，但有的人死得比泰山还重，有的人死得比羽毛还轻。因为他们生存所依靠的东西不同啊！

师：看到这里，我想让同学具体分析一下，为什么司马迁对项羽之死浓墨重彩？

生26：他对项羽之死，应该寄托了自己的一种精神，人的死有轻于鸿毛，有重于泰山，项羽之死重于泰山，司马迁也想像他一样。

师：英雄相惜，都追求生命的价值。很好，还有没有同学要说？

生27：跟他个人经历有关。司马迁因为李陵事件而遭受宫刑，对他精神层面是一个很大的打击，让他重新思考如何为人处世。

师：我非常赞同第一名同学的看法，英雄相惜。他们曾面临同样的处境，生死之间必须抉择其一，项羽选择了轰轰烈烈地死，维护生命的尊严，而司马迁选择了忍辱偷生，又何尝不是高贵的呢？朱生豪所译的《哈姆莱特》中有一段有名的台词，我们一起来读一遍。

PPT展示：

生存还是毁灭，这是一个值得思考的问题。默然忍受命运暴虐的毒箭，或是挺身反抗人世无涯的苦难，通过斗争把它们扫清，这两种行为，哪一种更高贵……谁愿意忍受人世的鞭挞和讥嘲、压迫者的凌辱、傲慢者的冷眼、被轻蔑的爱情的惨痛、法律的迁延、官吏的横暴和费尽辛勤所换来的小人的鄙夷，要是他只要用一柄小小的刀子，就可以清算他自己的一生……

师：有人把司马迁著《史记》称为文化复仇，在以死解脱和挺身反抗人世无边的苦难之间，他选择了后者，以著史成就生命价值，这何尝不是一种人生的尊严。"生当作人杰，死亦为鬼雄。至今思项羽，不肯过江东。"项羽选择站着死，他的死就是他的不死，中国人崇尚宁死不屈的气节，这种文化影响了中国几千年，直到现在。这节课就到这里，下课。

【教学反思】

1. 试讲课，采用传统串讲法，课堂气氛沉闷

要上公开课了，我决定讲司马迁的《项羽之死》。课备好以后，先到一个班试讲。

试讲课以李清照的诗做导入，先总结诗中的项羽形象，再过渡到课文中的项羽形象。

导入：我来念一首诗，看有多少同学能跟上我：生当作人杰……

在李清照心里，项羽是一个什么样的形象？

然后以三个主问题贯穿课堂：

（1）《项羽之死》中，塑造了一个怎样的英雄形象？

（2）为什么项羽这个人物被广为传诵？

（3）司马迁对黄帝、孔子的死的描述可谓惜字如金，为什么在描述项羽之死时浓墨重彩呢？

教学方式以常规的讲授法、提问法为主，所以其他教师听完后的反馈就

是这是一堂常规课。关于项羽形象，问题很宽泛，学生不好答，课堂很沉寂。另外，学生的回答层出不穷，教师很难把控，所以第一次试课情况很不理想。

2. 公开课，采用悬念教学法，学生跃跃欲试

试讲课没有成功，一个电话打往深圳，向远在千里之外的师父何泗忠老师求教。

在师父指导下，我以课文标题设置悬念，将第一个问题转换了一下，变成"文章标题是'项羽之死'。那么，项羽可不可以不死？还是项羽必死？"

问题变得更具体了，学生回答更有针对性和操作性，最重要的是一开始就大大激发了学生的学习积极性，整个课堂氛围很好。

另外，师父也提出，项羽身上最动人的就是他宁死不屈的精神，这种文化影响了中国几千年，最后可以提升到文化的高度。所以，后面两个主问题虽然没变，但是我的导向点更有方向性，更明确，导向了"宁死不屈"精神。刚开始，设置这三个问题的初衷是由总结文章的人物形象，再提升到人性的高度，最后希望通过对文章人物的理解加深对作者的理解。但是师父提到课堂最后提升到文化的高度，可以落实到"宁死不屈"的精神，于是三个主问题有了更为集中的凝聚点，环环相扣，层层递进，脉络更为清晰，文章深度也增加了。

上完公开课，听课教师给予了高度评价。

3. 一点感悟：好课是反复打磨出来的

由一堂普通的课变成一堂优秀的课，由一堂以传统讲授法为主的沉寂的课到一堂有深度、有热度的活跃的课，需要不断的打磨。

打磨提问方式很关键。怎么设置问题才能让学生好答又能够调动学生积极性，这是教师要花大工夫琢磨的。课堂设置的第一个问题，"项羽可不可以不死？还是项羽必死？"符合师父提出的"悬念课堂"理念，去设想人物有没有可能有另外一种结局，可以很好地引起学生的好奇和探究心理。

确定教学内容很重要。课文讲授最好考虑语言、文章、文学、文化四个维度，不仅要贴合文本，抓住课文重点，让学生理解课文，最好还要能够提升到文化的高度，增加文章的深度，让学生有所感，有所悟。《项羽之死》这篇文章最后提升到"宁死不屈"的文化高度，不仅让学生加深了对项羽的理解，也深化了对中国人崇尚宁死不屈这种气节的理解，真正带给了学生一些思考。

最后作为一个语文教师，还是要多看书，增加文本感知能力和解读能力。公开课能很好地体现教师素养，师父能帮忙一针见血地指出《项羽之死》中项羽的最闪光之处，其实是对课本深入挖掘和广泛鉴览资料的结果，这是教师学识和见识的综合体现。

六、《蜀道难》

谢艳萍，安徽省阜阳市太和县人，中学语文一级教师。2003年参加工作，现任教于安徽省示范高中太和县第一中学。师从著名语文特级教师、正高级教师何泗忠老师，致力于语文悬念教学法研究，现为语文悬念教学法实验推广团队骨干成员。2004年荣获"阜阳市高中语文优质课大奖赛"一等奖，曾被授予"太和县首届骨干教师""太和县信息技术教学应用名师""阜阳市信息技术教学应用名师"等称号，在省级以上刊物发表《读懂诗，要强化两个层面》《美育在高中语文教学中的运用》等十多篇论文。辅导学生在"全国中学生作文大赛"和"新世纪杯全国中学生作文大赛"中多次获奖。

安徽省阜阳市太和一中　谢艳萍

【教学设计】

（一）指导思想与理论依据

本节课的教学指导思想和理论依据是何泗忠老师的著作《语文悬念教学法》，让学生在朗朗书声中充分参与到课堂中，学会涵泳鉴赏。

（二）教学目标

（1）指导学生如何诵读，提高诗歌的鉴赏能力。

（2）在诵读中理解把握诗歌的表现手法、语言风格。

（3）借助悬念教学法，探究本诗情感主旨。

（三）教学过程

1. 诗歌导入，激发兴趣

PPT展示余光中的诗《寻李白》，让学生猜诗歌写的是哪位诗人？

2. 初读课文，整体感知

（1）教师示范诵读，学生听时注意感受诗歌风格。

（2）通过诵读和听读感受这首诗歌有怎样的风格？

（3）学生诵读。

（4）指导诵读，感受诗风。

3. 再读文本，涵泳意境

（1）赏析第一小节

①第一处的"难"是从什么角度写蜀道难的？

②哪些句子可以体现这一特点？选择你认为写得最精彩的一句来鉴赏。

（2）赏析第二小节

①第二小节有两处描写的文字，请分别把它勾画出来。

②提问：这两处描写写出了蜀道的什么特点？

③提问：这两处文字是怎样表现蜀道的险峻的？

（3）赏析第三小节

①提问：第三小节是从哪个角度写蜀道的？

②提示：学生品读这几句话，感受蜀道的凶险，读出一种紧张的语气。

③提问：如果让同学们进蜀山，走蜀道，你们会有什么感受？

4. 三读文本，揣摩意蕴

提问：李白为什么要写《蜀道难》呢？诗人有没有言外之意？

5. 课堂小结，入神入境

再次诵读诗句，感受诗人的浪漫主义激情。

【教学实录】

上课时间：2018年3月27日

上课地点：安徽省太和一中

上课班级：高一（12）班

（一）诗歌导入，激发兴趣

师：同学们，在正式上课之前，老师给你们看一首余光中的诗歌。

PPT展示：

酒入豪肠，七分酿成了月光。

余下的三分啸成剑气，

绣口一吐就是半个盛唐。

……

师：同学们猜一猜余先生盛赞的是哪位诗人？

生（全体）：李白。

师：大家学过很多李白的诗歌，你印象中李白诗歌的主要特点是什么？

生1：豪放、夸张、丰富的想象，浪漫主义。

师：对。贺知章在读《蜀道难》一诗的时候惊叹李白是"谪仙"，清代诗评家沈德潜也评此诗："笔势纵横，如虬飞蠖动，起雷霆于指顾之间。"今天就让我们共同走进诗人李白的《蜀道难》，再次体味李白诗歌的魅力。

（采用悬念式教学法导入，从而引发学生对李白诗歌的探究兴趣）

（二）初读课文，整体感知

师：下面由老师诵读此诗，同学们认真听，注意感受诗歌风格。

（教师范读，学生倾听）

师：刚才同学们听了老师的诗歌朗诵，请同学们讨论一下，你们觉得这首诗有什么风格特点？

（学生在下面小声读诗，边读边讨论）

师：大家通过诵读和听读感受到这首诗有怎样的风格？

生2：雄浑、豪放。

师：感觉不错。那你根据你的感觉，来读一读这首诗如何？大家仔细听，看他读出雄浑、豪放的风格没有？

（生2声情并茂地朗读诗，赢得学生阵阵掌声）

师：读得真好啊。这首诗重点写蜀道"难"，读完这首诗，你印象最深的是哪一句？

生2：蜀道之难，难于上青天。

师：乐府诗多有咏叹的意味，这首诗言蜀道之险，有"风人之义"，咏叹的意味尤浓，大家朗读时必须把握这个基调，才能再现诗中的意境。开头"噫吁……难于上青天"这两句统摄全诗，奠定了诗的咏叹基调，感情是豪放的，要读得很有声势。"噫吁"是惊异之辞；"危""高"，一义重出，极言蜀道高峻；"乎""哉"，皆可有延长音。"蜀道之难"，可读得平缓，略做停顿后，再用升调读"难于上青天"五字，这样一来，全诗主旨就十分明确了。

师：那"蜀道之难，难于上青天，使人听此凋朱颜！"这几句该如何读呢？

生3：蜀道能使红润的脸色变得枯萎，应读出害怕的感情，声音也应越来越低沉。

师：感觉不错，你把这几句读给大家听，好不好？

（生3绘声绘色地朗读，学生热烈鼓掌）

师：读得真好，读出了让人心悸的感觉。谁来读"蜀道之难，难于上青天，侧身西望长咨嗟"这几句？

生4：我来读。

（生4摇头晃脑地读起来，引得学生们哈哈大笑）

师：你为什么这样读这几句？

生4：因为这是全诗的结束语、主旨句，第三次出现，要读得缓慢些，有深沉的慨叹。"侧身西望"后稍做停顿，再用渐慢渐弱的声调读"长咨嗟"三字，读有余音，以发人深味。

（学生们为生4的精彩解读鼓掌喝彩）

师：你真是一位小小的朗诵家啊。刚才，通过几名同学对主旋律的诵读，本诗"一唱三叹"的风格就凸显了出来。

（三）再读文本，涵泳意境

师：欧阳修曾经评价《蜀道难》："太白之精下人间，李白高歌蜀道难。蜀道之难，难于上青天，李白落笔生云烟。"（展示PPT）李白的这种别有韵味的风格是怎样通过语言营造的呢？他反复咏叹蜀道难，蜀道到底"难"在哪儿？请同学们抓住诗的主旋律，思考这三句话分别从哪个角度突出"蜀道难"，选出你认为最精彩的句子加以赏析，注意句子所用的表现手法。

（师生共同赏析第一小节）

师：第一处"蜀道之难，难于上青天"中的"难"是从什么角度写蜀道难的？

生5：第一处"蜀道之难，难于上青天"中的"难"主要是说山势之高。

师：哪些句子可以体现这一特点？选择你认为写得最精彩的句子加以鉴赏。

生5："上有六龙回日之高标，下有冲波逆折之回川"——用了"六龙回日"的神话故事，作者还用了上下对举的方式说明蜀道难行，写出了山势之高、绵延接天、万仞之深、极望回旋，把蜀道的"危"和"高"写得令人心惊肉跳。

师：主要用了神话，突出了蜀道的高峻，连太阳神见了它都要绕道而行，意象可谓阔大雄奇。

生6："地崩山摧壮士死，然后天梯石栈相钩连"——巧妙地化用"五丁开山"这个神话传说故事，写出了开蜀道的难，写出了古代人与自然的斗争和改造自然的强烈愿望，以及改造自然的艰难。这句话显得很有气势，写出古代劳动人民在劈山架路中的悲壮业绩。这句话运用了传说故事，极富浪漫主义色彩。

生7："青泥何盘盘，百步九折萦岩峦"——押韵，读起来朗朗上口，第二句写出了蜀道山势迂回，地势极为复杂，走进去就像迷宫一样，突出了蜀道迂回盘旋曲折的特点。

生8："黄鹤之飞尚不得过，猿猱欲度愁攀援"——按理说黄鹤飞得很高，但连黄鹤都飞不过去，可见蜀道山势的高峻。猿猱一般攀缘本领比较强，但这种山连猿猱都攀不过去，可见山势的险峻。通过黄鹤和猿猱都飞不过去、攀不过去从侧面烘托出蜀道之高，实际上是一种以虚衬实的写法。

生9："扪参历井仰胁息，以手抚膺坐长叹"——这是写登上顶峰以后的情形。通过摹写神情、动作，侧面写出蜀道之高：手扪星辰、呼吸紧张、抚胸长叹、步履艰难、神情惶悚，困危如在眼前。而后一幅更有意思：诗人从星星中间穿过还时不时地触摸它们，这是何等奇特的想象！

师：由此可知，第一小节里有大胆的夸张、丰富的想象，还引用了神话传说，虚实结合，意象十分雄奇、壮阔，感情奔放，确实有摄人魂魄的效果，也充分体现了李白诗歌的浪漫主义特点。

（师生共同赏析第二小节）

师：我们通过朗读一起来鉴赏一下第二小节，在这一小节中有两处描写的文字，请大家分别把它勾画出来。

师：这两处描写展示了蜀道的什么特点？

生10：描写了蜀道的险。

师：这两处文字是如何展现蜀道险峻的？

生10："但见悲鸟号古木，雄飞雌从绕林间。又闻子规啼夜月，愁空山。"这是诗人设想游者在途中所见的景物画面是凄清的：鸟鸣，使山林显得更加幽静，像原始森林一样荒寂无人，跟此前的画面相比，色调是变了，也表现了蜀道景物的多样，但气氛是逼人的，使人感到孤寂得可怕。借景抒情：古木荒凉、鸟声悲凄（"悲鸟号古木""子规啼夜月"），使人闻声失色，渲染了旅愁和蜀道上空寂苍凉的环境氛围，有力地烘托了蜀道之难。

生11："连峰去天不盈尺，枯松倒挂倚绝壁。飞湍瀑流争喧豗，砯崖转石万壑雷。"这是一幅极其惊险的画面，与上文着重写蜀道之高不同，连峰绝壁，砯崖转石，都会危及游人的生命，使人望而生畏，闻而心惊，故下文云"其险也如此"。运用夸张，"连峰去天不盈尺，枯松倒挂倚绝壁"写出了山峰之高，绝壁之险，渲染了惊险的气氛。

师：如此多的画面此隐彼现，其境界之阔大，自不待言；且无论写山之高，水之急，河山之改观，林木之荒寂，连峰绝壁之险，皆有逼人之势，其气象之宏伟，的确是他人不可及。再从总体来看，其变化之速愈变愈奇，又往往出人意料，使人目不暇接，故沈德潜云："起雷霆于指顾之间。"

（师生共同赏析第三小节）

师：第三小节是从什么角度写蜀道的？

生12："一夫当关，万夫莫开"表现了蜀道易守难攻、地势的险要。"所守或匪亲，……杀人如麻"，表现了蜀地凶险。

师：蜀道如此之高峻，如此之险阻，猛兽如此之凶恶。同学们，如果让你们进蜀山，走蜀道，你们会有什么感受？

生13：雄奇可怖。

师：这就是《蜀道难》这首诗给我们营造的奇特意境。同样是写蜀道，我们来看一看《三秦民谣》怎么写的。

PPT展示：

武功太白，去天三百孤云两角，去天一握山水险阻，黄金子午蛇盘鸟桵，势与天通。（《三秦民谣》）

师：武功县的太白山很高，离天只有三百尺孤云、两角二山，离天只有一拳那么近；山高水急的子午谷，战略地位十分重要，蛇盘、鸟桵两座山，山势曲折险峻，高耸接天。同样是写蜀道，请同学们比较一下这首民谣和李白的诗歌在表现手法上有哪些相同和不同之处？

生14：相同：夸张。不同：李白的诗还有想象、神话传说、侧面描写、虚写映衬。

师：李白的这种瑰丽的想象，大胆的夸张，神奇的传说，奔放的激情，就构成了浪漫主义的表现手法。

（四）三读文本，揣摩意蕴

师：那么李白为什么要写蜀道难呢？请看教材注释①。

这首诗是为送别友人而作，"黯然销魂者，唯别而已"。同样是送别，本诗却没有一点送别的哀婉之情，而是写蜀道难，目的是劝友人不要去。哪些句子体现了他的意图？

生15："问君西游何时还？畏途巉岩不可攀""其险也如此，嗟尔远道之人胡为乎来哉""锦城虽云乐，不如早还家。"

师：是的，从这几句话中我们可以看出诗人是极力劝友人不要去，那么，这是不是全诗所有的意图呢？我们来看此诗的写作背景。

PPT展示：

李白二十六岁时只身出蜀，四十二岁才被召入长安，供奉翰林，但并无实职。唐玄宗沉迷于声色，任用奸臣。李白气质傲岸，桀骜不驯，蔑视权贵，不久，得罪权贵，而被谗言毁谤，排挤出京。

天宝初年，地方节度使势力膨胀，藩镇割据，怀觊觎之心者，非徒安史。

师：请同学们结合背景以及诗歌的第三小节讨论一下，诗人有没有言外之意？

（学生讨论，教师点拨）

师：两种言外之意。

PPT展示：

第一种：融入身世之感，感叹人生之难，仕途之难，不如放浪形骸，回归精神家园。

第二种：警告当时的统治者，谨防军阀割据，从而表现出诗人对时局的担忧。

师：李白的这首诗正是"一番奇语倾吐一腔幽愤之情，一副狂态难掩一颗赤子之心"。

（五）课堂小结，入神入境

师：明代诗学家高棅曾在《唐诗品汇》中这样评价《蜀道难》："妙在起伏""才思放肆""语次崛奇"。

PPT展示：

诗人感叹蜀道之高、险，战祸之烈，一咏三叹，跌宕起伏，此谓"妙在起伏"；诗人以变化莫测的笔法，大胆的夸张和想象，创造了浩大广博的艺术境界，使整首诗歌充满了浓郁的浪漫主义激情，此谓"才思放肆"；散文化的诗句，参差错落，韵脚多变，极为奔放的语言风格，此谓"语次崛奇"。

师：总之，在朗读和涵泳中，我们深刻体会到了《蜀道难》展现出来的浪漫主义风格，亦领略了它的奇特与瑰丽，同时可以从中把握鉴赏诗句的方法，希望大家在学习中能够学以致用。透过奇丽峭拔的山川景物，我们仿佛可以看到诗人那"落笔摇五岳、笑傲凌沧洲"的高大形象。请大家再次诵读诗句，再次感受诗人的浪漫主义激情！

【教学反思】

1."传统满堂灌"使我在课堂教学中遇到困惑

以前教《蜀道难》的时候，我一直是按部就班地"满堂灌"：先介绍作者李白，再介绍李白的诗歌特点，接着介绍李白写《蜀道难》的背景，然后听示范朗读，之后逐句翻译讲析，解决课后问题，最后布置学生作业。因为我觉得这样教可以很好地控制课堂，控制学生。

然而，随着一遍又一遍地教学，我的心里慢慢地升腾起许多困惑：讲授李白及其诗歌特点的时候我自认为很详细，学生也应该记住了，但是第二节课再问的时候，学生依然不知晓；具体讲解诗的时候，从字讲到词，从词讲到句，似乎分析得头头是道，但是整首诗却显得支离破碎，学生也听得昏昏欲睡，了无意趣。

我真正体会到了"满堂灌"教学方式的苦楚——在规定的时间里，作为教师的我一厢情愿，用自己的思维代替学生丰富多元的思维，并千方百计、想方设法地把学生引导到自己事先设计好的"标准答案"上来，而且不达目的绝不罢休，这样看似一切顺着事先设计好的教学路线推进，教学环节被衔接得天衣无缝，知识是预定的，结论也是固定的，整个教学表现出封闭的、静止性的特点。学生在我这样刻板的教学中失去了自己的思维，他们成了教学过程的旁观者，不再提出自己的见解，只是单纯地强迫自己记录我所给予他们的内容。

2."悬念法教学"让我找到了课堂教学的曙光

一次机缘巧合，我在网上看到并仔细阅读了著名语文特级教师何泗忠老师的《语文悬念教学法》，这本书犹如一道曙光，让我感受到其真正的理论和实践相结合的内容，并让我体会到其实用价值，于是就抱着试一试的心态，开始以《语文悬念教学法》为依托，通过网络请教何老师，慢慢地调整了自己的教学模式，在课堂上把自己从主讲的位置变为主导的位置，认真设计一系列问题，引导学生在听课的过程中产生一种关注、好奇和牵挂的心理状态，让他们学会在阅读中思考、分析和总结。

在《蜀道难》这一课的教学中，我主要运用了导入悬念教学法和过渡悬念教学法，调动了学生学习的积极性，带领他们由浅入深地诵读，在诵读理解的过程中完成了既定的教学目标，也取得了一定的效果。

在课堂的起始阶段，引用余光中先生的《寻李白》里的经典诗句，把介绍李白的橄榄球抛给学生，让他们迅速集中注意力，很快进入课堂教学情境。接着通过三次诵读诗文，让学生在朗读中自然地走入文本，主动思考、发现、探究、求证。

我在这个环节中精心设计了几个问题，设置悬念，让学生主动探究这几个问题，如运用"过渡悬念教学法"在探究中设计了这样一些问题：

先问李白为什么要写蜀道难。学生在注释中很容易找到初层原因。进而问道：

"这个原因是不是全诗所有的意图呢？"

这个问题引发学生再次探究的兴致，这时候我用PPT展示出诗文的写作背景，让学生的疑问在看写作背景的过程中慢慢解锁，进而取得不错的教学效果。

充满悬念的课堂，能够不断地激发学生的学习兴趣，也自然地提高了学生的课堂参与度，而我也从中收获颇多。

路漫漫其修远兮，吾将上下而求索。见贤思齐，在何老师《语文悬念教学法》的指导下，我会继续在充满新奇的教学之路上努力前行！

七、《爱莲说》

蔡财弟，惠东县港口中学教导主任，深圳市名师何泗忠语文悬念教学法团队骨干成员，惠州市教师资格考试面试官，惠州市首届"教坛新秀"，惠州市"优秀班主任"，惠州市"优秀教研工作者"，惠东县语文学科带头人，惠东县首届"名教师"培养对象，惠东县语文中心教研组成员，惠东县首届语文名师工作室成员，惠东县中级教师职称评委，惠东县语文优质课比赛评委，惠东县"优秀教师"，惠东县"优秀班主任"，惠东县语文"教学业绩突出教师"，惠东县港口旅游度假区"优秀教师"。

广东省惠东县港口中学　蔡财弟

从教十二载，一直在农村中学教学一线，注重教育教学研究，业绩突出。在省、市刊物发表论文多篇，主持省级教学课题研究一项（获省二等奖），主持市级教学研究课题两项（一项已申请成果奖），参与市级教学研究课题一项（获市二等奖），主持县级教学研究课题一项（已申请成果奖），曾获"2017我与魏书生"全国征文一等奖、惠州市古文录像课比赛二等奖（两次）、惠东县语文优质课比赛第一名（三次），指导学生获国家级作文比赛二等奖。

【教学设计】

（一）指导思想与理论依据

语文悬念教学法之"待完满"课堂教学模式理念是本节课的教学指导思想。本节课打破传统农村初中教师主宰课堂通篇翻译、学生被动接受抄写翻译的无趣、低效的文言文课堂教学模式，通过精设教学步骤，优化教学活动，层层设悬，注重学生的阅读过程和阅读体验，步步串"莲"，引导学生渐入佳境，激发学生学习文言文的兴趣，点燃学生学习文言文的激情，培养学生的文言文阅读能力。

（二）教学目标

（1）知识与技能：积累文言词汇，培养学生的文言文阅读能力。

（2）过程与方法：通过四步串"莲"的悬念教学步骤，步步莲花，在诵读和品味的过程中理解文本，把握技巧，提高学生文言文的阅读能力。

（3）情感、态度与价值观：深刻体会作者不慕名利、洁身自好的生活态度，感受其高雅脱俗的情怀，做像莲花一样的君子。

（三）教学重难点

1. 教学重点

（1）积累文言词汇，理解文本内容，学习托物言志的手法。

（2）提高文言文的阅读能力。

2. 教学难点

体会周敦颐不慕名利、洁身自好的生活态度，感受其高雅脱俗的情怀。

（四）教学方法

（1）多媒体教学，创设情境，增加课堂教学容量。

（2）依据"待完满"课堂教学理念，通过设置有序教学步骤和有趣教学活动的学习方式，让学生在活动中真正参与课堂，激发学生学习文言文的兴趣。

（五）教学过程

1. 引莲（设悬激趣，引出课题）

唐代李白有诗曰："兴在趣方逸，欢馀情未终。"文言文课堂教学的第一步是设置悬念，引出课题，激发兴趣，点燃激情。

2. 读莲（反复诵读，走入文本）

《爱莲说》一文讲究韵律，带有明显的声韵美，宜引导学生反复诵读，设计如下四个活动。

活动一：素读文本，咬准字音（学生齐读，师生纠错）。

活动二：演读文本，读出古味（教师范读，师生演读）。

活动三：自读文本，提出疑问（自由朗读，提出疑问）。

活动四：猜读文本，疏通文义（猜读文章，积累词句）。

3. 品莲（细品慢嚼，剖析精华）

在指导学生通过各种诵读、整体把握基本内容的基础上，接着指导学生进一步以具体语句为抓手，品味情感，学习手法，具体做法如下。

活动五：一品莲花，发现莲影（设悬：文章从哪些方面介绍莲花？请学生自读课文，从文中找出具体语句）。

活动六：二品莲花，探寻莲形（设悬：莲花有什么特点？请学生结合具体语句作答）。

活动七：三品莲花，体会莲心（设悬：从莲花的特点中，你能解读出莲花有什么品质吗？）。

活动八：四品莲花，领悟莲意（设悬：作者为什么要写莲花，表达了什么思想感情）。

4. 悟莲（参透开悟，启迪人生）

活动九：学以致用，写下格言（设悬：从莲花身上获得了什么人生感悟？在笔记本上写一句话作为人生格言）。

5. 总结（概说莲花，教师总结）

采用四步串"莲"，学习品味周敦颐的《爱莲说》。

第一步：引莲（设悬激趣，引出课题）。

第二步：读莲（反复诵读，走入文本）。

第三步：品莲（细品慢嚼，剖析精华）。

第四步：悟莲（参透开悟，启迪人生）。

【教学实录】

上课时间：2017年5月18日上午第2节

上课地点：惠州市惠东县港口中学求知楼三楼教室

上课班级：初二（2）班

（一）引莲（设悬激趣，引出课题）

师：莲，又称荷，玉环是其雅称，能食用，可入药，供观赏，是我国十大名花之一，也是印度的国花。大家想不想一睹芳容？

（采用烘托渲染法与问题诱导法构建"待完满"课堂教学情境，吊起学生学习胃口）

生：想。

（教师用多媒体出示莲花的图片，学生赏莲）

师：莲花以其亭亭玉立，出淤泥而不染的高洁品格，在中国文人心目中占有重要地位，被称为"花中的君子"。我国理学的开山鼻祖周敦颐独爱莲，写下了传世杰作《爱莲说》，你知道为什么吗？今天，老师将带领大家一起走近文本，感受莲花的婀娜风姿和作者独特的人格魅力。

（采用问题诱导法设置悬念，构建"待完满"课堂教学情境，激发学生学习兴趣。学生好奇地、迫不及待地打开教材）

（二）读莲（反复诵读，走入文本）

师：在学习文言文的时候，我想起叶圣陶的一句话："吟诵的时候，对于研究所得的不仅理智地了解，而且亲切地体会，不知不觉之间，内容与理法化而为读者自己的东西了，这是最可贵的一种境界。学习语文学科，必须达到这种境界，才会终身受用不尽。"（教师展示PPT）今天，就让老师带领大家一起诵读经典，好不好？

生：好！

师（展示PPT，活动一：素读文本，咬准字音）：请大家齐读文章，注意读准字音。

（学生高声齐读，教师认真听读，留心字音）

师：刚才大家有没有读错的字音呢？哪名同学说一说？

生1："鲜"字不读"xiān"，文章应读"xiǎn"。

师：为什么读"xiǎn"呢？

生1：因为文章的"鲜"是"少"的意思，所以读"xiǎn"。

师：不错，请同学们把"鲜"字的字音和字义标注在课本上。

（教师请一名男生读）

师：哪名同学来评价一下，他读得怎样？

生2：他字音咬得很准，但速度太快。

师：很好，你的评价很中肯，既指出了优点，也指出了不足。（展示PPT，活动二：演读文本，读出古味）我们读文言文，不能仅仅满足于读准字音，还要读出点古味。下面先由老师示范一下，请注意我的停顿、轻重音，关键是表情和动作。

（学生笑，教师深情演读，学生认真听读，并热烈鼓掌）

师：哪名同学愿意上来挑战一下老师？

生3：老师，我来试试。

师：大家掌声鼓励一下。

（学生热烈鼓掌，生3感情配动作，深情演读）

师：哪名同学来评价一下刚才这位同学的演读？请举手示意。

生4：我觉得他表演得不错。

生5：我觉得最后一句"宜乎众矣"读和演都比老师到位，因为他读"众"字时故意拉长了音，并做出了表示众多的动作。

师：太棒了，生5点评很到位，生3最后一句的确比我读得好，他把"众"之意和情感都表演得很到位，"青出于蓝而胜于蓝"，竖双大拇指为你们点赞。

（学生开心地笑）

生6：老师，我觉得生3没有把"莲之爱，同予者何人？"这句读好。

师：哦，是吗？那你能给大家演示一下吗？

生6：可以。

（生6摇头晃脑、声情并茂地演读，学生给予热烈掌声）

师：生6用了反问语气，特别是"何"字加重语气，声调向上扬，既读出了古味，又读出了作者当时的心境和情感。那究竟是一种什么样的心境和情感呢？接下来的学习，我们将揭开它神秘的面纱。

（此处设置悬念，唤起学生的求知欲，为下面的教学做好铺垫）

师（展示PPT，活动三：自读文本，提出疑问）：接下来，请同学们以你最喜欢的方式自由阅读课文，用圈点勾画批注的阅读方法边读、边想、边勾画，画出自己不懂的地方、有疑问的地方，并标注上符号。

（生自由阅读，教师巡视，指导学生用圈点勾画批注的阅读方法阅读文本）

师：请将你的疑问告诉你的同桌，同桌互助，帮助对方答疑解惑。

师：上个活动，我们通过同桌间互助，解决了同学们的部分疑问，（教师展示PPT，活动四：猜读文本，疏通文义）接下来请大家结合上下文、课文注释或工具书进行猜读，弄懂文章的大意。

（学生自主学习，强调学生注意记录和积累，同时教师多媒体展示重点文言词汇和句式）

1. 实词解释

（1）濯：洗涤。

（2）亵：亲近而不庄重。

（3）鲜：少。

（4）宜：当然。

2. 词类活用

（1）不蔓不枝：名词"蔓"和"枝"用作动词。句意：不生枝蔓，不长枝节。

（2）香远益清：形容词"远"和"清"用作动词。句意：香气远播显得清幽。

3. 古汉语句式

（1）判断句：莲，花之君子者也。句意：莲花是花中的君子。

（2）倒装句：莲之爱，同予者何人？句意：对于莲花的喜爱，和我相同的还有谁呢？

（3）省略句：予独爱莲之出淤泥而不染。"出"字后面省略了"于"。句意：我喜爱莲花从淤泥里长出来，而不受沾染。

（三）品莲（细品慢嚼，剖析精华）

师：同学们，通过第二个环节的各种形式的"读"，我们从整体上大致把握了文章的内容，记录了不少文言词汇和句式。周敦颐的《爱莲说》是我国古代散文之精品，其语言精美，手法高明，结构严谨，内容厚实，思想深邃，意义深远，唯有细品慢嚼，方能剖析精华，提升能力。接下来，老师将带领大家一起品赏莲花（教师展示PPT，活动五：一品莲花，发现莲影）。

师：请同学们阅读文章第一段，说说本段从几个方面介绍莲花。从文中找出具体语句。

（学生认真自读课文，并在书上圈画句子，教师巡视）

师：哪名同学给大家分享一下答案？

生7：从生长环境方面。

师：能找出具体的语句吗？

生7：予独爱莲之出淤泥而不染，濯清涟而不妖。

师：能再简洁点吗？

生7：出淤泥而不染，濯清涟而不妖。

师：简洁了不少，但还不是最精练地概括它的生长环境。

（生7陷入沉思）

师：其他同学能帮他解答吗？

生8：出淤泥。

师：不错，给点掌声。

（学生鼓掌）

师：除了从生长环境方面，还从哪些方面写莲花？

生9：从外形方面，从句子"中通外直，不蔓不枝，香远益清，亭亭净植"可以看出来。

生10："香远益清"不是写它的外形，而是写它的香气。

师：很不错，理解得很好，"香远益清"不是写外形，而是写香气，还有其他方面吗？

生11：这一段的最后一句"可远观而不可亵玩焉"，我觉得是从它的精神来写莲花。

师：大家同意吗？

（学生再次陷入沉思）

生12：我觉得是从它的品质方面。

师：老师觉得"可远观而不可亵玩焉"这句是从它的风度方面来写，写出莲花的清高，可以远远观看却不能轻易玩弄它啊！

师总结：本段从莲花的生长环境、体态、香气、清高、风度方面来描写其形象。这对于如何描写好一种植物有很好的借鉴意义。

（从阅读到写作，指导学生从阅读中吸取写作的养分）

师：文章第一段从莲的生长环境、体态、香气、清高、风度方面描写，大家能用几个词语或短语来概括莲花的特点吗？（教师展示PPT，活动六：二品莲花，探寻莲形）

生13：中间空、外面直。

生14：高高耸立。

生15：干净。

师："干净"能否换成其他词来表达？

（学生陷入沉思）

师：我觉得用"洁净"更合适些，除了"干净"之意，还有"高洁"之意。（教师展示PPT，活动七：三品莲花，体会莲心）那么，同学们，你能从莲花的特点中，解读出莲花有什么品质吗？

生16：超凡脱俗。

师：这个词用得太精妙了，你能结合文章具体语句说说吗？

生16：它"出淤泥而不染，濯清涟而不妖"。

师：还能读出其他品质吗？

生17：从"中通外直，不蔓不枝"，我读出莲花的正直。

师：不错，还有吗？

生17：从"亭亭净植，可远观而不可亵玩焉"，我读出了它的孤傲。

师：非常好！解读得很深刻，但老师觉得"孤傲"一词改为"清高"会更贴切一些。

（学生虚心接受）

师：下面，我们再品莲花，领悟莲意。（教师展示PPT，活动八：四品莲花，领悟莲意）请各小组交流，待会儿小组长做代表发言。

（学生交流，教师巡视）

师：好了，哪个小组先来发表意见？

生18：我们组（第一组）先来，我们觉得作者写莲花是因为莲花有高贵的品质，他很喜爱莲花。

生19：我们组（第二组）觉得作者写莲花是因为莲花具有正直的品质，想必作者也是正直之人，所以他写莲花。

生20：我们组（第三组）觉得作者写莲花是因为莲花出淤泥而不染，濯清涟而不妖，作者以莲的形象比拟自己洁身自好的品质。

生21：我们组（第四组）觉得作者写莲花是因为莲花与众不同，作者借莲花来表达自己的清高风度。

师：太棒了，每个组都分析得很到位，为你们自己鼓掌。

（学生鼓掌）

师：但是，老师觉得，作者写莲花的原因除了大家解读出来的之外，还有更重要的。（教师PPT展示《爱莲说》的写作背景并解说）

宋熙宁四年（公元1071年），著名的理学家周敦颐来星子任南康知军。周敦颐为人清廉正直，襟怀坦白，不与世俗同流合污，平生酷爱莲花。周敦颐来星子后，在军衙东侧开挖了一口池塘，全部种植荷花。周敦颐来星子时已值暮年（55岁），又抱病在身，所以每当公余饭后，他或独身一人，或邀三五幕僚好友，于池畔赏花品茗，爱莲花之洁白，感宦海之混沌，并写下了一篇脍炙人口的散文《爱莲说》。作者托莲花出淤泥而不染的高尚品质言自己洁身自好、不慕名利、不与世俗同流合污之志。

师：刚才老师说作者托莲花出淤泥而不染的高尚品质言自己洁身自好、不慕名利、不与世俗同流合污之志。大家知道这是一种什么样的写法吗？

生22：托物言志。

师：很好！托物言志，即将个人之"志"依托于具体之"物"上，使"物"具有某种意义，成为作者传递感情、表达意愿或寄托理想的依托者，例如，《陋室铭》中刘禹锡托"陋室"表达高洁傲岸的情操和安贫乐道的情趣；《白杨礼赞》中茅盾托白杨表达对北方抗日军民的热爱和赞美之情。同学们，我们在写作文时也可以尝试运用这种写法。

（从阅读到写作，再次指导学生从阅读中吸取写作的养分）

（四）悟莲（参透开悟，启迪人生）

师：今天，我们与莲花来了一次亲密接触，你们从莲花身上获得了什么人生感悟？（教师展示PPT，活动九：学以致用，写下格言）请大家在笔记本上写下一句话，作为你的人生格言。老师也和大家一起写，待会儿一起展示展示。

（师生认真写格言，教师PPT片展示人生格言）

学生写的格言：

格言一：出淤泥而不染，濯清涟而不妖。

格言二：洁身自好，不慕名利。

格言三：不与世俗同流合污，保持独立的人格。

教师写的格言：超凡脱俗，做莲一样的君子。

（五）总结（概说莲花，教师总结）

师：今天，我们采用四步串"莲"，学习品味了周敦颐的《爱莲说》。而且这四个步骤环环相扣，由感性到理性，通过反复诵读，多次设悬，步步串"莲"，使同学们渐入佳境，既积累了文言词汇和句式，又体会了作者不慕名利、洁身自好的生活态度，感受了作者高雅脱俗、不与世俗同流合污的情怀，启迪了我们要做一个像莲一样的君子。请同学们课后反复诵读背诵。

今天，我们学到这里，谢谢同学们！

【教学反思】

北宋教育家张载曾曰："人若志趣不远，心不在焉，虽学无成。"可见，兴趣对学生学习十分重要。然而，农村初中文言文课堂教学最大的流弊在于无趣。课堂上，教师常常既做导演，又做主演，激情飞扬、滔滔不绝地自导自演，而学生昏昏欲睡、不予理会，根本无法点燃学生的学习激情，无法唤起学生的求知欲，课堂效率十分低下。怎样激发学生学习文言文的兴趣呢？正当苦苦思索之时，我有幸认识了著名特级教师何泗忠老师。何老师的语文悬念教学法，能够使文言文课堂教学有趣有味又高效。孔子曰："知之者不如好之者，好之者不如乐知者。"于是，本节课我运用语文悬念教学法，构建"待完满"课堂教学模式，精设教学环节，优化教学活动，巧设教学悬念，保证了学生的学习时间，改变了学生的学习空间，还给了学生学习的权利，激发了学生的学习兴趣。我设计了四个教学环节。

第一步，引莲（设悬激趣，引出课题）

这一环节通过两次设悬，成功吊起学生学习胃口。

第二步，读莲（反复诵读，走入文本）

荀子说："诵读以贯之，思通以诵之。"文言文讲究韵律，带有明显的声韵美。首先，在诵读过程中可以熟悉文言表达习惯、文言句式，积累文言词汇、理解句子含义、领悟作者情感。其次，诵读时心、眼、口、耳并用，有利于提高学生听课的专注力，最大限度地吸引学生的注意力，最大范围地使学生参与课堂。这一环节通过设置素读、演读、自读、猜读四个活动，让学生真正参与课堂。

第三步：品莲（细品慢嚼，剖析精华）

细品美文，如尝香茗，沁人心脾，回味无穷；慢嚼佳作，似进药补，滋养身体，受益无尽。这一环节通过发现莲影、探寻莲形、体会莲心、领悟莲意四个活动提高学生的文言阅读能力和品读能力。

第四步：悟莲（参透开悟，启迪人生）

高尔基说过："书籍鼓舞了我的智慧和心灵，它帮助我从腐臭的泥潭中脱身出来，如果没有它们，我就会溺死在那里面，会被愚笨和鄙陋的东西呛住。"《爱莲说》是周敦颐文化思想的重要组成部分，在文中，他叹品德高尚君子之少，追求富贵市侩之多；赞莲之洁身自好、洁净纯朴、正直刚正、超凡脱俗，对学生的人格塑造和价值观的形成有很强的思想教育意义。这一环节，通过"悟莲"活动，师生一起写人生格言，启迪学生的人生。

何泗忠老师在他的著《语文悬念教学法》一书中写道："悬念，被认为是艺术的魔杖，它能激发读者或观众的紧张期待的心情，是艺术处理上采取的一种积极的手段。西方戏剧理论家一致认为，悬念是戏剧中抓住观众的最大魔力，悬念既然可以构筑一篇文章、一部电影带动观众的激情，那么，我们为何不可以用悬念来构筑我们的语文课堂呢？做人要老实，上课要狡猾，按部就班地讲课，固然不失其自然与本色，而运用悬念讲课则会使课堂更精神，更具情趣。在语文教学活动中，我们教师若能故布疑阵，适时设置悬念，将学生带入特定的情境中，借此引发学生学习的情趣，触发学生的好奇心，激发学生的思维活动，我们的语文课堂教学定会更有趣，更高效。"这节课，我依据语文悬念教学法理念，构建"待完满"课堂教学模式，整个教学过程七次设悬，步步串"莲"，引导学生渐入佳境，最终实现了"参透开悟，启迪人生"的教学效果，较好地实践了语文悬念教学法的教学理念。

八、《桃花源记》

黄杏，1978年出生，广东高州中学初中校区教师，2000年毕业于华南师范大学中文系，现为学校心理辅导室主要负责人。茂名市程戈鹏名师工作室成员、高州市教育心理学会宣传部部长、深圳市名师何泗忠语文悬念教学法团队骨干成员。

积极开展课题研究，课题"提升学生沟通能力的实践与研究"被评为省优秀心理课题。有多篇论文在省级以上刊物发表。

广东省茂名市高州中学　黄杏

工作业绩突出，先后获得高州市中小学优秀班主任、高州市百佳班主任、高州市优秀教师、高州市教师职业道德先进个人、高州市优秀共产党员、高州市优秀志愿者、茂名市优秀爱心父母等荣誉；2018年被列为"高州名师培养对象"，两次获高州市青年教师基本功大赛二等奖；多次辅导学生参加国家级、省级、市级作文比赛，获最佳指导奖；2017年11月《让心灵沐浴阳光，让生命幸福成长——心理健康教育渗透学校管理的实践与研究》获2017年广东省中小学教育创新成果三等奖；2017年1月《提升学生沟通能力的实践与研究》获省综合实践活动课程展示交流三等奖。

【教学设计】

（一）指导思想与理论依据

语文悬念教学法理念是本节课的教学指导思想与理论依据。本节课打破传统的教师肢解课文、一讲到底的"满堂灌"课堂教学模式，还课堂以朗朗书声。运用语文悬念教学法充分调动学生积极参与课堂学习，通过营造美的意境让学生仿佛置身于桃花源，深入文本深处，走进陶渊明的内心，理解他的写作意图，并在此基础上加以拓展延伸，使学生从学会到会学。

（二）教学目标

（1）学会用积累的学习古文方法，全面掌握相关文言知识。

（2）理解故事曲折回环、悬念迭起、引人入胜的写法。

（3）认识陶渊明通过描绘"世外桃源"所表达的社会理想，正确评价作者的理想，思考现代人生。

（三）教学重难点

（1）教学重点：利用学文言文的方法积累常用文言知识；品味优美、精练的语言，理解故事曲折回环、悬念迭起、引人入胜的写法。

（2）教学难点：体会作者通过描写"世外桃源"所表达的不满黑暗现实、追求理想社会的思想感情。

（四）教学方法

依据语文悬念教学法理念，构建语文"待完满"课堂教学模式，采用朗读法、想象法、自主合作探究法等教学手段，让学生真正参与课堂教学，激发他们学习文言文的兴趣。

（五）教学过程

1. 导入新课，激发学生学习兴趣

（1）用一个字来概括桃花源，你会用什么字？（美、乐、奇等）

（2）齐声背诵外部环境美和内部环境美的句子，诵桃源之美。

设计意图：悬念导入，抓住学生的好奇心，配乐朗诵，用音乐激活学生情感，营造良好的氛围。

2. 细读文本，探究作者写作意图

此部分为教学的重点。充分利用学生喜欢想象的特点，引导学生细读课文，通过想象去感受桃花源的环境美、人之乐及景之奇，培养想象能力和创新能力。

3. 深读文本，挖掘作品文化意蕴

学生通过前面的学习，对文章的认识已从开始的感知形象过渡到理性的认识，进而让学生谈学习的收获，会水到渠成。

总结：桃花源是朦胧飘忽的世界，种种的神秘色彩表面是描写了桃花源的隐蔽，实质上是作者暗示：桃花源似有实无，本来就是子虚乌有，它只是作者追求的一种美好境界，一种对现实生活不满的精神寄托。它只能活在作者的想象当中，活在作者的心中，是可望而不可即的。但无论当时是怎样的世乱如倾，政乱如粥，心乱如麻，作者依然执着追寻心中的桃源之梦。

附：

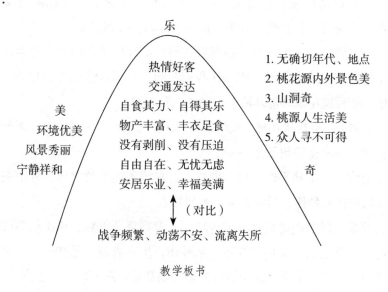

教学板书

【教学实录】

上课时间：2018年5月28日

上课地点：广东高州中学初中校区资源制作室

上课班级：初二（9）班

听课者：电白电海中学语文老师、本校语文教师共37人

（一）导入新课，激发学生学习兴趣

（播放音乐《溪行桃花源》）

师：同学们，今天我们继续学习东晋文学家、辞赋家、诗人陶渊明的名篇《桃花源记》。上节课，我们已经通读了文章，疏通了文意。《桃花源记》以时间为主要顺序来写，以渔人发现桃花源—访问桃花源—离开桃花源—再寻桃花源为线索记叙全文。如果让你用一个字来概括桃花源，你会用哪一个字？

（学生略加思考后发言）

生1：美！

生2：爽！

生3：乐！

生4：奇！

师：同学们都积极开动脑筋思考，非常棒！在这里，老师不直接公布答案，带着这个疑问认真上完这节课，我相信你们会找到答案。

师：上节课我们已经找到了描写桃花源外部环境美和内部环境美的句子，并分析了外部环境美的句子。现在让我们一起来朗诵这些优美的句子。（播放背景音乐）描写桃花源外部环境美的句子，预备起！

生（全体）：忽逢桃花林，夹岸数百步，中无杂树，芳草鲜美，落英缤纷。

师：内部环境美的句子是——

生（全体）：土地平旷，屋舍俨然，有良田美池桑竹之属，阡陌交通，鸡犬相闻。其中往来种作，男女衣着，悉如外人。

师：看来，同学们课后都下了苦功夫，背得都非常熟！请把最热烈的掌声送给自己！（学生鼓掌）但"其中往来种作，男女衣着，悉如外人"是写环境美的句子吗？（生：不是）这句话写的是人的活动，对不对？（生点头）

（悬念导入，抓住学生的好奇心，配乐朗诵，用音乐激活学生情感，营造良好氛围）

（二）细读文本，探究作者写作意图

师：为了加深对桃花源内部环境美以及桃源人活动的理解，老师根据这些语句配了一幅插图。请同学们认真观察画面，找一找图中哪些地方画得与原文有出入。

PPT展示：

采用图文对照法设置悬念，考眼力，找异同，落实文言字词翻译

（学生认真看后积极讨论，教师巡视了解情况。有极个别学生只讨论对错，教师再次明确指出对错后要阐述原因，让学生落实文言字词的翻译，并主动提升自己概括表述的能力）

师：好，刚才同学们讨论得非常认真。鲁迅先生说，第一个吃螃蟹的人是勇士，谁想说？（生举手）好，你作为代表发言。

生5：我认为文中"良田美池桑竹之属"的竹子画错了。原文突出肥沃的土地、美丽的池塘和桑竹之类的东西很多，但文中竹子只画了一堆，没有突出竹子环绕的状态。还有美丽的池塘也只画了一个，也没有突出多。

师：哇，一个很重大的发现！桃花源中应该有很多良田、美池、桑竹才对！

生6：老师，"屋舍俨然"画对了。"俨然"是整齐的样子，图中的房屋画得很整齐，说明这个地方没有发生战争。

师：你对"俨然"一词分析得很到位，从房屋的整齐看出这个地方非常安定。

生7：图中的鸡和狗都是在村落外面叫的，在村落里叫才更加贴切。

师：好，请坐。"鸡犬相闻"的意思是鸡和狗的叫声都可以听见。不但在村落里，在村落外也可以听见。说明这个地方非常——

生8：安静。

生9：宁静。

师：对，非常宁静祥和。（板书：宁静祥和）我们换另一个与鸡狗有关的成语看看，如鸡犬——（生：不宁），鸡飞——（生：狗跳）。如果你听到这两个成语，说明这个地方近段时间怎样？

生10：不安宁。

生11：嘈杂。

生12：乱！

师：这里用对比的方法突出了这个地方的不安宁。那你会选择到这个地方定居吗？

（学生纷纷摇头）

师：刚才我听到有同学分析了"阡陌交通"这个词，是哪一小组？请派代表和大家分享。（学生默默地举起了手）好，你来。

生13：阡陌交通，意思是田间小路互相通达。图中靠前半部分画对了，可那些高高低低、凹凸不平的山上没有突出路的互相通达。

师：非常好！这位同学告诉我们，在观察一幅图时要总体把握，不能只看局部。桃花源里连田间小路都互相通达，说明这个地方交通怎样？

生13：发达！

师："交通"是一个古今异义词，在文中是"互相通达"的意思。现在如何翻译？

生13：现在应该是指交通运输吧？比如城市交通、交通工具等。

师：文中是互相通达，现在是指交通运输。（板书：交通发达）文中还有哪些词属于古今异义呢？

生（全体）：妻子、鲜美、无论、绝境等。

师：课后要把这些古今异义词进行积累。学习文言文，我们一定要积累文言词句。还有没有画错的地方？

（学生认真观察思考，但没有人提问）

师："其中往来种作"中的"其中"是什么意思？

生（全体）：在田里。

师：来来往往的人在干什么？

生14：在劳动。

生15：在耕种。

师：在古代，如果老百姓能够拥有自己的土地，在自己的土地上耕种，日出而作，日落而息，男耕女织，是不是一件很快乐的事？如果一个家拥有土地，说明这个家怎样？

生16：富有。

生17：安宁。

生18：生活好。（众生笑）

师：也就是说他们生活得非常安定，有一个成语叫作——

生（全体）：安居乐业。

师（板书）：每个人都是通过自己的劳动获得劳动成果，我们可以用"自"字开头的成语概括。

生（全体）：自给自足、自力更生、自食其力。

师：每个人都通过自己的劳动获得成果，人与人之间是平等的，自然就没有——

生（全体）：没有压迫，没有剥削。

（全班鼓掌，师板书：自食其力，丰衣足食；没有压迫，没有剥削）

师：刚才同学们很详细地分析了这幅图，但还有谁没有分析到？

生（全体）：黄发！（全体学生大笑，师也笑）

师：不，"黄发"是他的代名词。你看图中老人的面部表情怎样？老人的表情应该是快乐的。可图中的老人表情——

生19：愁眉苦脸。

生20：忧愁。

师：文中的"黄发垂髫"如何理解？

（学生举手）

生12："黄发"指的是老人头发由黄转白，是长寿的象征。"黄发"和后面的"垂髫"都是用事物的局部特征来代替事物名称，用了借代的修辞。

师：非常好，还指出了修辞！

生6：老师，图中小孩的头发也画错了。原文的"垂髫"指的是小孩子的头发像书童一样扎着小辫子，是自然下垂的。

师：哦，你非常细心哦，连小孩子的发型变化都观察到了！

（学生鼓掌）

师：老师有一个问题想不明白：为什么作者不说桃花源中的人都很快乐，而特别说这里的老人和小孩快乐呢？

生7：老人和小孩都快乐了，大人就快乐了！（生笑）

生4：老师，孟子曾说过一句话，"老吾老以及人之老，幼吾幼以及人之幼"，意思是在赡养孝敬自己的长辈时，不要忘记其他与自己没有血缘关系的老人；在抚养教育自己的孩子时，不应忘记其他与自己没有血缘关系的小孩。桃花源里的每一个人对待别的老人和小孩都像对待自己家里人一样。我认为他们不但生活得幸福美满，而且自由自在，无忧无虑。

（全班鼓起了掌）

师：哇，咱们班才男才女多啊，连孟子说的话以及意思都引用进来了，还记得那么清楚，真了不起！他更是和老师想到的一样！不信？你们看——

PPT展示：

"老吾老以及人之老，幼吾幼以及人之幼"是孟子的理想，也是古代先贤

195

一直追求的社会理想，更是每一个朝代的国君追求的社会理想！

师：真棒！让我们再一次为他鼓掌！

（学生鼓掌）

师：我们可以想想，如果你的爷爷奶奶能够在空余时间到社区公园散散步、跳跳广场舞，小孩也可以在公园里自由自在地玩耍，这是不是一件很快乐的事情？（学生点头）这个家的老人小孩都很快乐，就像刚才那位同学所说的，这一家人生活得——

生（全体）：幸福美满。

师：自由自在，无忧无虑。（板书：幸福美满、自由自在、无忧无虑）桃花源非常美，美在它的环境，美在它的风景秀丽，美在它的物产丰富，美在它的交通发达，美在桃花源里的人生活得幸福美满、自由自在、无忧无虑。你想想，这么好的地方你想不想去？反正，老师想去，哪怕一天也好！（学生有的点头微笑，有的说也想去）北京大学中文系主任温儒敏教授强调，诗词课、文言文课一定要求阅读主体的融入，要反复阅读，才能读出情味。我们在读文章时，一定要做到"三到"，哪"三到"？

生（全体）：口到、心到、情到。

师：通过研读，同学们对桃花源的美以及人的活动的理解又加深了一层。下面请同学们分角色朗读。

（教师展示PPT，播放背景音乐，学生分角色朗读）

全班齐读：初极狭，才通人。

复行数十步，豁然开朗。

女生：土地平旷，屋舍俨然。

男生：哇，土地平旷，屋舍俨然。

女生：有良田美池桑竹之属，

阡陌交通，鸡犬相闻。

男生：呀，阡陌交通，鸡犬相闻！

一、二组齐读：其中往来种作，

男女衣着，悉如外人。

全班齐读：天哪，男女衣着，悉如外人！

三、四组齐读：黄发垂髫，并怡然自乐。

全班齐读：黄发垂髫，并怡然自乐！

黄发垂髫，并怡然自乐！

（学生分角色朗读）

师：同学们感觉刚才有没有读出桃源人的乐呢？（学生摇头，教师边范读边做指导，让学生理解读法，调动学生兴趣）明白了吗？（学生点头）好，再读一遍。（学生投入地读，越读越开心愉悦。通过美读，使文章朗诵达到一个新的境界）同学们读得非常投入，好像把听者带进了美丽的桃花源，请把最美的掌声送给自己和身边的小伙伴。

（学生鼓掌）

（运用花样朗读法设置悬念，极大地激发了学生的学习热情和对朗读的浓厚兴趣，使桃源之美在学生心中留下印记，更让学生积极主动地投入到下一环节的学习）

师：同学们，桃花源的环境如此美，人们生活美满幸福。当远方的客人来了，他们又是怎样对待的呢？请齐读第3段并思考这段话主要写了什么。

PPT展示：

见渔人，乃大惊，问所从来。具答之。便要还家，设酒杀鸡作食。村中闻有此人，咸来问讯。自云先世避秦时乱，率妻子邑人来此绝境，不复出焉，遂与外人间隔。问今是何世，乃不知有汉，无论魏晋。此人一一为具言所闻，皆叹惋。余人各复延至其家，皆出酒食。停数日，辞去。此中人语云："不足为外人道也。"

师：这段话主要写了——

生21：渔人进入桃花源的经历和桃花源内的人热情好客。

师：好，口说无凭，用原文表述。其中有一句最明显，是哪一句？

生（全体）：便要还家，设酒杀鸡作食。

师：这里要强调一个通假字是——

生（全体）："要"字。

师：通——

生（全体）：邀请的"邀"，意思是邀请。

师：文中与这句话类似的一句话是——

生（全体）：余人各复延至其家，皆出酒食。

师：谁能把这句话翻译一下？好，你来。

197

生22：桃花源里的其他人又一一邀请（渔人）到他们的家里。

师：请坐。这位同学翻译得非常到位，省略的部分也补充进来了，真棒！还有没有其他语句？你说。

（学生站起来答不上）

师：谁来帮一帮她？

（学生举手，师示意回答）

生23：村中闻有此人，咸来问讯。

师：为什么这句话体现热情好客呢？你试过这种情景吗？

生23：试过。我回奶奶家时，不但我家的亲戚来看望我们，连邻居甚至很远的人都来我家玩，很热闹！

师：哦，咱家来了客人，邻居还嘘寒问暖，真的是挺热闹的，也看出他们非常热情好客！真不错！这种情景你喜不喜欢？

生（全体）：喜欢！

师：除这三句话，还有一句写热情好客的。看谁的眼睛最雪亮！

（学生沉思）

师：我们换一个角度思考，如果你到桃花源里受到那种款待，景色又如此美，你会舍得离开吗？

生：停数日，辞去。

师（笑）：不错！那为什么这句话也表达热情好客呢？（学生私下交流）

生13：因为桃花源里每一家每一个人都非常热情好客，他们热情款待了渔人好多天，而且其他人家也相继邀请渔人到他们家去做客，他舍不得走啊！

（学生笑）

黄杏老师用语文悬念教学法讲授《桃花源记》，学生学得兴致盎然

师：如果桃花源里的人不接纳他，他还能停数日吗？

生（全体）：不能。

师：所以桃花源里的人非常热情好客！（板书：热情好客）那桃花源里的人什么时候，为什么来到这里？用原文告诉我。

生（全体）：先世避秦时乱。

师：他们从秦朝时就来到桃花源这个地方，从此再也没有出去，说明他们的前辈也曾饱受战乱之苦，也非常讨厌——

生（全体）：战争。

师：渔人进入桃花源时已经是晋朝。从秦朝到晋朝经历了哪些朝代？这个内容与后面哪一句话息息相关？

生（全体）：此人一一为具言所闻，皆叹惋。

师：请问桃花源里的人叹惋什么？

生24：渔人把外面的事情告诉了他们。

生25：外面的人生活得很惨！

生26：外面很乱，政治黑暗，里面的人生活得很幸福！

师：暂且不讨论他们过得怎样，咱们先一起数数秦晋之间到底经历了多少个朝代。

生（全体）：秦，西汉，东汉和魏、蜀、吴并列，西晋，然后才到东晋（师板书）。

师：朝代不断更替说明什么？

生2：时间长。

生15：战争多。

生26：战争频繁。

生27：动荡不安。

师：对，战争频繁，动荡不安。（板书：战争频繁、动荡不安）也就是说桃花源里的人为外面的人的悲惨生活感到惊讶和惋惜。

生7：外面的人生活得非常痛苦，流离失所！

师：好一个流离失所！说明他们的生活很不安定。（板书：流离失所）当然，桃花源里的人也不愿意桃花源外的人来干扰他们宁静和平、幸福美满的生活，所以当渔人要离开时他们叮嘱渔人——

生（全体）：不足为外人道也！（有生读wéi，有生读wèi）

师："为"字是一个多音字，有两种读法，怎么区分？

生28：wéi，作为，是介词。

师：那wèi呢？（生28答不出）请坐。wèi是向、对、替、朝的意思。所以这里读wèi，是对、向的意思，请做好笔记。但是渔人有没有遵守诺言？

生（全体）：没有。

师：我们阅读文言文，对一些关键词句要准确把握，有的还要字字落实。

PPT展示：

下面，请同学们判断一下文中画线的句子翻译正确的一项是：（　　）

A.（渔人）问（桃花源内的人）从哪里来，（渔人）详细地回答了他们。

B.（桃花源内的人）带领妻子、儿女和同乡的人来到这个没有出路的困境。

C.（桃花源内的人）问现在是什么朝代，（他们）竟然不知道有汉朝，更不要说魏晋了。

D. 不必要对桃花源外的人说（桃花源内的情况）。

师：中考翻译句子是重要考点之一。好，四人小组之间相互讨论，利用众人的合力解决问题。

（学生响应教师召唤，认真思考，积极讨论）

师：好，哪一组说说这个题目的正确选项？

生5：（举手）我认为答案应该是C。

师：那A选项错在哪里？

生5：A选项问的对象刚好相反，应该是桃花源内的人问渔人从哪里来才对。

师：那B选项又错在哪儿呢？

生5：B选项中"绝境"的古今异义错了，应该翻译为"与世隔绝的地方"。因为与世隔绝，桃花源里景色优美，人也快乐，自由自在，所以他们从那时候就不想从那儿出来。

师：理解得非常好！那D选项呢？

生5（侧着头看着老师，有些难为情）：老师，D选项也错了。不必要对别人说好像很敷衍似的，应该是不值得对桃花源外的人说。您觉得呢？

（学生热烈鼓掌，教师不由得也鼓起了掌）

师：分析得非常棒，思路很清晰！对，不必要给人的感觉很不屑，应该是不值得对桃花源外的人说，里面的人不想外面的人知道，去打扰他们的生活。请坐！（展示PPT）我们在翻译时省略的地方一定要补充出来，古今异义在翻译时一定要注意！但在每次考试中这些又是我们的短板，我们在平时的练习考试中一定要做"有心人"。

（教师通过这个环节，巧妙地落实了第3自然段中关键字词和特殊句子的翻译，同时避免了由教师一味串讲、学生被动接受的传统教学方式。）

师：那么，陶渊明最终有没有找到这样理想的社会？

（学生有的说没有，有的摇头）

师：陶渊明在文中有暗示的句子，请从原文中后面的段落找。

（学生思考后发言）

生29：太守即遣人随其往，寻向所志，遂迷，不复得路。

生12：南阳刘子骥，高尚士也，闻之，欣然规往。未果，寻病终。后遂无问津者。

师：还有哪句？

生9：既出，得其船，便扶向路，处处志之。

师：同学们都找得非常准确！（展示PPT）老师有一个疑问：渔人出来处处做了标记，而且那么多人去找都没找到，难道那么多标记一下子就人间蒸发了？它们哪里去了呀？有人知道吗？

生（全体）：没有。

师：文中是怎样评价刘子骥的？这句话什么意思？

生12："高尚士也"。刘子骥是一个品德高尚的人。

师：那么多人去找说明了什么？这三个人去寻找的目的相同吗，为什么？

（学生思考后纷纷举手）

生2：他们都去找说明桃花源的吸引力大。

生13：渔人很想重回桃花源，去享受这种美好的生活。

生5：太守是为了证实渔人说的到底是真还是假，其实他也很想过这样的生活。

生30：不，太守也许见不得桃花源里的人好，会破坏它！

师：那刘子骥呢？这种品德高尚的人为什么也去？

生31：他也很向往这种生活。

师：你只说对了一半，刘子骥向往的不但是桃花源里的景美、人乐，更向往精神层面上的东西。他在寻找——

生6：精神的家园。

生22：心灵的归宿。

生10：心中的乐土。

师：对！这样美的桃花源最终没有找到，悠悠千古事，留予后人说。陶渊明在文中结尾留下了淡淡的六个字——

生（全体）：后遂无问津者。

师：这句话我们该如何理解呢？

生：后来就再也没有人去寻找桃花源了。

师：这句话表达了作者怎样的情怀？

生32：遗憾。

生4：叹息。

生33：无奈。

生11：失望。

生20：惆怅。

师：同学们概括得都非常到位！作者此时此刻感情真的很复杂！读是让文字走进我们心灵的方法，可急读，可缓读。请试读两遍，看看此句话中哪些字应读重音？

生（试读）：遂无。

师：让我们酝酿感情，再齐读两遍。

（学生齐读）

师：所有人都没有找到，说明桃花源——

生34：不存在。

生26：无迹可寻。

生8：找不到。

（通过品读文章结尾句，理解作者对桃花源理想无法实现的惆怅、无奈、遗憾等复杂情感）

师：在文章的前面有没有暗示桃花源是找不到的句子？

生31：忘路之远近，忽逢桃花林。这个"忘"字和"忽"字写出了桃花源是渔人偶然发现的，不是刻意的。

师：在这之前有一句话："晋太元中，武陵人捕鱼为业。"它点明了时间、地点、职业，并没有说具体的年月日，这是不是让人感觉奇怪？文中还有哪些地方暗示桃花源是找不到的？

（学生思考后发言）

生35：桃花源内部环境和外部环境美得出奇！

生36：桃花源的洞口很小、很窄，很难进入。文中说"初极狭，才通人"。

生37：那里的洞口很奇怪，会发光！文中说"仿佛若有光"。

师：同学们非常细心，找到了很多线索去证明。我们可以概括为"洞口奇"（板书）那么小的一个洞口，一般人会不会发现？

生（全体）：不会。

师：但是渔人发现了，说明他是一个——（生：细心、有心）的人。还有什么奇？

生3：还有桃花源内的人穿着和劳作与外面的人相同，很奇怪！

生22：后来大家去找都找不到桃花源，说明踪迹奇吧。

师：刚才同学们的概括都非常棒！萧伯纳曾经说过："你有一个苹果，我有一个苹果，我们交换后各自还是只有一个苹果；你有一种思想，我有一种思想，我们交换后每人就有两种思想。"老师这里有归纳，但你们的发现能力远远超越了老师！请把最热烈的掌声送给自己！

（学生鼓掌）

（教师展示PPT，学生根据同学所述及PPT整理笔记）

1. 无确切年代、无确切地点（偶然发现：忘、忽逢）。

2. 桃花源内外景色奇（夹岸数百步，芳草鲜美，落英缤纷）。

3. 山洞奇（仿佛若有光；初极狭，才通人）。

4. 桃花源人生活美之奇（生活场景）。

5. 众人寻却不可得之奇（刘子骥带来希望却未果）。

师：讲到这里，我想你们都应该理解了：作者写的无数的奇其实是他设下的层层疑点。正所谓"有心栽花花不开，无心插柳柳成荫"，渔人更没想到经过那个小小的洞口后会是另一番景色。有句诗云——

生（全体）：山重水复疑无路，柳暗花明又一村！

师：对！在《西游记》中有一个词是描写美猴王进入水帘洞时看到情景后的感受的。

生：别有洞天！

师：哇，你们真的很厉害，连这个也能接上！（板书：别有洞天）桃花源的景色优美，桃花源人的穿着和劳作与外面的人相同，后来大家去找桃花源又都无法找到，好像真实却又无迹可寻，为桃花源蒙上种种神秘的色彩，所以桃花源成了千年之谜（PPT展示：千年之谜），成了每一个人心中追寻的梦！越是美的东西就有越多的人想得到，越美的地方越是有更多的人想去享受。但事实上，桃花源是——

生38：没有的。

生16：子虚乌有。

生39：是一个遥远的梦！

师：对，它只是作者追求的一种美好境界，只能活在作者的心中、梦中或者想象中。有些事物，人描绘得越美，想象得越好，现实生活中却恰恰是——

生（全体）：相反的。

师：下面，我们进一步研读文本，挖掘作品的文化意蕴。

（三）深读文本，挖掘作品的文化意蕴

师：（展示PPT）我们都知道，陶渊明的桃花源梦是无法实现的。曾经，他怀着"忆我少壮时""猛士逸四海"的雄心壮志，尘世中，他寻找济世良方，但寻无着落，他选择"种豆南山下，草盛豆苗稀"的田园归隐生活，以求精神解脱；田园梦破，他依然执着追求心中的桃花源。他在《桃花源诗》里写下"愿言蹑轻风，高举寻君契"的诗句。这句话的意思是——

师生：我希望能够驾着清风高高飞扬去寻找我们的同道中人。

（教师展示PPT：梁衡《心中的桃花源》）

师：所以梁衡在他的《心中的桃花源》中说——

生（全体）：我世乱如倾，政乱如粥，心乱如麻。陶渊明的贡献是于乱世、乱政、乱象之中，在人们的心灵深处开发出了一块恬静的心田。

PPT展示：

写一写，说一说。

1.学习完《桃花源记》，你肯定有些话想对陶渊明说，写写你们此刻的感受。

2. 面对污浊社会，陶渊明不与之同流合污，毅然辞官，归隐田园。你赞成这种做法吗？谈谈你的看法。

（学生思考后发言）

生40：在陶渊明的世界里，他是这样想的，在这里没有君主，没有战乱，没有欺诈，人人安居乐业，彼此和睦相处，民风淳朴，自由安乐，过着自由自在、幸福美满的生活。对他来说，过这种生活是非常惬意的。

师：对你来说呢？

生40：我也很羡慕这种生活！谁不羡慕这种生活啊？！（众生笑）

师：掌声送给她！还有谁想表达？

生18：我赞同陶渊明这种退隐山林的做法。古代文人所追求的人生是：达则兼济天下，穷则独善其身。既然无法兼济天下，就独善其身吧！我认为陶渊明这种不与之同流合污、洁身自爱的方法是值得我们去学习的。虽然他的做法有些无奈，但他却用笔、用诗在写战争给人民带来的痛苦，在写老百姓的心声。他是一个很了不起的人！

师：好一个写老百姓的心声！一心为民！把最热烈的掌声送给她！（教师带头鼓起掌，学生一起鼓掌）还有谁想表达？

生27：老师，我不赞同陶渊明的做法。范仲淹在他的《岳阳楼记》中说道："先天下之忧而忧，后天下之乐而乐""居庙堂之高则忧其民，处江湖之远则忧其君"。社会黑暗是现实，但作为一个有志向、有能力的人，即使能力有限，我认为也要像范仲淹、滕子京一样做黑暗中的一盏明灯，尽自己所能，帮助更多的人。如果人人像陶渊明一样消极逃避，那国家何有前途可言？

生41：我赞同陶渊明的这种做法。试想想，在当时的政治黑暗的朝代，陶渊明根本无法通过个人之力或者几个人的改变而改变整个历史。

师：在陶渊明所处的那个朝代，陶渊明有没有办法找到解决问题的根本途径？

生41：没有办法。我认为陶渊明最终选择辞官归隐，是在追求本我、本真，是在追求符合他天性的生活方式。他也曾想过改变，他在《归园田居·其一》曾经写道"少无适俗韵，性本爱丘山"，他本来就"不慕荣利"，凡事喜欢率性而为。做官仅仅是为了养家糊口，而做官的日子对他来说更是一种煎熬！做官之后，那种黑暗的官场生活和他的本性之间是水火不容的。退隐山林，需要的是有足够的勇气，足够的独立思考的精神，足够的淡泊名利，而陶渊明做到了！在我看来，他的选择是一种豁达、一种达观、一种智慧、一种真实。我支持他！

（全班鼓起了掌）

师：刚才同学们都对陶渊明该或者不该归隐发表了自己的看法，我认为你们想得都很深，讲得都很透，你们能够用所学的知识去证明自己的观点，非常好！请再一次把最热烈的掌声送给自己！

（学生鼓掌）

师：首先明确的是，陶渊明不是一个懦弱、消极避世的人。归隐或者那么多人写归隐诗是魏晋南北朝时期文人对待生活的一种态度。陶渊明向往人与人之间、人与自然之间的和谐统一，向往没有纷争、没有压迫的生活，渴望处处和平、恬静美满、无忧无虑。他种豆南山，荷锄晚归，他体验到了老百姓的苦，更体会到了战争给老百姓带来的痛。虽然屡屡入仕，但只是为了生计，他不愿与统治阶级同流合污，但又无力改变，只能通过这种方式向当时黑暗腐朽的官场发出一声声的呐喊！他用笔、用诗在呐喊，呐喊有朝一日能实现心中的桃花源，实现天下大同的梦！在课程结束之前，老师送你们两副关于《桃花源记》内容延伸的对联。

PPT展示：

上联是"源中一日，渔耕自得其乐，无论魏晋"，下联是"世外千年，饱暖皆为使然，何须有汉"；上联是"入桃源，良田美池，怡然自乐"，下联是"出桃源，荒野白骨，家破人亡"。

（现代教育家叶圣陶曾说过："教是为了不教。"从认知心理来说，这是学习的必然，也是能力的延伸。因此把学生对桃花源美的感受延伸至课外，开阔视野，出示两副对联让学生积累，强调学好对联在中考以及日常生活中的重要性。）

师：今天重读经典，也听了同学们的分享，人生有梦，生活会更美好。好，这节课就上到这里，下课！

【教学反思】

教学永远是一种缺憾的艺术，语文课堂也很难"完满"。教师要把课堂当作艺术品，细细打磨，要在一次次教学实践中发现缺点，不断完善，从而调动教师、学生的创造积极性。这要求教师课前认真备课，学生查阅资料，在课堂上不断进行思维碰撞，最终趋于课堂的"完满"。《桃花源记》一文，根据何泗忠老师创立的语文悬念教学法，构建语文"待完满"课堂教学模式，使课堂教学别具一格。大胆运用悬念法，实现对传统教学模式的突破。

（1）采用图文对照法设置悬念，激发学生学习兴趣，落实文言字词翻译

当前的语文课堂中，古诗文教学大多还停留在以教师串讲为主的模式上，"字字落实，句句串讲"，过于重视字词的解读和翻译，常常把一篇血肉丰满的文章分割得支离破碎，大多的结果是：教师讲得累，学生听得倦，学生最终不爱搭理你，让你以自问自答告终。《桃花源记》是一篇文言文，我大胆设计了"用插图设悬念，鼓励学生找异同"这个环节，目的是让学生认真阅读课文，理解文言字词。生四人小组合作探究交流后，对图中画得与原文有出入的地方做大胆的想象和表述，从而达到文言字词翻译的落实。教师则"退居"一旁，对学生描述中词句理解正确的地方予以肯定，对描述得不到位的地方加以引导。

图文对照法设置悬念，构建了一种"待完满"课堂教学模式。结果，教师教得轻松，学生学得有趣，学习知识不只是停留在学习知识本身，还懂得归纳，学会知识迁移。

（2）采用花样朗读法设置悬念，激发学生学习兴趣，让学生更有激情地投入

教育心理学研究表明，掌握知识的效果依赖于学生发挥智力的积极性，而这种积极性在很大程度上由情境引起。在语文悬念教学法理念的启发下，我用花样朗读法设置悬念，激发起学生学习文言文的兴趣。在学生深入理解了桃花源内部环境美后，我巧设加拟声词和把文段变成诗歌的形式进行朗读的情境，使整节课始终贯穿着朗读，用朗读推进问题的深入，让学生在朗读讨论交流中学习，使学生产生欲罢不能的浓厚兴趣，整个课堂高潮迭起，妙趣横生。从课堂的表现与听课教师的评价看，效果应是比较好的，评完课后我又特意找了一部分学生了解情况，普遍反映比以前学得轻松、有趣，后来单元测验有关本文的答题，结果令人满意。

上一节好课，真的不简单！必须要不断深入备课、磨课，不断根据教学过程的完善对内容进行补充、删减。有时候明明有了一个思路，但按照这个思路备下去后却在某一个环节上卡了壳，这时是最痛苦的。犹如眼前有一顿丰盛的晚餐，美酒佳肴尽有，但偏偏此时你不舒服，只能喝白粥吃青菜调理肠胃，那种欲罢不能的状态是最折磨人的！弃掉它重新再来吧，又有种前功尽弃的不舍；不弃吧，又无法渐入佳境！备了删，删了再备，再改再删。特别是烦的时

候，更折服于巧手名家可以信手拈来，每一处看似平凡之处经过他们的演绎竟变得如此惊心动魄、魂牵梦绕！心中总带着那一份寄望，总想着经过无数的煎熬蜕变后成为那只自由自在的粉蝶！

彼得·基·贝得勒曾经说过："我当教师是因为我生活在那些开始呼吸的人们中间，我有时甚至能够感受到他们的气息中也有我的气息。"由于自己学识的浅陋，怀着对深刻美丽的憧憬和对名师的敬仰，那些儒雅博学、潜心语文教学的"大师"深深地影响感染着我，如于漪老师的情感滋润、钱梦龙老师的导读教学、何泗忠老师的悬念教学法……我从前辈的气息中深深感受到了他们对生活、对学生、对教育、对语文的爱，于是，我开始模仿，并慢慢接近。渐渐地，我有了自己的理解、自己的思想。我喜欢这种"折磨"，只是，有时候我还会迷茫。于是，我又开始了新的尝试。有时在夜深人静时想想，在浮躁的追逐中偶尔演绎一段如《骆驼寻宝记》中的骆驼般静下心来朝着心中目标踽踽独行的日子也是一件幸福的事！"采得百花成蜜后，为谁辛苦为谁甜？"也许，这种苦乐之甘醇只有自己懂得。

九、《谁是"打虎英雄"》

广东省深圳市坪山区碧岭小学　黄奕敏

黄奕敏，1994年出生，2016年毕业于国内首批"211工程"院校——华南师范大学，现为深圳市坪山区碧岭小学语文教师，深圳市名师何泗忠语文悬念教学法团队骨干成员。本着对语文教学的热爱，多次参加各类教学观摩与赛课活动，2016年参与广东省小学语文骨干教师培训的跟岗实践，完成授课任务；2017年获坪山区小学语文"新教育杯"青年教师技能大赛一等奖。辅导学生参加国家级、省级、市级征文比赛，获奖数十次。

【教学设计】

（一）指导思想与理论依据

这是一节语文主题活动课，语文悬念教学法课堂理念，是本课的教学指导思想。采用自主探究的学习方式，让学生真正参与课堂，激发他们学习的兴趣，重点培养学生的语文实践能力。

（二）教学目标

（1）能了解灯谜的发展和特点。

（2）能在猜灯谜的过程中，分析、归纳猜灯谜的方法，并猜出简单灯谜。

（3）能主动思考和探索，在活动中学会清晰、有条理地表达自己的观点。

（4）培养对灯谜文化的兴趣，感受中华传统文化的博大精深，热爱并拥护本民族文化。让学生不仅获得知识，也锻炼听说读写的语文能力，并得到传统文化的熏陶，提高语文素养。

（三）教学方法

本课采用语文悬念教学法，千方百计激发学生的学习兴趣，调动学生学习积极性。利用微课，完成对新知识的讲授，更有效地集中学生的注意力，提高课堂效率；应用卡通视频，由王安石的人物出现布置过关任务，增强课堂趣味性和连贯性；利用白板画记、笔画拆分和动画，让思维更形象化；运用IRS反馈器抢权、计分板调动学生兴趣，提升团队动力；运用计时器组织小组合作学习，用平板推送、递交功能展示小组合作学习成果，扩大关注，激发人人参与；通过智慧挑人和即问即答检查学生学习情况，得到反馈。

（四）教学过程

1. 创设情境，引发思考

很多灯谜都是要奇思妙想的，难以猜中，就像老虎很难被射中、打中，因此猜灯谜有了"打虎"的别称。今天的活动课，就是要评选"打虎"英雄。

科技应用：IRS问答；播放视频。

2. 过关斩将，思考探究

第一关：有关灯谜小知识

将问题推送至学生平板上，学生带着问题看微课（《灯谜的发展》），寻找答案，并回答问题。

第二关：猜谜方法巧归纳

根据教师的提示猜灯谜，在猜谜的过程中总结方法。分析字形，理解意思，画图想象。

第三关：大显身手出灯谜

（回顾微课中提到的好灯谜的标准）要求：

（1）谜面与谜底必须十分贴切。

（2）不能露春（谜面与谜底的字不能重复）。

（3）谜面成文（谜面在两个字以上且通顺）。

规则：限时4分钟出灯谜，写完后用平板拍照飞递。在规定时间内写出灯谜的小组加5分。

回传各小组所出的灯谜，其他小组竞猜，猜出答案且正确解说加3分。

科技应用：推送播放微课IRS问答、挑人、计分板。

3. 以谜解谜，文化传扬

因为中国汉字有形有意，使灯谜成为专属于中华民族的文字游戏。今天猜谜制谜的游戏让我们充分感受了灯谜文化的魅力，希望学生在课后多多收集这样有趣的灯谜，和老师、同学分享，做灯谜文化传播的使者。

科技应用：计分板、智慧助教。

【教学实录】

上课时间：2018年3月30日

上课地点：深圳市坪山区碧岭小学四（1）班教室

（一）创设情境，引发思考

师：同学们，今天咱们要上一节有趣的语文课，叫——（谁是"打虎英雄"，学生齐读课题），老师想在咱们班寻找"打虎英雄"，但是同学们可能就有疑惑了，打虎？虎在哪呢？

生（全体）：山上。

师：不，不，不，虎，就在老师的手上（拿出藏在身后的灯笼），猜到我们今天要干什么了吗？

生（全体）：猜灯谜。

师：你们可真机灵！但是这猜灯谜跟打虎有什么关系？其实呀，"打虎"是古代人给猜灯谜的一个别称，古时候无论是达官贵人还是黎民百姓，都非常喜欢这项文化活动，尤其是到了"东风夜放花千树"的元宵之夜，就更是热闹了。但是，猜灯谜很多时候都需要奇思妙想，不好猜，就像老虎一样很难被——

生（全体）：打中。

师：这不，老师就被一道灯谜困扰了一段时间了。

PPT展现：

画时圆，写时方，冬时短，夏时长。（打一字）

生1：我猜到啦！

生2：我还需要更多时间。

生3：我有答案了，但不知道对不对。

师：请你们帮老师想一想，拿起投票器，做出你的选择。

（学生使用投票器做选择）

师：看看统计结果，大部分同学和老师一样需要更多的思考时间。哇，同学们，老师惊喜地发现，咱们班有9名同学猜出答案了，真了不起，这可是北宋时期著名的文学家王安石先生出的谜，你的思维都能与一代文豪比肩了。到底你的答案对不对呢？这解铃还须系铃人，要不，咱们一起去找出题人问个明白？

生（全体）：好。

（二）过关斩将，思考探究

第一关：有关灯谜小知识

师：那就请一起穿越时空。

PPT播放王安石先生视频：

"大家好，在下王安石，字介甫，想知道我出的谜语的答案，得先过我设下的三关才行。刚刚听你们说'猜灯谜'，在我们这个朝代，猜谜的别称倒是不少，可就是没听说过有'灯谜'这个别称。'谜'什么时候有了'灯谜'这个别称，给我讲明白这是为什么，就算你过了第一关。"

PPT展示：

1."谜"从何时起有了"灯谜"的别称？

（1）北宋　　（2）南宋　　（3）唐代

2.灯谜一般由哪几个部分组成？

师：王安石先生可真会卖关子，第一关就给我们提了个问题。刚刚我们说了，王安石先生是哪个朝代的？

生（全体）：北宋。

师：听课真仔细，（1）项排除，（2）（3）项到底选哪个呢？（生思考沉默）没关系，老师这里有个微课介绍了灯谜的发展，可以帮助你准确地找出答案，但老师还有一个要求，看微课的时候要顺便帮老师解答第二个问题。

师：现在老师把这个页面推送到大家的平板上，同学们带着问题来看微课。（教师播放微课《灯谜的发展》）

师：视频看完了，答案也就出来了。趁热打铁，拿起投票器，做出你的选择。

（学生使用投票器做选择）

师：查看统计结果，所有同学都选了（2），真相果然就掌握在你们的手里，看来咱们班善听、善学、善思考的孩子真不少。来看第2题。老师挑一名同学来说一说。

（电脑智慧挑人选中生1，生1沉默）

师：记不清了是吗？（生1点头）那你刚刚有听到答案吗？（再点头）有些同学听到了没记下来，于是答案就偷偷溜走了。这里我要尤其表扬这一组的同学，他们很认真地边看边做笔记。请你来回答。

生2：灯谜一般由谜面、谜目、谜底三个部分组成。

师：一字不差，为你点赞。所以啊，好记性不如烂笔头，同学们今后要记得做笔记哦。

第二关：猜谜方法巧归纳

（1）边说边猜悟方法

PPT播放王安石先生视频：

"想不到大家这么快就过了我的第一关，真是后生可畏啊！不像我身边这个小徒弟，不会猜灯谜，实在是令人头疼。这第二关，你们就帮我总结一些猜灯谜的方法教教他吧！"

师：第二关咱们要总结猜灯谜的方法，听着有点难度。没关系，咱们一步步来，通过猜灯谜总结猜灯谜的方法。请看第1题。

PPT展示：

不出头（打一字）。

（学生思考、沉默）

师：不出头，不，出出头。

生3：（快速举手）老师，我知道了。

师：请你上台来讲。

生3：不出头，就是把这个"不"字，出个头，变成"木"（边说边在电子白板上写字演示，其他同学鼓起了掌）

师：要猜这道谜就得抓住一个关键字，它是——

生：不。

师：然后给它加上一笔。那这一道呢？

PPT展示：

给菜除草（打一字）。

（学生纷纷举手）

师：这么多同学，咱们来抢权，拿起投票器，做好准备。3、2、1。（生4成功抢到答题权）

生4：这道题的答案是"采"字，把"菜"字去掉草字头就是采。

师：你真会猜，一抓就抓住了关键字"菜"。这两道题，都给咱们介绍了一个相同的方法，先找关键词，再根据谜面的表达增加或减少笔画。

PPT展示：

方法 一：分析字形（根据谜面的描述巧妙断句，找出谜面中的关键字，分析关键字的形态和结构，增加或减少笔画，得出谜底）。

师：再看看这一题。

PPT展示：

赤子（打一《西游记》人物）。

生5：老师，我觉得是猪八戒，因为赤是不穿衣服，猪八戒就露着肚子。

生6：我觉得是红孩儿。赤是红色，那就应该是红孩儿。

师：同学们，你们支持谁的观点？

（大部分学生喊着生6的答案和名字）

师：咱们看看正确答案——红孩儿。"赤"理解为红色，"子"就是孩子、小孩的意思。再看。

PPT展示：

白玉无瑕（打一字）。

生7：（上台讲解）白玉无瑕，无瑕就是没有这一点（说着就把"玉"上的点移走），所以就是"王"字。

（教室里再一次响起掌声）

师：你真了不起，学《桂林山水》的时候我们就学过这个"瑕"字，漓江的水真绿啊！

生7：绿得仿佛那是一块无瑕的翡翠。

师：那时候，我们说瑕的意思是——

生7：瑕疵、斑点。

师：用在这个谜上，这一点就是那个斑点，理解了这个字的意思，这个谜自然也就迎刃而解了。回顾这两道灯谜，你可以总结出一个方法来吗？

生8：就是要先理解谜面在说什么，是什么意思，然后才能猜。

师：你真是老师的知音，把老师想概括的方法说明白了。

PPT展示：

方法二：理解意思（理解谜面中字词的意思。理解了关键字，加上谜目对答题范围的提示，谜底也就呼之欲出）。

师：那么这个谜面，你又能理解多少呢？

PPT展示：

一钩残月伴三星（打一字）。

（学生思考）

师：首先理解一下"残月"，什么样的月亮叫残月呢？

PPT展示：

左边为圆月，右边为弯弯的月亮。

师：支持这一幅（手指左图）是残月的请挥挥你的左手（学生摇头，无人举手），支持这一幅（手指右图）是残月的请挥挥你的右手（学生都挥动着右手），理解非常到位。现在老师这里有一个残月和三个星星（电子白板出现对应图形），谁能拼出一个字来？

（生9举手，在白板前对着几个图形摆弄了一会儿，拼出了基本形状：是个"心"字。）

师：仔细讲讲。

生9：这个残月在中间就是"心"字的卧勾，"伴三星"就是三个点围绕在旁边，就是"心"字。

（教室里再次响起热烈的掌声）

师：掌声已经说明一切，你清晰的解说让大家都豁然开朗了。在你的解说中，我发现你特别善于想象，把图形和笔画给联系起来了。接下来，请大家放飞想象的翅膀，看看这道题。

PPT展示：

双人走钢丝（打一字）。

生10：是"丛"字。双人就是两个"人"字，钢丝可以看成"一"字，就是"丛"。

师：回答正确，掌声送给他。我们发现，有些灯谜很需要发挥我们的——

生（全体）：想象力！

PPT展示：

方法三：画图想象（对画面感比较强的谜面，可以发挥想象力，画一画图像，猜出谜底）。

（2）连线猜谜用方法

师：经过这几道灯谜，咱们就总结出了猜灯谜的三种方法（PPT集中回顾），咱们把它飞鸽传书，传送给王安石先生（PPT配合飞鸽传书的动画效果）。

PPT播放王安石先生视频：

"同学们总结的方法我是看见了，但是否好用还得出题考考才知道，你，敢不敢接招？"

生（全体）：（斗志昂扬状）敢。

师：好，请看规则。

PPT展示：

限时讨论5道灯谜，在平板上填答完毕后递交到第一区，答题分两种：

① 连一连：前3道题为连线题（每题1分），在6个干扰项中选出3个正确答案，并连线到对应灯谜。

② 猜一猜：后2道题为填空题（每题2分），小组讨论后将答案填到对应的空格里。

注意：讨论结束后上台正确解说可再加1分。

师：请你来给大家读读规则，其他同学注意倾听。

（生11朗读规则）

师：感谢你，我的小广播员，读得非常清晰流畅。同学们清楚规则了吗？

生（全体）：清楚了。

师：那就接招吧！老师会将这个页面传送到小组的平板上，计时3分钟，讨论开始。

PPT展示：

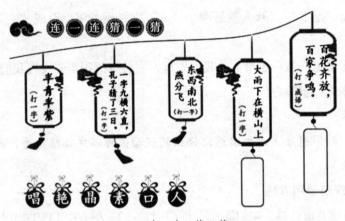

连一连　猜一猜

（学生讨论，在平板作答并递交答案，答题结束，将小组答案调出PPT）

师：咱们先来看看每道题的答案，再看看小组的得分情况。前3道连线题，老师想把机会留给目前积分比较少的小组。请第1组、第2组、第4组分别派1名代表来讲。（生12、生13、生14上台）谁先来你们自由决定，舞台交给你们。

生12：半青半紫的答案是素，"青"的一半，只要这上面一半，"紫"也可以分成上面的"此"和下面的"系"，这两个拼起来就是"素"。

师：请看正确答案（素），给自己小组加分。

生13：一字九横六直就是一横两横三横四横……九横（按照"晶"字的结构先写了九横），六直就是六竖，一竖两竖……六竖（又补上六竖），所以答案是"晶"。

师：有没有跟他不一样的解法？

（学生沉默）

师：你们都是这样一笔一画猜出来的吗？我就不是，我是从后半句猜出来的。孔子已经告诉我们答案，猜了三个"日"字。

生14："东西南北燕分飞"是说"燕"字的东西南北都飞走了，就猜出"口"字。

师：你找的关键字很准确，可以结合字形具体说说吗？

生14：（在电子白板上操作）先是上面的草字头飞走了。

师：这是方向的哪边？

生14：北边。

师：继续。

生14：东边是"北"的右边也飞走了，西是"北"的另一边也飞走，南边是下面，也飞走（屏幕留下口）。

师：掌声。为自己小组加分吧！后两题难度加大了，"大雨下在横山上"谁来？

（生15举手，再次抢权，拿起投票器，生15抢答成功）

生15：大雨下在横山上，我们猜"雪"字。先把"雨"拿下来（在电子白板上挪动"雨"字），然后把"山"横过来（在电子白板上把"山"放倒），拼起来就是"雪"字。

师：请看正确答案（PPT点开答案：雪，教室里再次响起掌声）。最后一题，有点难，打一成语。

生16：鸟语花香。

生17：不对，不对，百花齐放，就有颜色；百家争鸣，都在叫，就有声音。所以是有声有色。

师：难题最怕遇到有方法的人，你就是这样的人，百花都一起开放了，有各种各样的——

生17：颜色。

师：百家都争着鸣唱，有了各种各样的——

生17：叫声、声音。

师：答案就是"有声有色"。给你的小组加上2分。咱们来看看各个小组的答题情况：第1组6分，第2组5分，第3组5分，第4组3分，第5组7分，第6组3分。这一轮过后，第5小组暂时领先，第1小组后来居上，位居第2，第4小组、第6小组暂时落后，但王安石先生还有最后一关呢，这"打虎英雄"的称号花落谁家还不知道呢？咱们赶紧请出王安石先生来。

第三关：大显身手出灯谜

PPT播放王安石先生视频：

"来了，来了，大老远就听见你们喊我了。最近找我'打虎'的朋友特别多，我出的灯谜都不够大家猜了。你们帮我出几条灯谜，符合灯谜要求就算过关。"

师：难度再升级，这回要出灯谜了！咱们先回顾一下微课里提到的好的灯谜应该符合哪些要求：①谜面与谜底必须十分贴切，能根据谜面准确地猜出谜底。②不能露春，谜面与谜底的字不能重复。③谜面在两个字以上且通顺。

PPT展示：

1. 贴切

2. 不露春

3. 谜面成文

师：接下来老师把灯谜纸发给大家，同学们按照要求写好，最快写好并用平板拍照飞递到屏幕上的小组可以加5分，开始。

（学生小组出灯谜）

师：好，最快可以加5分的小组已经诞生了，（学生一片唏嘘）别担心，咱们一起来看看他们出的谜，猜出答案并正确解说可以加3分。请看他们出的灯谜，"两个月在一起"来，抢答。

（生18抢答成功，第5小组欢呼雀跃，其他学生发出惋惜声）

生18：答案是"朋友"的"朋"，"朋"就是两个"月"字在一起。

师：3分送给你，请你上来加。同学们都意犹未尽，但是王安石先生也迫不及待了，给老师发来了微信，咱们一起看看他说什么。

（三）以谜解谜，文化传扬

PPT展示：

东海有一鱼，无头亦无尾。除去脊梁骨，便是这个谜。

师：还能不说答案，用一个谜来解另一个谜，这王安石先生真不愧是大文学家。学习了这么多猜灯谜的方法，这道谜对大家来说应该是小菜一碟了。哪名同学来讲讲？

生19：重点字是这个"鱼"字。

师：请你写在黑板上。

生19：无头（擦掉鱼字头），无尾（擦掉一横），脊

微信图答案

梁骨就是中间这一条（擦掉一竖）。

师：就是一个——

生19：日。

师：我们对应到上面的灯谜，日画的时候是——（生：圆的），写出来就是方正的。冬天白天比较——（生：短），夏天白天比较——（生：长）。正因为中国汉字有形有意，才让灯谜成了专属于咱们中华民族的文字游戏。正所谓"无限意趣在谜中，别有洞天在谜外"。今天的"打虎英雄"到底花落谁家呢？请看积分榜。

（颁奖部分略）

【教学反思】

寒假回校，恰逢元宵佳节，学生纷纷用红包纸袋、卡纸、竹枝、布料做了一个个独具特色的小灯笼，一时间，各个教室门口都整整齐齐地挂着一排灯笼，灯笼下方写有灯谜的小纸条也在随风起舞，招摇着等学生们来猜。刚开始，学生们都兴致勃勃的，一到下课就在灯谜前攒动，希望能猜出答案，换个小奖励。可是，能拿到奖品的学生实在少之又少，不少学生自己写下来的灯谜都不知道谜底。不过两三天，这群孩子就对门前的灯谜失去了兴趣，问起原因，他们一个个都抱怨起来："这些灯谜太难了，不会猜。"

我开始想，是不是该教教他们来猜灯谜？灯谜是中华民族特有的文化，语文老师肩负着语言、文字的教学，是中华民族传统文化的传播者和传承者，于是，我下定决心，要设计一节猜灯谜的综合性学习课程。

一开始的尝试，是把班级内的灯谜收集起来，和学生们一起来猜，但课堂效果很不理想。经过我的提示点拨，能猜的学生依旧是少数，大部分学生是课堂里的"看客"，他们认为，"这件事太难了，我做不到，就不要白费工夫了"。

我又想，花一节课的时间来猜灯谜，我到底想要什么？

我想，这一节课不应该只是猜灯谜本身，学生应该在这节课里积累一些猜灯谜的方法，有可以迁移的能力，还应该有逻辑表达的思维和技能。就算真的学不会猜灯谜，也要了解一些灯谜的小知识，了解一点灯谜文化。我明确了自己的目标：以猜灯谜为载体，以了解中华传统文化为目标导向，以锻炼思维和口头表达能力为技能要求。

剩下的，是如何让这节课有趣，降低猜灯谜的难度，让学生乐于参与。查找资料的过程中，我发现了王安石以谜解谜的故事，这马上启发了我，让学生加入猜谜的情境，猜谜而不确认答案，吊起学生的胃口，再通过过关任务逐渐逼近真相，这样一来，我可以在不同的环节设计不同的过关任务，从易到难，让学习更有层次性，也更符合学生的认知规律。再加上技术手段，让王安石以卡通人物的形象出现来布置任务，成为课堂生动的线索，就妙趣横生了。

在何泗忠老师语文悬念教学法理念的指导下，我构建语文"待完满"课堂教学模式，目标导航、活动导趣、问题导学，设计一个个有趣的活动，使学生充分发挥主动性和积极性，成为课堂的主人。再加上智慧教室的使用，进一步提高了学生的课堂参与度和学习兴趣，课堂中响起的学生自发的掌声已经说明了这一点。但教学中毫无疑问也仍有这样或那样的遗憾。比如说，课堂时间的把握，最后一关学生出谜互猜的环节是课堂的延伸，听起来这是一项小学生很难完成的任务，但在课堂中，每个小组都非常努力、非常认真地在思考、讨论，并且写得有模有样，只是囿于时间，只展示了一组，看着学生们意犹未尽的眼神，我的心底也留下了遗憾，没能充分展现他们的风采。于是，在思考课堂时间的分配上，我发现了另一个不足，在总结猜灯谜的部分，学生实际上是被教师牵动着的，学生在教师的牵引下亦步亦趋，并没有充分发挥他们的能动性。这一部分的教学，其实很适合用数学教师的思维，让学生做题，然后分类，自己来总结归纳方法，最后王安石的考题，就相当于是练习、巩固所学的方法。在这样的过程中，学生会更加投入，也在分析、讨论、解谜的过程中训练团队合作……课堂总是充满缺憾，但我能看到的是，一下课，孩子们都想大显身手的热情，不仅围着自己班挂着的灯谜使劲想、努力猜，还跑到其他班门口去猜，我相信，我做到了一些我想做的事情。

教育不仅是传授知识，更是一种生命的影响。在这个春天，我撒下灯谜文化的种子，期待着有一天能"阳春布德泽，万物生光辉"。

十、《乞巧》

吴月斯,广东省惠州市人,2016年毕业于华南师范大学。现为香港中文大学研究生。曾在深圳市盐田区梅沙小学任教。深圳市名师何泗忠语文悬念教学法团队骨干成员,积极践行语文悬念教学法理念,让学生站在课堂的正中央,课堂生动活泼,能够激发学生听、说、读、写、演的愿望,深受学生喜爱。辅导学生参加写作、演讲、书法等竞赛屡获佳绩。在学校"认识茶叶"跨学科项目式STEM学习中,担任"茶叶的诗歌"小组导师。参与了教育部全国教育科学规划课题"发展与创新教育研究",参与的"线上微课与线下课堂相结合的语文学习模式的研究"获深圳市教育科学规划

香港中文大学　吴月斯

2018年度课题重点立项。论文《试析"先学后教,问题导学"模式及其在一年级语文识字教学中的运用》发表于《中外教育与研究》。2016年获得盐田区教师读书札记征文比赛一等奖,2017年获得盐田区首届"四有杯"教师综合素养大赛三等奖。

【教学设计】

(一)指导思想与理论依据

语文悬念教学法之"待完满"课堂教学理念是本节课的教学指导思想与理论依据。本节课力求引导学生入情入境、有滋有味地朗读。在教学中主要通过读、思、议、想、说、写等形式使学生主动探求知识,浸润于诗歌的美好情感当中。教师创设情境,激发兴趣,引导学生全程参与,在探究中达到自悟自得。关注学生的切身感受和自我体验,重视过程与方法,充分发挥学生的主体性,充分体现传统"诗教"的熏陶、熏染功能,也贯彻语文课程"全面提高学生的语文素养"的基本理念。

（二）教学目标

1. 知识与技能

（1）会认"乞、霄"2个生字，会写"乞、巧、霄、渡"4个生字。

（2）正确、流利、有感情地朗读、背诵古诗。

2. 过程与方法

（1）借助注释理解古诗内容，用多种形式反复诵读，感受古诗的韵味。

（2）了解诗中蕴含的传说故事，能介绍中国传统节日的相关传说。

3. 情感、态度与价值观

（1）感受诗中表达的"渴望向织女乞取智巧"的愿望。

（2）热爱祖国文化，感受民间故事的美好。

（三）教学重难点

（1）教学重点：诵读古诗，想象古诗所描绘的画面。

（2）教学难点：感受诗中所绘"渴望向织女乞取智巧"的丰富情感，并能表达自己的祈愿。

（四）教学方法

依据"待完满"课堂教学理念，采用自主合作探究的学习方式，让学生真正参与课堂，激发他们学习古诗的兴趣。

（五）教学过程

1. 猜一猜，激诗趣

展示民间故事的图片（均为已学古诗），以猜图法设置课堂悬念，引起学习兴趣。调动学生的已有知识积累，丰富课堂资源。教学步骤如下：

（1）学生浏览图片后抢答诗题。

（2）学生全体背诵。

2. 观一观，解诗题

为了能快速定位诗歌大意，通过"解诗题"这个环节，让学生了解诗歌内涵，初步猜测诗歌的丰富情感。同时，通过随文识字的方法，还能掌握本课重要的生字"乞"。教学步骤如下：

（1）学生读题"乞巧"并书空，教师板书。

（2）教师出示"乞"的字理字源图片并提问："乞"的最后一笔特别传神，仔细观察，你觉得它像什么？学生畅谈。

（3）解"巧"，提示阅读课后的资料袋，尝试解读诗题。

3. 读一读，通诗语

"诗歌不是无情物，字字句句吐衷肠。"新课标指出："第二学段诵读优秀诗文，注意在诵读过程中体验情感，展开想象，领悟诗文大意。"古诗教学，要注意以读带讲、以读攻读，这样才能让诗情诗语在学生心中产生共鸣，从而受到感染，激发浓厚的情趣，体味诗中的意境和无限感情。相比当一个听众，学生会自主朗读，也会读得更动听，读得更动情，读得更动人。新课标中对于阅读的基本要求是"用普通话正确、流利、有感情地朗读课文"。古诗教学，同样可用"一读要准确，二读有节奏，三读有韵味"的方法。

该环节学习重点在"一读要准确"和"二读有节奏"。学生只有读通诗句，才可能熟读成诵，伴随情语跃然于心。初读可自由读与同伴互助共读相结合，以达到快速高效正音的目的。"一简之内，音韵尽殊；两句之中，轻重悉异。"诗词的抑扬顿挫，音韵流转，这种语言的音乐美感，本身就是古典诗词的重要特性。对体会诗词的情境有直接影响和作用，或者说，一首诗词的抒情与格调，是跟它的声韵契合的。在范读的指导下，学生学会古诗的基本韵律格式，懂得划分节奏。反复地朗读帮助学生在心中形成诗歌的画面，为感悟做铺垫。教学步骤如下：

（1）请学生自读两遍，边读边正音。

（2）同桌互读，共进互学。

（3）生生比赛读，其他同学听误、评价。

（4）教师出示形近字"宵""霄"，补充诗歌空处，即学即练。

（5）男女同学赛读。

（6）请学生范读，读出节奏，教师出示节奏标记，全班模仿齐读。

4. 品一品，知诗味

"三读有韵味。"教师适时进行点拨，学生发问，小组合作探究诗歌意象，形成丰富的画面感，体验诗境，在诗画的浸润下，自然而然引发联想与想象，实现个性化美读。同时也是培养独立思维能力和合作学习能力。

教学步骤如下：

（1）教师用PPT出示学习提示。

A. 小组合作探究，说说看到了什么。在书上批注。

B. 找出一对近义动词，圈出来。

C. 你也是"家家"中的一分子，你想向织女乞取什么智巧呢？

（2）请小组代表描绘所读出的画面，教师将学生所述进行板书。

（3）师生共同探究，补充织女的拓展知识，引导学生"看碧霄""望秋月"是因为乞求获得织女那般的心灵手巧，顺势激发学生思考和表达的愿望——看着心灵手巧的织女，你的愿望是什么？

5. 背一背，悟诗韵

"腹有诗书气自华。"好的诗词需要背下来，在心里反复消化，才能品出真味，洞彻玄机。熟读成诵，尚能启迪诗心，培养语感。在反复的朗读与品味后，再用各种形式去记忆和背诵，能有效地巩固和落实基础的知能目标，同时升华情感体验，能够热爱祖国传统文化，并激发起对民间故事的兴趣，为下一拓展环节做铺垫。教学步骤如下：

（1）教师出示填空，学生背诵。

（2）教师用白话描绘画面，学生背出相应的诗句。

（3）教师出示动画和音乐，学生手舞足蹈，边背诵边遐想，放飞愿望。

6. 览一览，寻诗话

教学步骤如下：

（1）小动画展示牛郎织女的传说。

（2）教师引导，回忆中国法定节假日中的传统节日。

（3）学生在组内交流课前准备好的与传统节日有关的神话故事或民间传说（文字+图片），再派代表进行简单的展示。

【教学实录】

上课时间：2018年5月15日上午第2节

上课地点：深圳市盐田区梅沙小学四楼多功能室

上课班级：三年级（1）班

（一）猜一猜，激诗趣

（教师出示PPT，请学生看图猜古诗。上有提示语"和中国传统节日有关"）

师：（指着PPT上的图片）请同学们抢答。

（第一张图片描绘《元日》景象，学生联想有难度，教师点拨后学生抢

答，共三张图，分别为《元日》《清明》《九月九日忆山东兄弟》，抢答正确后要求全班背诵）

师：同学们刚才背的这三首诗，每一首都是一个——

生（全体）：节日。

师：真善于总结和发现。（边出示本课图片边说）那这一首呢？

生（全体）：《乞巧》。

师：哈哈，这张图片你们再熟悉不过了，就是我们今天要学习的《乞巧》。

（二）观一观，解诗题

师：请读题。

生（全体）：乞——巧。

师："乞巧"这个诗题中包含了我们要掌握的生字，"乞"的最后一笔特别传神，仔细观察，你觉得它像什么？（课件描红最后一笔）

（学生沉默）

师：这个字能组什么词？

生1：乞丐。

师：对呀，那乞丐的动作是怎样的？

生2：跪着的。

生3：弯着腰，双膝跪地。

……（有学生直接模仿起来）

师：是呀，"乞"这个字其实原本和"气"是同一个字，后被借用，两笔合二为一，表示"乞求"的意思。（出示字理字源图片，教师范写）我们伸出右手一起书空，记得把字写得舒展而稳重。

（学生边书空，边说笔顺）

师：再看诗题，"乞巧"是什么意思？

生4：七夕节。

师：是呀，你会利用好注释，这是一个学习古诗的好方法。

生5："乞巧"就是"乞取智巧"！

师：你真会学习，看来预习功夫做得很扎实，也很会利用课本资源。原来呀，"乞巧"包含了两个词语。你是从课后的"资料袋"里发现的奥秘对吗？请大家也一起快速默读一下，画出"乞取智巧"。其实呀，老师原本想找一找诗人的画像给你们看，可是找来找去都找不到，这是怎么回事呢？

生6：他很早就死了，所以没有留下他的画像。

师：你的小脑瓜怎么这么机灵。是的，林杰是一位英年早逝的唐代诗人。（PPT出示诗人简介，学生浏览）这么年轻的诗人写的这首诗到底有多妙，你们一定迫不及待地想要领略一番了。就请同学们打开课本，根据老师出示的学习提示，先进行自由初读，再和同桌互读。初读要求不高，希望你们能积极帮助对方，把诗句读正确，读流利，不丢字，不添字，不错字。

（三）读一读，通诗语

步骤一：读准确

（PPT展示学习提示，学生们兴趣盎然地自由初读，教师巡视，及时帮学生正音和给予鼓励）

师：谁首先来试着读一下？

（一男生举手读了起来）

师：我们请同学来点评一下。

生7：读得虽然正确，但不够通顺，听起来一个字一个字在读，好像磕磕绊绊的。

师：你的评价很犀利。同学们，看来光读正确还不够，如果读得生硬，我们听着也不那么舒服。现在我们再请一名女同学读，看看谁更胜一筹。

（女生读）

师：哪名同学来评价一下，她读得怎样？

生8：她字音咬得很准，也比较流利，但声音太小了，要是再大声一点儿就更好了。

师：谢谢你的宝贵建议。既指出了优点，也指出了不足之处。看到同学们都跃跃欲试，下面，我们就一起来体味一下这首诗吧。

（全班齐读）

师：读得响亮，正确，流利。但是你们看，第一句诗藏着"肖"妈妈的两个双胞胎孩子，它们调皮地跑去玩耍了，请你们把它俩找回来。（PPT展示挖空诗句）

生9：宝盖头的"宵"在前面，"雨"字头的"霄"在后面。

师："今宵"是什么意思呢？本诗描写的是什么时候？

生10：今天晚上。

师：宝盖头表示？

生10：房子。

师：对啊，古代的时候，人们劳作了一天，到了晚上，就要回家吃饭、睡觉了，今天我们也有"吃夜宵"的说法。那"看碧霄"指的是看——

生11：天空。

师：是呀，雨不正是从天落下的吗？所以"雨"字家族的字和"水""天气"有关。请朗读第一句诗。

（生11朗读）

师：看来两兄弟已经被你们安全带回家了。

步骤二：读出节奏

一首诗，如果我们只读正确了，那么这首诗也被我们"毁"了。你们有什么办法让这首诗听起来更生动传神而美妙呢？

生12：要有停顿和快慢。

生13：读出节奏感。

（还有学生直接试着读起来）

师：看来以前学过的方法，还没有被你们抛到九霄云外。刚才有同学说要读出节奏，那么这首诗要如何划分节奏？

生14：它是七言古诗，所以节奏是二二三。（PPT展示节奏提示）

师：那就请你来为大家范读一下。（生14范读）你果然读得抑扬顿挫！以前我们学习过一些吟诵的小技巧，除了第三句的尾字收得短促有力，其他韵脚字可以——

生（全体）：拖长。

师：对呀，同学们千万别着急。"七夕/今宵/看碧霄——"像这样朗读，诗句的画面就被我们读活了！大家试试吧！

（学生齐读，读出节奏）

师：现在请各大组赛读，看谁读得更抑扬顿挫，更有味道。

（四个大组车轮战赛读，全班投票选出最后的擂主。）

（四）品一品，知诗味

步骤三，读出韵味

师：现在请同学们在小组内再用你们喜欢的方式合作美读，体味情感，并根据学习提示，进行探究学习。

（PPT展示学习提示。学生在学习小组内开展合作学习，有的齐读，有的轮流读，有的分男女生读；读完在课本上批注，与组员探究。教师巡视，适时给予点拨。）

……

师：现在，哪个小组来说说，读了这首诗，你看到了什么？

（小组四人起立）

生14：（组内）我们组是齐读的。刚才我们发现，诗中首先出现了"碧霄"，还读到了"牛郎织女"。另外，我看到人们在穿红丝。（学生边说，教师边出示动图）

生15：（组内）我补充一点，第三句还出现了"秋月"。

师：你们组的学习效果很不错，那你们有找到一组近义动词吗？

生16：（组内）"看"和"望"。

师："看"什么？"望"什么？

生16：（组内）"看碧霄""望秋月"。

师：没错。这是因为碧霄上有——

生16：（组内）牛郎织女。

师：为什么乞巧节大家要看牛郎织女呢？为什么要望月穿红丝呢？（生沉默）我们看，织女之所以叫织女，是因为——

生17：（组内）她很会织布，手很巧。

师：你说得真不错，请你们小组先坐下。我们看看，织女织的锦缎多华美艳丽，像波光粼粼的河水，像美丽的云霞！（PPT展示图片，学生们都惊叹）

师：现在你们再来猜一猜，我们都知道乞巧节就是乞取智巧，人们也像织女织锦缎那样在乞巧节这一天穿红线，究竟是为什么呢？

生18：人们也想像织女一样能织出美丽的锦缎！

师：你的联想很准确。正是这样，哪家的女孩子不想像织女一样心灵手巧呢！她们一边穿红丝，一边却在向织女许下心中的美好愿望呢！到了乞巧节，我也想乞求织女，请她给我们三年级（1）班的每名同学带来健康快乐和聪明才智。

那么我们再请一个小组，听听他们想向织女乞取什么呢？

（另一小组四人起立）

生19：（组内）我希望我能越来越聪明。

生20：（组内）我想乞取一个健康的身体，这样我每次跑步就不用落在最后了。

生21：（组内）我想求织女让我快点长大，爸爸妈妈就不用那么辛苦了。

生22：（组内）我乞求再少一点作业，多一点时间玩。

师：哈哈，织女已经听到你们的心愿了，记得要在乞巧节这一天对她说，她肯定会帮你们实现的。

（五）背一背，悟诗韵

师：既然你们每个人心中都许下了自己的美好愿望，那现在老师就要听听你们能否把自己的情感表现得淋漓尽致，怎么样，准备好了吗？

生（全体）：准备好了！

师：那么闯关开始。第一关，根据提示背诵。（PPT展示挖空后的诗）

……

师：简单了点，难不倒你们。接下来第二关，认真倾听我描绘的画面，你们要有感情地背诵诗句。在七夕这天晚上，我看着碧蓝的夜空，发现牛郎织女在鹊桥相会。

生（全体）：七夕今宵看碧霄，牵牛织女渡河桥。

师：千家万户都在望着天上的明月，手里早已穿好了不少红丝。

牛（全体）：家家乞巧望秋月，穿尽红丝几万条。

师：大家顺利过关，而且我发现有个别同学已经情不自禁地开始手舞足蹈了。如果不给同学们一次展现的机会，我觉得就浪费大家的想象力和才情了。第三关，请你们起立，看着动画，入情入境，做些动作配合你们的背诵吧。老师为你们播放美妙的音乐。（学生起立，音乐响起，动画播放，学生弯腰抬头托手，生动演绎诗歌画面）

师：大家将自己的美好愿望都送进了这首诗中，把诗歌推向了全新的境界，连老师都被你们感动了！谢谢你们，今天的诗歌闯关顺利完成。

（六）览一览，寻诗话

师：同学们，刚才你们都从诗中读到了牛郎织女，那这背后到底隐藏着一个怎样的神话传说呢？请同学们一同来观看这个小动画。（播放一分钟动画）

师：其实呀，不止乞巧节，我们中国传统节日里可是都藏着许多有趣的传说呢！我们每年会放好多假，它们背后也许就藏着一个重要的传统节日呢！大

家不如一起来回想一下。一月有什么节呢？（一边说一边展示PPT）

生（全体）：元旦、春节！

师：春节也有可能在二月。三月呢？

生（全体）：……

师：那么四月是？

生（全体）：清明节。

师：五月？

生（全体）：劳动节。

师：这是国际劳动节，所以呀，不属于中国传统节日。六月？

生（全体）：端午节！

师：七月？

生（全体）：乞巧节。

师：哈哈虽然乞巧节没有放假，但是学了《乞巧》，我们就知道了这个节日。八月呢？

生（全体）：……

师：九月？

生（全体）：重阳节、中秋节。

师：接下去十月呢？

生（全体）：国庆节。

师：国庆节是为了庆祝什么而设立的？

生（全体）：中华人民共和国成立。

师：那它是不是传统节日呢？

生（全体）：不是。

师：对呀。再往后还有节日吗？（学生沉默）想不到了，其实大家已经都说出来了，我们有放假的就是上面说到的这些节日（重阳节除外）。结合你们课前查找的资料，老师想你们在小组内交流一下，你们找到了什么节日的相关传说故事呢，与同伴交流分享。（PPT展示学习提示）

（学生小组交流，有的拿起了思维导图，有的拿起手抄报，有的拿起了抄写的文字资料……）

师：时间到！看到同学们喜悦的笑容和炯炯有神的目光，我想你们一定是被各个节日传说吸引了。你们小组交流了什么？

生23：我刚才分享了春节关于"年"的传说，它是一只怪兽，所以人们要放爆竹吓走它。它很怕红色，人们就要贴红色的春联和福字。

师：哦，原来我们春节的习俗都是有缘由的，谢谢你的分享。那你们组呢？

生24：我听到了组长分享的清明节的传说。清明节来源于寒食节，是重耳为了纪念死去的介子推而设立的，所以现在人们在清明节扫墓，拜祭死去的亲人。

师：你真是个善于倾听的好孩子，想必又为你增添了一笔知识财富。

师总结：这节课，我们用各种形式的朗读，学习品味了林杰的《乞巧》。由激趣初探开始，到在漫读中放飞想象，再到在节日传说里大显身手。通过熟读成诵，领会了"家家"乞取智巧的美好愿望，还体会到了中国传统文化的博大精深。请同学们课后有感情地背诵古诗，同时把你搜集的，或者与同学交流得来的节日传说讲给家人听。

师：（展示作业PPT）谢谢同学们！下课！

【教学反思】

《乞巧》是人教版小学语文第六册第八单元"神话故事和民间传说"中选编的古诗。

这是一首唐代诗人林杰描写民间七夕乞巧盛况的名诗，表达了人们追求幸福生活的美好愿望。乞巧，俗称七夕，又称女儿节、少女节，是传说中隔着天河的牛郎织女鹊桥相会的日子。过去七夕的民间活动主要是乞巧。所谓乞巧，就是向织女乞求一双巧手的意思。乞巧的最普遍方式是对月穿针，如果线从针孔穿过，就叫得巧。这一习俗唐宋最盛。

这是一首想象丰富、流传很广、家喻户晓的古诗，内容较浅显易懂，是激发学生了解古代经典神话故事的兴趣，培养丰富想象力的极好素材。

培根曾言："读诗使人灵秀。"为了让学生深入诗中意境，我根据何泗忠老师倡导的语文悬念教学法理念，构建"语文'待完满'课堂教学模式"，采用的是创设情境、以读带讲、合作探究、文化熏陶的方式。课堂重视知识与能力的迁移，努力实现课内向课外的延伸，拓宽语文的学习空间。"语文课程应致力于学生语文素养的形成和发展。"在教学中，我比较关注学生的切身感受和自我体验，重视过程与方法，充分发挥学生的主体性，让学生站在课堂的正中央，真正成为学习的主人，在自主、合作、探究的语文实践中学习和运用语文，充分体现了传统"诗教"的熏陶、感染功能，也体现了语文悬念教学法"全面提高学生语文素养"的基本理念。

1. 诗画交融，意境生成

在导入新课时，我让学生根据画面猜想诗歌，这一悬念设置，为新课的学习打下情感积淀。《乞巧》这首诗有两幅大的画面：一是天上，碧霄只是背景，而牛郎织女鹊桥相会才是主画面，教材插图展现的即为此场景；二是人间乞巧的场面，这个需要教师充分地由织女的心灵手巧出发，引导学生感受人们对美好愿望的向往。在学习中，学生理解诗句、再现画面、背诵诗句，让诗句和诗意化为可以视觉感受的栩栩如生的图片，将诗歌画面激活成灵动的个人体验。

2. 读书得间，以读攻读

所谓"书读百遍，其义自见"。运用各种形式的朗读是古诗教学常用的且行之有效的方法。我教学时以读带讲，使得学生能够诗画交融，通悟诗心，当堂成诵。具体学习要求为一读要准确、二读有节奏、三读有韵味。在朗读的基础上，学生的学习循序渐进，对词义的理解愈加深刻，情感自然递进升华。

3. 自由想象，借诗咏志

丰富的想象是这首诗明显的写法特点。教学中，我让学生想象人们望月乞巧的心情，紧接着请学生大胆地向织女祈愿，启发学生吟诗明志，联系现实和自己的生活体验畅谈心愿，以此体会诗人的志趣，体验乞巧的民俗，学生自己借诗咏志，借想象抒情怀。

4. 拓展延伸，文化积淀

何泗忠老师曾说："要重视培养学生广泛的阅读兴趣，扩大阅读面，增加阅读量，提高阅读品位。要鼓励学生自主选择优秀的阅读材料。"课上如果仅仅有教材资源，是远远无法满足学生的学习需求的。借助教材资源，引导学生自主拓展课外资源，是连通课堂内外、拓宽语文学习空间的有效学习方式。学生不仅学习文字、文章、文学，更要学习文化。熟读成诵后，应花些功夫，让学生进一步探寻美妙的中国传统文化，并且在与同学的交流学习中，获得多样化的学习成果，锻炼思维能力、倾听能力、表达能力。

教学要相信学生，不肢解诗文。我采用"待完满"课堂教学模式，变换

"读"的手法，让学生自读自悟，能在多读的基础上通悟诗心，读出感情，读出韵味。诗中蕴含的情感和未道明的悬念通过学生的想象补进来，再通过拓展他们的学习思维，使之引向发散的空间。课堂实现了教材本身资源、教师预设资源、学生生成资源的有机整合与充分利用。

总的来说，这节课，我采用"待完满"课堂教学模式，较好地落实了新课标的教学理念。

十一、《汉语拼音10〈ao ou iu〉》

广东省深圳市宝安区福永小学　何思婷

何思婷，中共党员，2016年毕业于华南师范大学，现为深圳市宝安区福永小学语文教师兼班主任，深圳市名师何泗忠语文悬念教学法团队骨干成员。工作兢兢业业，勤勤恳恳，积极上进，认真上好每一节语文课，努力提升学生的语文核心素养，受到学校、同事、学生的肯定。微课《音序查字法》获2017年宝安区微课大赛二等奖；论文《立足课堂，提高学生的语言文字运用能力》获2018年宝安区小学语文教师优秀论文评选三等奖。

【教学设计】

（一）指导思想与理论依据

《普通高中语文课程标准（2017年版）》明确提出：汉语拼音教学尽可能有趣味性，宜以活动和游戏为主，汉语拼音是学生学习汉字的途径。学生学习汉语拼音，是一个从言语实践中来，又回到言语实践中去的过程。因此，本课以语文悬念教学法理念为指导思想，构建"待完满"语文课堂教学模式，创设有趣、有味、有效的学习环境，提高汉语拼音教学效率。

（二）教学目标

（1）学会复韵母"ao、ou、iu"及其四声，读准音，认清形，正确书写。

（2）学习声母与"ao、ou、iu"组成的音节，能准确拼读音节。

（3）能区分复韵母iu和ui。

（三）教学重难点

1.教学重点：复韵母"ao、ou、iu"组成的音节的拼读。

2.教学难点：能区分复韵母iu和ui。

（四）教学过程

1. 激趣引入

谈话激趣，引入教学内容，复习已经认识的复韵母ai、ei、ui的发音方法。

一开始就把学生带入课文情境，使学生产生学习的欲望。同时，学习是个综合能力发展的过程，因此，将观察、说话、学习拼音整合在一起。

2. 进入情境，学习 ao、ou、iu

将所学新知识与已有的生活经验相结合，在学生的头脑中建立起一条抽象的汉语拼音符号与具体事物之间的桥梁纽带，将学拼音与识字、读文结合起来，提高学生语文综合能力，培养学生对语言的兴趣。

3. 游戏巩固 ao、ou、iu音节拼读

通过青蛙跳伞、火车加油等游戏巩固新学内容，有助于当堂记忆。

4. 书写 ao、ou、iu

好习惯成就人的一生。从一年级就注意培养学生认真书写的习惯，培养学生细心观察的好习惯，为以后的教学做铺垫。

5. 作业超市

设计意图：拼音教学应该生活化，让学生从熟悉的事物入手，从而感知到语言来源于生活，在生活中发现语文，做生活中的有心人。

【教学实录】

（一）激趣引入

师：（课件出示美丽的海滩图）孩子们，今天老师带大家一起到海滩上去玩，好吗？

生（全体）：好！

师：看，美丽的海滩真热闹呀，不仅好多小朋友在玩耍，单韵母宝宝也在里面呢，不过它们忘记自己的顺序了，我们一起帮它们排排队吧？

生（全体）：a、o、e、i、u、ü。

师：真棒！同学们的发音真准确，声音真大，把藏在角落里的复韵母宝宝也吸引过来了。看！这是我们已经认识的复韵母宝宝（课件出示ai、ei、ui），谁还记得我们是怎样发ai的音的？

生1：嘴巴快速地从a的嘴型滑向i（课件出示动态图，箭头从a滑向i）。

师：那ei呢？

生2：ei——

师：非常棒！从前一个字母快速地滑向后一个字母。请孩子们记住复韵母宝宝发音的小窍门，我们这节课还要用到它哦。这节课老师带大家一起出海去看看！

（二）进入情境，学习ao、ou、iu

1. 学习复韵母ao

（1）情境导入（课件出示课本插图）

师：谁来说说你在海上看到了谁在干什么？

生3：海鸥在天上飞。

师：孩子，我们把话说完整，我看到了……

生3：我看到了海鸥在天上飞。

师：表扬你，把话说得特别完整。谁还看到有其他动物？注意咯，我们看图的时候如果能按照从上到下、从左到右的顺序，那就不会漏看啦。

生4：我看到了海鸥在天上飞，小象在开着帆船，海豹在水里游泳。

师：你真厉害，把话说得特别完整！

（2）学习ao

师：（课件出示奥运五环图）孩子们，谁知道这是什么？

生5：这是奥运五环。

师：对啦，我们这节课要认识的第一个复韵母就跟奥运五环有关。奥运会的"奥"字，如果把它读成第一声的话，就是我们今天要见面的第一个朋友ao。

①学发音。

师：谁能联系我们学过的复韵母的发音小窍门，想想怎么发音才能更准确？

生6：ao。嘴型从a快速地滑向o，就是ao。

师：掌声送给他，之前学过的知识没忘记。跟他一起读。

生6：ao、ao、ao。

师：发音时，从前一个字母a滑向后一个字母o，口形由大到圆，一口气呼出，a声响长些，o音轻短，就可发出ao的音了。孩子们，都会读了吗？

生（全体）：会。

师：那老师要开列火车来考考你们啰。火车火车哪里开？

生（全体）：（做开火车手势）火车火车这里开。

师：（指一列）小火车这里开起来。（学生开火车逐个发音，教师观察每名学生的嘴型变化）我发现他们都是从a滑向o的读音，这列火车开得又快又好，掌声送给他们。我们还可以编个顺口溜来记住它，谁来试试？

生7：奥运会ao、ao、ao。

师：你跟老师想到一块儿去啦！大家跟他一起读。

生（全体）：奥运会ao、ao、ao。

师：还有没有同学有不一样的顺口溜？

生8：奥运五环ao、ao、ao。

师：了不起！大家跟他一起读。

生（全体）：奥运五环ao、ao、ao。

　②学标调。

师：（课件出示图片）韵母妈妈呀，给ao买了四顶声调帽子，可是该戴在谁的头上呢？

生9：声调帽子要戴在a的头上。

师：为什么不戴在o的头上呢？

生10：有a在，把帽戴。

师：原来韵母妈妈为了防止6兄弟打架，早就安排好了。好，我们一起来读一读标调歌。（课件出示标调歌）

生（全体）：有a在，把帽戴，a不在，o、e戴，要是i、u一起来，谁在后边给谁戴。

师：看，戴对了帽子，它们都高兴得手舞足蹈。那帽子戴好了，你们会读吗？

生（全体）：āo、áo、ǎo、ào。

师：哇！你们这么厉害，老师要加大难度咯。带上词语读。像老师这样，"凹凸"的"凹"。谁来试一试第二声，要带上词语读哦。（没人举手）这个词语我们不认识它，没关系，我们借助拼音宝宝的帮忙就认识啦！谁来试一试？

生11：熬夜的"熬"。

师：非常棒！熬夜就是整个晚上不睡觉的意思。我们跟着她一起来读。

生（全体）：熬夜的"熬"。

师：第三声呢？请你来试一试。他读对了我们就跟他一起读。

生12：棉袄的"袄"。

生（全体）：棉袄的"袄"。

师：大拇指送给你！最后一个，谁来当小老师？

生13：骄傲的"傲"。

生（全体）：骄傲的"傲"。

师：这么难的字你都读对了，表扬你！我们大家一起再来读一遍吧。

生（全体）：凹凸的"凹"、熬夜的"熬"、棉袄的"袄"、骄傲的"傲"。

　③ao音节拼读。

师：同学们读得真棒！老师带了零食来奖励你们。不过呀，你们要先用刚刚学过的复韵母ao来拼一拼它们的名字。老师请坐得最端正的同学来回答问题。

生14：好（hǎo）丽友。

生15：妙（miào）脆角（jiǎo）。

生16：八宝（bǎo）粥。

师：你们太厉害了！那老师要放大招了！最难的来啦，你们先在心里拼一拼，想好了再举手。

生17：奥（ào）利奥巧（qiǎo）克力。

师：这些词语我们经常在超市的零食架上看到，大家要做个生活的有心人，这样才能变得越来越厉害哦。

2. 学习复韵母ou

师：（出示插图）刚刚我们眼睛都盯着海面上小象驾驶的帆船，接下来我们休息一下，抬头看看大海的上空。看，海鸥朝我们飞过来了！谁来向海鸥打打招呼？

生18：海鸥，你好呀！

师：你真有礼貌！刚刚跟我们打招呼的海鸥的"鸥"，就是我们要认识的第二个复韵母ou。

（1）学发音

师：请同学们认真观察老师的嘴巴，仔细听老师的发音。请你们来试一试。

生19：ou。

生20：ou。

师：你的嘴型是有变化的，我发现你从o滑到了u。老师再找几名同学来读一读。

生21：ou。

生22：ou。

师：看来大家都会读了。这就是我们的复韵母ou。谁能给ou编一句顺口溜，像"奥运五环ao、ao、ao"那样？

生23：海鸥飞翔ou、ou、ou。

师：你跟老师想的一样！大家跟他一起读。

生（全体）：海鸥飞翔ou、ou、ou。

（2）学标调

师：ou也要戴声调帽子，帽子该戴在谁头上呢？请同学到讲台上来标调。

（生板书）

师：请个小老师来判断同学的标调对不对。

生24：他标对了。因为刚刚我们都读了，"a不在，o、e戴"。

（3）音节拼读

师：声调帽子都戴好啦。现在ou就要和声母朋友牵手组成音节了，你还会拼吗？先想一想，想好了就举手。（课件出示音节）

生25：猴（hóu）子。

生25：小丑（chǒu）。

师：你的翘舌音发得特别准！

生26：纽扣（kòu）。

3. 学习复韵母iu

师：（课件出示插图）在同学们的帮助下呀，ou坐上火车出发去旅游啦。小火车路过一个热闹的地方，它们都停下来看热闹了。看，你在图上看到了什么？

生27：我看到了海豚在游泳。

师：还有呢？谁来补充。

生28：我看到了海豚在游泳，小猫和小狗在给它加油！

（1）学发音

师：游泳的"游"和加油的"油"，读成第一声就是我们要认识的第三位朋友iu。跟老师一起来。

生（全体）：iu、iu、iu。

师：请你来读一读。

生29：iu。

师：你掌握了复韵母宝宝的发音技巧了！我们看着这幅图片，大家一起编个顺口溜来记忆iu。

生29：海豚游泳iu、iu、iu。

师：读得真好听！

（2）区分iu和ui

师：从i滑向u就是iu。iu有个双胞胎兄弟，它们两个非常调皮，经常故意站错位置去骗人。所以我们在认iu的时候就得睁大眼睛了。（出示拼音卡iu，请生读）

生30：iu。

生31：ui（读错啦）。

师：你看，一不留神，你就被它骗啦。老师教给大家一个秘诀，保证你们以后见到这对淘气的兄弟就不会弄错了。

师：小i在前iu、iu、iu，小u在前ui、ui、ui。

生（全体）：小i在前iu、iu、iu，小u在前ui、ui、ui。

（3）标调

师：iu也要戴帽子，帽子戴在谁头上呢？

生32：戴在u头上。因为要是iu一起来，谁在后边给谁戴。

师：看来大家都掌握了标调歌了。老师给大家带来另外一首关于iu的儿歌。同桌之间互相读给对方听，然后老师请同学来展示读。

PPT展示：

拼音儿歌

iū iū iū，什么iū，我写生字得了"优"。

iú iú iú，什么iú，鱼儿鱼儿水中"游"。

iǔ iǔ iǔ，什么iǔ，你是我的好朋"友"。

iù iù iù，什么iù，上下楼梯要靠"右"。

师：iū iū iū，什么iū？

生（全体）：我写生字得了"优"。

师：iú iú iú，什么iú？

生（全体）：鱼儿鱼儿水中"游"。

师：iǔ iǔ iǔ，什么iǔ？

生（全体）：你是我的好朋"友"。

师：iù iù iù，什么iù？

生（全体）：上下楼梯要靠"右"。

师生合作读儿歌

（三）游戏巩固ao、ou、iu

1.青蛙跳伞

师：为了奖励大家这么认真地学习，老师带大家玩青蛙跳伞的游戏。游戏规则：青蛙跳一次伞，你就要睁大眼睛看伞背上的音节，只有把它拼对了才能顺利帮助青蛙着陆。你们可以帮助这只青蛙吗？

生（全体）：可以。

生32：qiú。

生33：niú。

生34：xiào。

生35：yǒu。

生36：mào。

2.火车加油

师：玩了这么久，我们的复韵母宝宝打算坐火车回家了。不过啊，火车能不能开起来，还得靠你们大家加油呢。

生37：bāo。

生38：diū。

生39：tiāo。

生40：shǒu。

生41：qiū。

（四）书写ao、ou、iu

师：火车直接开到了复韵母宝宝的家里，谁能告诉老师，它们具体住在哪些格子里吗？

生42：ao、ou、iu都住在中格，但是i的点在上格。

师：掌声送给他。谢谢你帮助它们找到了房间。

师：上节课老师说过，书写复韵母的时候要注意什么呢？

生43：要写得紧凑一点。

师：复韵母由两个单韵母组成，它们是一家人，亲亲热热在一起，所以写的时候要靠拢些，要匀称，写中间。

（教师板书示范，学生书写，教师巡视指导）

（五）作业超市

师：同学们，今天我们学习了复韵母ao、ou、iu，现在就要考考大家，看看谁的火眼金睛最厉害，从下面题目中任选一道题完成。

PPT展示：

火眼金睛（从下面题目中任选一题完成）：

A. 我知道我们班上这些同学的名字中含有ao、ou、iu这些复韵母。

B. 我知道教室里下列物品名称的音节中有ao、ou、iu。

C. 我知道上学路上的很多牌子上有ao、ou、iu这些复韵母。

【教学反思】

2015年，曾到深圳市第二高级中学实习，听了著名语文特级教师何泗忠老师的几节示范课。何老师的课充满悬念，有趣、有味、有效，让我受益匪浅！我想在自己的课堂上也贯穿何老师的"语文悬念教学法"理念，因此我在本课的设计中，除了让学生读准音、认清形，正确拼读声母和复韵母的音节外，还借助了生活中常见的汉字帮助学生认读音节。在教学中，我联系学生的生活实际，注意知识的紧密衔接，注重知识的迁移导出，学生学得主动，学得有趣，反思如下：

《ao ou iu》是拼音教学中学习复韵母的第二课，虽说很多学生学习了复韵母《ai ei ui》一课，但对于复韵母这个概念，学生还不是很熟悉。因为本课要学的三个复韵母，都是由两个单韵母组成的，所以，一开始我就以海岛探险为故事主线，以让学生探险为切入点，让学生复习了六个单韵母和三个复韵母的发音，又一次记忆了字形。随后，我又以"复韵母的发音方法"这样形象直观的导语和课件，演示了三个学过的复韵母的发音方法——从一个字母快速地滑向另一个字母，试图激发学生学习新课的浓厚兴趣。

部编版的新教材大都配有形象直观、生动有趣的情境图，特别是低年级教材的拼音部分。因此，我最大限度地开发课程资源，利用形象直观的情境图，既能训练学生的口语表达能力，又可以从生活实践中找到要学的复韵母的读音，让复韵母的发音来源于生活，让学生对复韵母的发音不觉得陌生和困难。例如，ao的发音从奥运五环的"奥"引入，ou的发音从海鸥的"鸥"引入，iu的发音从游泳和加油的"游""油"引入。从生活中用的字音引入，让学生觉得发准复韵母的音其实很容易，让他们享受获得知识的愉悦。随后再以复韵母的字形特点来指导发音，让学生从掌握一个知识变为掌握一种方法。

虽然预先设计的学习目标初步达到了，但在教学中还有许许多多需改进的地方：

如在整堂课的教学中，教师说得太多了，没有大胆放手给学生，对于学生已会的知识，我只是按照预先的设计来讲，没有充分尊重学生的已有知识经验。

教师，作为一名有技巧的引导者，在教学中应充分考虑到学生的课堂实际表现，随机应变，改变自己的教学预案，充分尊重学生的主体地位，站在学生的角度去思考问题。我深深地明白，要成为一名优秀的教师，还得继续努力。我将和学生们一起成长！

后 记

语文课堂教学要来一个哥白尼式的革命

我们做任何事情，都需要创新思维，创新思维往往能打开新的局面。我们先来看两个案例。

案例一：

秘书为经理冲了一杯热茶后就忙其他事情去了。等经理要喝茶水时，就是拧不开盖子。经理手下的能人纷纷献策：学物理的说，打不开是热胀冷缩的原因，只要在冷水中放一会儿即可打开；学化学的说，涂上松动剂可打开……多种方法都没有结果。一清洁工拿起杯子轻轻地反向拧了一下，取下了盖子。经理问清洁工："你怎么想到要反拧。"清洁工说："做一件事情，如果原来的方向走不通，反过来或许就可能走通。"

案例二：

某班学生照毕业合影，任凭照相人员怎样强调，每次都有学生闭上眼睛，照相人员无奈地直摇头，埋怨学生们不听话。于是该班班长告诉同学们全部闭上眼睛，他数一、二、三然后睁开眼睛。这时照相人员按下了快门，相片上没有一名同学闭眼。

以上两个案例告诉我们：思维方式非常重要。当一种方法用到极致仍不能解决问题的时候，就要用逆向思维。当我们把一切都告诉学生，学生学习仍不积极，我们干脆就让他们来告诉我们；当我们觉得作业无论如何都批不完的时候，我们干脆不给学生布置作业，而去寻找别的途径，这样或许能找到出路。所以改革首先是思维方式的改革和观念的改革。为什么要进行课堂教学改革？为什么要构建"待完满"语文课堂教学模式并开展实践，因为传统的"满堂灌"课堂教学模式已使我们无路可走！

语文传统"满堂灌"课堂教学模式的环节是：

（1）教师拼命备课。这种备课主要是备教材、备知识，教育专家们虽然强调要备学生，但实际操作起来比较困难。

（2）教师拼命讲课。教师站在三尺讲台，把自己当作演员，尽情地给学生表演，努力去吸引学生的注意力，把自己知道的尽可能地告诉学生，唯恐讲不到位。讲课水平往往作为评价教师的标准之一。讲课就是在传道。

（3）学生静静听课。学生把自己当作观众、当作听众，学生把教师当圣人，认为教师讲的就是真理，教师是先生，先生就应该什么都懂。

（4）学生拼命写作业。教师布置作业，学生拼命地去做教师布置的课后作业，谁做得多，做得及时，做得好，谁就是好学生，并且往往还要按教师的要求"独立思考"，因为抄作业被认为是可耻的行为。

（5）教师批改作业。教师要及时地批改学生的作业。因为这是了解学情的有效途径。大部分学生完成作业都到了晚自习后，所以教师若要当天批改作业，一般都要开夜车。正是因为这样，所以才有"老师像蜡烛，照亮了别人却燃烧了自己"的美称。

（6）学生校对作业。语文作业本发到学生手中，学生要校对。为了记得深刻，学生还建立了语文改错本。

多少年来，这种"满堂灌"的课堂教学模式统治着我们的语文课堂。

这种模式信奉的观念是：

教师讲了，学生就会了。学生会做题就是了不起的事情。

所以教师就拼命地讲，学生课后就拼命地做。管理者们评价教师往往看教师"讲"得如何，所以教师就在"讲"上狠下功夫，在"讲"上乐此不疲。教师课上讲，课下讲，自习时间还要讲，同一节自习课，有时几个教师抢着去讲。

专家们虽然认为"满堂灌"不好，强烈呼吁改变"满堂灌"的做法。但是评价教师时又大多用"讲"的标准，所以"满堂灌"的做法仍然改不了。专家们，包括很多一线教师都意识到要提高课堂效率，必须消灭"满堂灌"，但现实情况是"满堂灌"仍然占据着课堂。

为了提高教学成绩，管理者们要求教师认真备课，每一节课都必须有教案；要求教师认真讲好每一节课，每节课都要抓住重点，对重点知识要重点讲解；要求教师认真批改作业，因为批作业是了解学情的有效方法，甚至对重点学生要面批面改。

为了提高学习成绩，学生要认真听每一节课，要完成教师布置的大量作业，要做各种各样的试卷！教师要求学生堂堂清，堂堂清不了就日日清，日日清不了就周周清，周周清不了就月月清，月月清不了就年年清，年年清不了就三年清。三年到了，学生清不了，但是毕业了。

是什么原因使师生如此疲惫？是我们的智慧不够？还是我们的教师不敬业？答案是这种教学模式有问题。在这种模式下，如果想提高教学成绩，办法只有一个，那就是加班加点！无限制地加班加点，只能是事倍功半。这种模式耗尽了教师，也害苦了学生。

为了提高教学成绩，我们做了多种尝试：登记卷面问题，评卷不过夜，面批面改，习题重组，错题重组……我们付出了很多，但收效甚微。在我们感到身心困倦的同时，学生也并不轻松，他们每天要在教室里十个小时以上……我们还埋怨学生不主动学习。学生也确实不主动，因为他们总要让老师催着去完成一堆永远也完不了的学习任务。但是学生不主动是谁造成的？真正反思一下，是我们捆住了学生的手脚，是我们限制了学生的思维。这种局面的实质就是陈旧的课堂观所致，直接原因就是传统的"满堂灌"课堂教学模式所致。

"满堂灌"课堂教学模式把课堂作为学生学习的开始，一开始就把学生放在被动学习的位置，学生越学越被动。有没有办法让学生主动起来？有没有办法把学生从题海中解放出来？把教师从永无止境的重复劳动中解放出来？有！办法就是改革，就是改变传统的教学模式。通过十多年的实践探索，我终于找到了这种模式：语文"待完满"课堂教学模式。

课堂不是校长的，也不是教师的，而应该是学生的。新课程的核心理念是以学生的发展为本。《国家中长期教育改革和发展规划纲要（2010—2020年）》中明确指出：把育人为本作为教育工作的根本要求。以学生为主体，以教师为主导，充分发挥学生的主动性，把促进学生健康成长作为学校一切工作的出发点和落脚点。关心每名学生，促进每名学生主动地、生动活泼地发展，尊重教育规律和学生身心发展规律，为每名学生提供适合的教育。如何落实《国家中长期教育改革和发展规划纲要（2010—2020年）》的要求，如何让新课程理念有效"落地"，抓住一个"还"字非常重要——把课堂还给学生。

　　教师在教学过程中，摒弃从头到尾滔滔不绝的习惯；知识点不讲死讲实，而是通过设置障碍、制造悬念、模糊描述、欲说还羞等"待完满"手法，在适当的地方有意留下一些暂时性空白，设置一些"缺陷"地带，给学生造成一种"待完满"的感觉，提高学生主动探究的兴趣，培养学生解决问题的能力。课堂关注的不仅是新知识的摄取，更偏重于体验新知识的探索过程、培养学科思维与学习情感。几十分钟的课堂，学生作为演员，不断展示；教师作为导演有效指导，下课铃声已响，学生们仍然兴趣不减，但教师知道学生学习的任务已完成，学生的学习目标已经达到。课下教师不需要批改作业，因为学生根本就没有作业。

　　这就是我们需要的模式，我们不妨将这种模式的课堂称为"'待完满'课堂教学模式"。

　　这种教学模式，我们经过初步探索，摸索了8种课型：

　　（1）质疑式。设计"待完满"课堂教学情境→学生质疑→带疑阅读→尝试讨论→大组交流→解疑存疑。

　　（2）讨论式。设计"待完满"课堂教学情境→出示讨论题目→定向学习教材→小组讨论→全班交流。

　　（3）辩论式。设计"待完满"课堂教学情境→学习新教材→确定辩论题目→分组做准备→两组展示辩论→辩后师生小结。

　　（4）茶馆式。设计"待完满"课堂教学情境→课前预习教材→七嘴八舌谈见解→教师适当作评点。

　　（5）小组式。设计"待完满"课堂教学情境→自我尝试学习→小组交流思想→小组代表发言→评出优秀小组。

　　（6）采访式。设计"待完满"课堂教学情境→教师明确采访要求→个人（或小组）采访有关人员→写好采访记录→汇报采访情况→得出采访结论。

　　（7）主题式。设计"待完满"课堂教学情境→课前明确主题→各自收集资料→充分表达想法→师生共议主题。

　　（8）主持会议式。设计"待完满"课堂教学情境→学生充当节目主持人，教师退居二线做导演，整堂课由学生主持、串联、设问、解答、存疑，充分调动学生的学习积极性，最大限度地开发学生的潜能。

　　总之，语文"待完满"课堂教学模式，改变了以往以教师为中心的教学方式，在教学中，特别注重研究学生怎样学、如何让学生好学的问题。要求教师充分理解"将课堂和学习交还给学生"的内涵，把以前教师唱主角的课堂转变为学生唱主角、教师唱配角的课堂；把以前以教师教为主的课堂转变为先学后教、不教而教的课堂。在转变的过程中，教师秉持着"高度尊重学生，全面依靠学生"的教育理念，在放手让学生去学的同时，积极做好"帮学"的工作，把教研中心从"教"转向"学"，把帮助学生更积极、更有效、更快乐地学习作为主要的教学工作来做。

语文"待完满"课堂教学模式，彻底改变了以教师教得好为好课标准的状况，教师在课堂上的作用和价值，不再表现为口才有多好，而是如何引导学生，使学生学得更好。以往看一堂课好不好，主要的标准是看教师的"表演"，好的课堂就几乎等同于教师的才艺展，台下的学生仅仅是"捧场"的角色。这种观念，远离了教育的初衷，即教育的根本目的是学生的发展。教师在课堂上淋漓尽致的自我展现，其实是以"喧宾夺主"的方式剥夺了学生的思考权、发言权和自主学习权，将本来充满智慧潜能的学生降格为信息接收器和处理器，从而异化了教学的"本质"，导致了长期以来高耗低效的学习状态。

而"待完满"语文课堂教学模式是以学生是否学得积极、学得高效、学得快乐为主要评价标准，一堂成功的语文课，大部分时间都是学生在教师的引导下进行自学、小组讨论、班级发言等，课堂真正成了学生的舞台。这才是真正意义上的好课：教师以不见自我的方式，成就了学生潜能迸发的自主学习。这种教学方式的背后是高超的教学智慧：以最少的语言开启学生的智慧闸门，以适时的引导提升学生的潜能，让学生在课堂上尽情生长，疯狂成长。

何泗忠

2019年8月22日于深圳市桃源村可人书屋